경인교육대학교
입법학센터
Center for Legislative Studies

워킹페이퍼

입법의 시간

입법학의 전환을 위하여

입 법 학 포 럼
김종철·심우민
편

박영사

입법학의 전환을 기대하며

　　경인교육대학교 ＜입법학센터＞는 2020년 5월부터 입법학 담론의 구체화를 위하여 학계와 실무계 전문가들을 주축으로 매달 ＜입법학포럼＞을 개최하고 있습니다. 2020년 초부터 시작된 COVID−19 사태가 2022년 현재까지도 계속되어, 포럼 구성원들이 얼굴을 맞대고 모이지 못한 아쉬움은 있지만, 2년여가 넘는 기간 동안 인터넷 등 비대면 소통기술을 활용하여 장소에 구애됨이 없이 활발하게 입법학에 대하여 논의를 해왔습니다.

　　이 책은 그간 운영된 ＜입법학포럼＞의 첫 번째 성과물로, 포럼에서의 발제문들과 함께 입법학과 연계하여 포럼 구성원들이 구상하고 있는 입법학 관련 원고 18편을 싣고 있습니다. 다만 이러한 원고들은 그 자체로서 완결된 학술 논문이라기보다는 '입법학'에 관한 공감대를 새롭게 형성하기 위한 작업의 일환이라는 측면에서, 그 명칭을 '워킹페이퍼'라고 명명하였습니다. 이를 통해 포럼 구성원들은 물론이고, 입법학에 새롭게 접근하고자 하는 모든 분이 보다 용이하게 입법에 관한 학술적 · 실천적 담론에 함께할 수 있기를 기원합니다.

　　이러한 취지에 입각하여, 이 책은 크게 네 부분으로 구성되어 있습니다. '제1부 입법이론'에서는 입법학의 학문적 체계와 정체성에 관한 논의를 소개하고 있습니다. 이를 통해 독자들은 새로운 연구 분야인 입법학이 가지는 의미에 대해 이해할 수 있을 것입니다. '제2부 주요 국가의 입법과 입법학'에서는 해외 주요 국가들의 입법과정과 입법학에 관한 논의 맥락들을 소개하고 있습니다. 이는 개별 국가들의 입법학적 특수성을 확인할 수 있게 해주면서도, 이론적 관점에서의 보편성을 확인할 수 있는 계기를 제공해줍니다. '제3부 입법과 실천'은 개별 법제 또는 실천 영역과 연계된 입법학 논제들을 소개합니다. 이를 통해 입법학의 실천적 가능성을 타진해볼 수 있을 것으로 기대합니다. '제4부 입법과 혁신'에서는 소위 디지털 전환(digital transformation)이라는 용어로 대변되는 바와 같은 혁신적 상황에 대응하는 입법 전환의 필요성에 대해 소개하고 있습니다. 이는 종국적으로 입법학의 발전 방향성을 보여주는 것이라고 할 것입니다.

"제1부 입법이론"은 입법학이라고 하는 현재 새로이 생성과정에 있는 학문분야에 대한 전체적인 조망을 담고 있습니다. 심우민의 "입법학의 체계와 이론 정립"은 입법학의 연구영역을 세부적으로 조망하고 있습니다. 입법학 연구 방향의 설정이라는 측면에서의 '입법이론', 입법적 대안 선택 및 실정화 필요성에 대한 정책적 판단으로서의 '입법정책결정론', 입법의 정치적 논의를 규율하는 '입법과정론', 입법적 논의의 결과를 성문화된 조문으로 기술하는 것과 관련된 '입법기술론', 법 집행 및 운영의 효과성을 판단하는 '입법평가론'에 이어, 입법학이 가지는 전통적 법해석과의 차별성, 그리고 근본적으로 입법이라는 것은 정치적 담론절차의 일환이라는 측면에서 '입법논증론'을 별개의 영역으로 하여 연구해야 함을 역설하고 있습니다. 그러면서 입법학의 체계 정립을 위한 연구와 교육이 필요함을 말합니다. 강일신의 "입법과정과 사법심사"는 입법과정을 헌법과 법률이 정한 절차의 준수여부를 문제 삼는 형식적 – 절차적 측면과 입법과정에서 헌법정신에 상응하는 적정한 주의 내지 노력이 기울여졌는지를 문제삼는 질적 – 절차적 측면으로 나누어, 이러한 입법과정에 대한 심사가 어떻게 정당화될 수 있는지를 민주주의 논변과 합리주의 논변의 방법으로 고찰하고 있습니다. 또한 사법심사기관이 입법자에게 충실한 절차 이행을 요구할 수 있는 헌법적 근거와, 입법자의 이른바 절차충실의무를 제도적으로 어떻게 관철할 수 있을지에 대해서도 논하고 있습니다. 모준성의 "입법(학)에의 제한적 합리성 관련 이론의 적용"은 입법학에 있어서 규범과 현실의 괴리를 미약하게나마 해소하려는 것을 목표로 하여, 대의민주주의의 중심에 있는 국회의원들의 현실을 주목합니다. 현실의 국회의원은 부·명예·권력을 욕망하는 '피와 살을 가진 사람'이면서, 또한 인간으로서의 인지능력의 한계 등으로 완전한 합리성을 가질 수 없고 제한된 합리성만을 가지는 존재로 상정하고 있습니다. 이를 바탕으로 합리적 선택 이론과 게임이론을 중심으로 제한적 합리성 이론과 실험경제학적 방법론을 활용하여 입법 현실을 우선적으로 분석하고, 인간의 한계를 반영한 입법모델 내지 가이드라인을 제안하고자 합니다. 서덕교의 "입법과정의 이해"는 입법과정의 이해에 있어 융합 접근을 탐색적으로 시도합니다. 먼저 제도론적 관점에서 우리 국회의 입법과정을 소개합니다. 다음으로 실제 입법과정의 특징과 그러한 특징이 나타나는 이유를 살펴보고 있습니다. 구체적으로는 우리 국회의 위원회 중심의 입법과정, 다수제 원칙과 예외로서의 합의제 성격을 가지는 입법과정을 소개하고, 이러한 제도가 실제 입법과정에서 어떻게 현출되었는지를 지난 20대 국회에서의 입법에 대한 여러 가지 통계를 통하여 설명합니다. 마지막으로 향후 입법과정에 대한 연구 과제로 중요하다고 생각되는 점을 제시합니다.

　"제2부 주요 국가의 입법과 입법학"은 우리나라 입법(학)에 많은 영향을 준 국가들의 입법(학)에 대한 동향을 소개하고 있습니다. 박용숙의 "일본에서의 입법과정의 특징과 과제: 내각제출법안을 중심으로"는 의원내각제 국가인 일본의 입법절차를 소개하면서, 일본에서 국회에 제출된 거의 대부분의 법률안이 의원제출이 아니라 내각제출로 되어 버렸음을 소개합니다. 그리고 그 대표적인 이유로 정부가 작성한 법안이 국회에 상정하기 전에 여당 정책기관에 제출하여 여당의 철저한 심사를 받는 소위 사전심사관행, 그리고 정례일 제도와 예산위원회의 우월적 지위가 그 원인임을 지적합니다. 그러면서 이러한 현실을 개선하기 위한 역대 일본정부의 정책을 소개하고, 앞으로의 과제도 밝히고 있습니다. 최환용의 "일본의 입법학 동향"은 일본 메이지 헌법 이래의 일본 입법학의 연혁을 고찰하고 있습니다. 그러면서 2000년대 이후 일본 입법학 연구의 동태를 소개하고 있는데, 2009년 "[심포지움] 상대화글로벌화시대에 있어서 국가의 법률과 입법자의 자리매김"과 2014년 3권으로 발간된 『입법학의 프론티어』의 주요 내용을 소개하고 있습니다. 또한 2014년 일본 법철학자 대회의 『입법의 법철학: 입법학의 재정립』등 일본의 입법학 관련 논의에서의 중요한 결과물의 내용을 소개하고 있습니다. 김연식의 "영국 입법학의 동향"은 영국 입법학의 궁극적인 과제는 비교법(정치)적인 관점에서 입법부의 조직과 절차와 같은 제도적 차이가 입법부의 기능에서 어떠한 기능상 차별점을 낳는지, 즉 제도와 입법 기능의 인과적 관계를 탐구하는 점을 소개하고 있습니다. 그러면서 영국의 입법학이 19세기에서 20세기의 구제도주의에서 행태주의(1950-1960)로 넘어갔으며, 이는 다시 1980년대에 신제도주의의 영향을 받았음을 지적하고 있습니다. 최근에는 법령안 입안(drafting legislation) 방법론에 대한 논의가 주요 관심대상이라는 점을 소개하고 있습니다. 이보연의 "독일의 입법과 입법학"은 독일 입법학 연구의 역사와 입법절차, 입법영향평가에 대하여 소개하고 있습니다. 이를 통해 입법학 연구의 핵심적인 논제들을 제공해주는 독일의 입법 지형과 입법학 동향을 파악할 수 있게 해주고 있습니다. 선지원의 "유럽연합의 입법과 입법학"은 유럽연합법을 제1차법(Primärrecht, primary law)과 제2차법(Sekundärrecht, secondary law)으로 구분하고 제2차법의 입법기관인 유럽의회, 유럽연합 평의회, 집행위원회의 기능과 역할에 대하여 소개하면서, 유럽연합의 입법절차와 입법영향평가에 대하여 소개하고 있습니다. 김나정의 "미국의 입법과 입법학"은 입법·행정·사법 삼권이 분립된 미국에서 의회의 상·하원 양원제와 상임위원회를 통한 입법과정과 대통령의 행정명령, 법원의 판례를 통한 입법에 대하여 소개하고 있습니다. 또한 미국의 입법학은 제정법과 판례법을 종합적으로 검토하고, 법이 만들어진 배경과 목적, 입법자의 의도 등을 파악하려는 것을 중심으로 한다는 것을 소개합니다.

　　"제3부 입법과 실천"은 구체적인 실천 영역에서의 입법 문제를 고찰하고 있습니다. 김성은의 "임대차 3법의 입법과정"은 임차인의 계약갱신요구권과 전월세 상한제의 신설을 골자로 하는 지난 2020년 7월의 「주택임대차보호법」 개정법의 입법과정을 고찰하고, 그 결과로 임대부동산시장이 어떻게 왜곡되었는지를 설명하고 있습니다. 김슬기의 "입법기술 측면에서 본 형사입법의 제 문제"는 우리 입법자들의 형사특별법 선호로 인한 체계정당성의 문제와 행정형법의 입법 형식으로 인한 수범자 이해용이성의 문제를 다루고 있습니다. 이윤주의 "청소년 정치참여 확대를 위한 입법교육의 중요성 및 실천방안"은 현재의 학교 교육과정에서의 입법교육을 소개하고, 학교에서의 교과 수업과 더불어 학생 자치활동, 지역사회 청소년 참여위원회와 청소년의회등을 통해 청소년이 시민으로서 자신이 속한 학교 및 지역사회에 목소리를 제시하고 적극적인 참여가 필요하며, 이를 위한 교육 환경 조성이 필요하다고 역설하고 있습니다. 이보람의 "법학전문대학원에서의 입법학 교육의 발전방향"은 법학전문대학원 제도 시행 이후에도 교육 현장에서 왜 입법학 교육이 잘 이루어지지 않는지에 대하여 ① 당면한 수험에 입법학이 별다른 도움을 주지 않는다는 점, ② 실무수습이 일반적으로 법전원에 재학하는 동안에 충실하게 이루어지지 않는다는 점으로 나누어 고찰하고, 법학전문대학원 교육과정의 일부로서 입법학 수업을 개설하는 경우를 상정하여 그 편성내용을 법전원의 교육구조에 맞추어 나누어 검토하고 있습니다.

"제4부 입법과 혁신"은 인공지능과 디지털전환 시대를 맞아 우리의 입법은 어떻게 대처해야 할 것인지에 대한 실무가의 논의가 소개되고 있습니다. 박우철의 "인공지능 규범의 관점 차이가 입법에 미치는 영향"은 인공지능 기술에 대한 자율규범과 강행규제라는 입장의 차이는 인공지능 기술을 어떻게 정의하고 파악하느냐가 각 집단 간 서로 다르기 때문이라고 지적하고, 구체적인 입법에서 이러한 입장의 차이가 어떻게 드러나는지를 말하고 있습니다. 그러면서 정책입안자가 인공지능 기술에 대하여 산업적 또는 실무적 이해를 할 필요성이 있고, 수범자의 이행가능성에 대해서 면밀히 검토할 필요성이 있다는 점을 제기하고 있습니다. 김법연의 "유럽의 알고리즘 규제 입법 동향"은 유럽연합의 인공지능 관련 정책의 흐름을 소개하면서, 인공지능 및 로보틱스 기술 관련 규제 입법의 주요내용과 인공지능의 민사적 책임에 관한 입법의 주요내용을 소개하고 있습니다. 이시직의 "디지털 전환 시대 규제혁신을 위한 입법의 방향과 과제"는 '한국형 규제 샌드박스' 제도에 대한 비교·분석을 통해 향후 디지털 전환 시대 규제혁신을 위한 입법 방향 및 과제를 도출하고자 하고 있습니다. 그러면서 관계 법률 간의 체계적 정합성 확보, 각 제도의 용어 통일, 임시허가와 실증을 위한 규제특례 제도의 구별기준 및 신청 요건의 불명확성 해소와 같은 향후 과제를 소개하고 있습니다. 전지은의 "디지털 뉴딜의 입법정책적 과제"는 최근 정부 정책을 통해 제기되고 있는 디지털 뉴딜의 논의 맥락과 정책 상황을 설명하고 있습니다. 특히 이러한 디지털 뉴딜 정책 추진을 위해서는 제도개선이 필요하다는 점을 설명하면서, 디지털 경제 개념 정립 및 경제준칙 마련, 새로운 노동경제의 법적 기반 마련, 민간 투자 확대를 위한 제도의 개정, 시장경제 관리 거버넌스 구축 등을 그 방향성으로 제시하고 있습니다.

우리는 일상생활 속에서 입법의 중요성을 깊게 인식하고는 있지만, 이에 관한 학문적 또는 실천이론적 차원의 접근은 다분히 빈약하다고 할 수 있습니다. 이러한 측면에서 이 책의 제목을 포럼 회원들의 중의를 모아 『입법의 시간－입법학의 전환을 위하여』라고 붙였습니다. <입법학포럼>은 그간의 운영 성과들을 향후에도 다양한 방식으로 출간할 예정에 있습니다. 이러한 작은 시도들이 모여 입법학에 관한 관심과 이해를 제고하여 보다 실질적인 입법의 시간이 다가오기를 희망합니다.

　　이 책의 출간을 위한 마지막 교정 작업이 진행되고 있었던 2022년 8월 13일, <입법학포럼>의 구성원이자 이 책의 공저자인 김슬기 교수가 애석하게도 우리의 곁을 떠났습니다. 김슬기 교수는 형사법 분야의 촉망 받는 학자로서 많은 동료 법학자들에게 늘 귀감이 되어 주었습니다. 그러하기에 그의 부재가 더욱 안타깝고 슬프게 느껴집니다. 아마도 이 책에 남겨진 김슬기 교수의 글이 그의 마지막 유작이 될 것으로 보입니다. 향후 <입법학포럼>의 구성원들과 동료 연구자들은 그 논지를 이어받고, 또한 더욱 발전시켜 나가겠다는 의지를 다져봅니다. 삼가 고인의 명복을 기원합니다.

　　마지막으로 경인교육대학교에 <입법학센터>를 창설하고 <입법학포럼>의 설립을 주도하여 이제 첫 실적으로 이 책을 공간하는 데 지대한 공헌을 한 심우민 교수의 헌신과 이에 호응하여 열성으로 참여하여 주신 포럼 회원들의 단심에 마음 깊숙이에서 우러나는 감사의 마음을 이 서론에 기록하여 영원히 기리고자 합니다. 또한 지난 수년간 <입법학센터>와 <입법학포럼>의 지속가능한 발전의 토대를 구축하는 데 아낌없이 지원해주신 네이버 Agenda Research 송대섭 책임리더와 박우철 변호사에게도 진심을 담아 감사의 인사를 올립니다. 앞으로 이 모든 분들의 헌신과 열정을 밑거름 삼아 우리나라의 입법학 이론과 실무가 새로운 이정표를 맞이할 수 있기를 거듭 기원합니다.

2022년 8월
입법학포럼 의장
연세대학교 법학전문대학원 교수
김 종 철

목 차

제2부 주요 국가의 입법과 입법학

입/법/의/시/간

제1부

입법 이론

입법학의 체계와 이론 정립

심우민 (경인교육대학교)

I. 입법학이라는 이름

"입법학"이라는 이름은 그리 낯설지 않다. 그것은 '입법'이라는 용어 자체가 빈번하게 활용되고 있으며, 통상 특정 분야에 관한 전문성을 표현하기 위하여 그 분야 명칭 뒤에 '학'이라는 용어를 붙여 사용하는 것이 통상적이기 때문이다. 그러나 엄밀한 의미에서 보자면, 학문 또는 학술 연구로서의 입법학은 온전히 정립된 것은 아니다.

입법에 대한 관심은 사실 매우 오랜 역사를 가진다. 그것은 아마도 인류가 공동체를 꾸려 살아나가기 시작한 시점부터 주된 관심의 대상이어왔다고 보는 것이 타당하다. 보다 이론적인 관점에서 입법을 바라보기 시작한 흔적은 서구의 고대철학에서도 살펴볼 수 있으며, 고대에서 현대에 이르는 수많은 정치철학자들은 입법에 관해 논해왔다. 그러나 이들 이론들을 엄밀한 의미에서의 입법학이라는 범주에서 논하기에는 한계가 있다.

학문분야로서의 입법학에 관한 논의는 비교적 최근에 이르러서야 본격화되었다. 현재와 같은 개별 학문분야로서 입법학이 논해지기 시작한 것은 독일의 놀(Peter Noll)이 입법학(Gesetzgebungslehre)이라는 단어를 사용하기 시작한 1973년경인 것으로 알려져 있다.[1] 그는 "어떻게 하면 법적 규범에 의해서 사회 상태에 가장 바람직한 영향을 부여할 수 있는가"[2]라는 문제에서 출발하여 형사법적 측면에서 입법학

---

1) Peter Noll, *Gesetzgebungslehre*, Rororo Studium Nr.37, Rowohlt, 1973.

에 관한 기본 구상과 체계를 제시하였다. 물론 놀의 연구는 그 자체로 입법학을 정립시킨 것은 아니고, 이를 기점으로 보다 본격적으로 입법학에 관한 논의가 시작한 것으로 볼 수 있다. 즉 실제 서구 주요 국가들은 물론이고 한국에서도 입법학에 관한 논의는 아직까지 형성 중이라고 평가할 수 있는 상황이다.

현재 논의되고 있는 입법학을 개괄적으로 정의해 보자면, 타당성·효과성·체계성을 갖춘 더 나은 입법(better legislation)을 추구하는 학문으로 이해할 수 있다. 즉 보다 나은 입법을 위한 학문적 체계라고 할 수 있는데, 그런 의미에서 법학은 물론이고 사회과학 또는 사회이론분야의 다양한 방법론이 활용되는 학제적 분야이다.

그러나 이러한 입법학의 개념과 그 방향성에도 불구하고, 학문분야로서의 입법학의 연구는 그다지 진척되지 못하고 있는 상황이라고 할 수 있다. 그 이유는 무엇보다도 입법학 자체가 특정 학문 체계로서 고유한 내용과 관점을 정확하게 제시하지 못했기 때문이다. 특히 입법과 그 이면의 의사결정에 있어 과연 이론(理論)이 존재할수 있는 것인가, 입법적 판단은 결국 정치적 타협의 산물에 불과한 것 아닌가 등의 회의주의적인 시각이 이제까지 입법학을 둘러싼 지배적인 관념이었다고 할 수 있다.

이와 같은 맥락에서, 국가마다 입법 환경과 문화에 있어 다양한 양태를 보이지만, 그간 입법의 문제는 단지 세속 정치의 타협과 합의의 산물 정도로 여겨져 왔다. 정치적 합의가 가장 중요하고, 입법은 그저 그러한 합의를 반영하는 일종의 기술일뿐인 것으로 여겨진다. 그러나 가끔은 형식이 실질을 지배하는 경우도 비일비재하다. 단순한 기술적인 형식이 그 언어 구조적 한계로 인하여 가끔은 실질을 왜곡하는 경우도 있다. 따라서 온전한 입법을 위한 합의는 구체적인 입법 반영 기술과 그에 따른 효과성까지 상정하여 논의를 전개할 필요가 있다. 그런 의미에서 입법학은 사회가 복잡화되면 될수록 학문적 연구와 담론화의 필요성이 강조되는 것이다.[3]

---

2) Peter Noll, 앞의 책, 1973, 64~68면; 이상영, "법사회학적 입법연구: 토지공개념 삼개법안 입법 과정을 중심으로", 서울대학교 박사학위 논문, 1993, 41면 재인용.

3) 사실 입법에 관한 규범 및 정치 철학적 논의라고 한다면, 고대 철학까지도 거슬러 올라갈 수 있을 것이다. Jeremy Waldron, The Dignity of Legislation (Cambridge University Press, 1999) 그러나 입법학이라는 용어가 본격적으로 사용되기 시작한 것은 1973년 Peter Noll의 저서 "Gesetzgebungslehre"였다고 알려져 있다.

II. 입법학의 영역별 내용

1. 입법학 연구영역

입법학 세부 연구영역에 대한 구분은 논자에 따라 차별성들을 보이고 있다. 입법학을 입법 및 법률구상에 관한 방법론, 입법기술론, 입법통제론으로 구분하는 견해,[4] 법정책학적 논증론, 입법기술론, 민주적 절차에 따른 법형성 연구로 입법학을 구분하는 견해,[5] 입법절차론, 입법정책결정론(입법방법론), 입법기술론으로 입법학을 구분하는 견해[6] 등이 소개되고 있다.[7] 물론 입법학의 세부 연구영역에 대해서는 조금 색다른 견해도 존재한다. 이 중 대표적인 것으로 입법학을 입법방법론, 입법기술론, 법문작성론, 입법소통론, 입법과정론, 입법과제관리론, 입법사회학, 입법이론으로 구분하는 견해도 존재한다.[8] 이러한 견해는 표현상 특수성은 있지만 전통적으로 입법학 연구분야에서 논해지던 범주와 크게 벗어나지 않는 특성이 있다.

국내에서는 위에서 언급한 다양한 논의들을 총괄하여, 이상영 교수는 "입법이론", "입법과정론", "입법방법론", "입법기술론"을 입법학의 연구 분야로 설명하고 있으며,[9] 박영도 박사의 경우는 이러한 이상영 교수의 구분보다 한 걸음 더 나아가서 "입법평가론"이라는 비교적 최근의 연구 분야까지도 입법학의 연구대상으로 설명하고 있다.[10] 물론 입법평가론을 입법학 연구의 새로운 분야로 설정할 것인지에 대해서는 논란이 있을 수 있다. 큰 틀에서 보자면, 그것은 입법정책결정론(입법방법

4) Karl Heinz Mattern, Zur Anwendung der Gesetzgegungslehre, in Bundesakademie für öffentliche Verwaltung (Hrsg.) *Praxis der Gesetzgebung,* Regensburg, 1984, 2면; Hermann Hill, *Impulse zum Erfolg eines Gesetzes,* DÖV, 1981, 487면.
5) Ota Weinberger, Syntaktische und Semantische Probleme der Gesetzgebung, in Theo Öhlinger (Hrsg.) *Methodik der Gesetzgebung: legistische Richtlinien in Theorie und Praxis (*Springer—Verlag, 1982), 119면.
6) Burkhardt Krems, *Grundfragen der Gesetzgebung (*Duncker & Humbolt, 1979), 40면.
7) 이에 대한 자세한 사항은 이상영, 앞의 논문, 30면 이하 및 박영도, "입법학서설(I): 새로운 학문유형으로서의 입법학의 필요성과 성립가능성", 「외법논집」 제3권, 1996, 376면 이하 참조.
8) Luzius Mader, "Evaluating the Effects: A Contribution to the Quality of Legislation", *Statute Law Review* 22(2), 2001, 120면.
9) 이상영, 앞의 논문, 35면.
10) 박영도, 앞의 책, 21면.

론)[11]에서 다루어질 수 있는 논의이기 때문이다. 그러나 입법평가론이 가지는 현 시점에서의 의미와 중요성에 기초하여, 이를 개별적으로 논하는 것이 타당하다는 것이 필자의 판단이다. 결국 이를 정리해 보면, 입법학의 세부 연구영역은 입법이론, 입법정책결정론, 입법과정론, 입법기술론, 입법평가론 등이 주요하게 논의되어 지고 있으며, 국내 입법학 연구자들은 대체적으로 이러한 구분을 수용하고 있는 상황이다.[12]

입법학 연구 방향의 설정이라는 측면에서의 '입법이론', 입법적 대안 선택 및 실정화 필요성에 대한 정책적 판단으로서의 '입법정책결정론', 입법의 정치적 논의를 규율하는 '입법과정론', 입법적 논의의 결과를 성문화된 조문으로 기술하는 것과 관련된 '입법기술론', 법 집행 및 운영의 효과성을 판단하는 '입법평가론'이라는 견지에서, 위의 세부 연구영역 구분은 입법학이 논할 수 있는 거의 대부분의 논의를 포괄하고 있다고 판단한다.

다만 필자는 입법학이 가지는 전통적 법해석과의 차별성, 그리고 근본적으로 입법이라는 것은 정치적 담론절차의 일환이라는 측면에서 "입법논증"[13]에 대한 연구도 필요하다고 생각한다. 이 필요성은 다소 법철학적인 견지에서 해명되어야 할 사안이지만,[14] 간략하게만 언급하자면 다음과 같다. 입법 절차에서 갈등 및 불일치는 궁극적으로 해소될 수는 없다. 이는 사법판결에서도 마찬가지이지만, 사법판결은 분쟁해결 필요성의 급박성으로 인하여 다소 강제적 방식으로 논증을 단절시킴으

---

11) 국내의 대표적 입법학자들은 이러한 '입법정책결정론'을 '입법방법론'이라고 부른다. 박영도, 앞의 책, 21면 및 165면 이하; 최윤철, "입법학 체계정립을 위한 작은 시도", 「법과 정책연구」 제12집 제3호, 2012, 1030면. 이는 독일 입법학계의 논의를 차용한 것이다.

12) 이를 확인할 수 있는 문헌으로는 박영도, 『입법학입문』, 한국법제연구원, 2008; 이상영, 앞의 논문 등이 있으며, 그리고 최근에 이에 대해 기술하고 있는 연구로는 한국입법학회, 『입법학에 관한 선진 외국의 연구결과 분석과 정책적 활용방안』, 법제처, 2010이 있다.

13) "입법논증론"은 필자가 주장하고 있는 새로운 입법학의 연구 영역이다. 이에 대해서는 심우민, "입법평가와 입법논증: 연계 가능성 모색을 위한 시론적 연구", 「입법평가연구」 제3호, 2010을 참조할 것.

14) 이에 대한 이론적 전제에 대한 개괄적인 설명은 Woomin Shim, "Disagreement and Proceduralism in the Perspective of Legisprudence", in Luc J. Wintgens and A. Daniel Oliver-Lalana(eds.), *The Rationality and Justification of Legislation(Legisprudence Library* (Springer, 2013)을 참조할 것.

로써 갈등을 종식시킨다. 그러나 입법 절차는 정치적 과정으로 가급적 사법판결에서와 같은 강제적 논증단절(예를 들어, 충분한 토의가 전제되지 않은 다수결 원칙의 적용)이 이루어져서는 안 되며, 입법 절차 속에서 각자의 논거와 주장들을 명확하게 밝히고 지속적인 논의를 이어가야 할 필요성이 있다. 결과적으로 입법논증 연구영역은 특정 입법자의 입법의지를 어떠한 방식으로 설득 또는 논증할지의 문제와, 그러한 논증이 가급적 제대로 이루어질 수 있도록 하기 위해서는 어떠한 제도적 개선이 요구되는지에 대해 연구하는 분야이다.

2. 입법이론

입법이론은 입법학의 학문적 성격과 의의, 연구 방법론 또는 방향성을 성찰하는 연구분야이다. 이는 궁극적으로 기존 해석법학(특히 헌법학) 및 여타의 사회과학이 입법학과 가지는 차별성을 확인할 수 있게 해준다.

이제까지 입법이론이라고 한다면, 통상적으로 헌법학 또는 헌법이론에 기반한 입법 사안에 대한 고찰 정도로 여겨져 왔다고 볼 수 있다. 물론 입법이라는 것이 국가 작용 중 하나이기 때문에 이러한 관념이 딱히 잘못된 것은 아니라고 할 수 있다. 그런데 사실 이렇게 본다면 입법학이라는 학문분야를 별도로 논의할 이유가 없어진다.

입법학의 고유성에 관한 논의는 법을 바라보는 전통적인 시각으로 인해 더욱더 경시되고 있는 측면이 있다. 즉 사법의 영역에는 그 판단의 객관성을 담보하기 위한 이론이 존재할 수 있지만, 입법은 그저 정치적 타협의 산물이고, 그런 의미에서 사후적으로 그에 대해 규범적 평가를 할 수 있을 뿐이라는 입장이 상당히 만연되어 있는 상황이다.

젤만(Kurt Seelmann)은 이러한 일반적인 견해가 가지는 문제점을 지적하고 있다. 입법의 전 과정에서는 법사회학적 고려뿐만 아니라 법철학적 고려도 개입되지 않을 수 없는데, 법사회학이 입법과정에 개입하는 경우는 존재하지만, 법철학이 명시적으로 개입하는 경우는 아직 없다고 한다. 그는 이러한 문제의 원인을 입법과 결부된 가치평가의 문제가 대개 '정치적' 문제로 여겨지고, 따라서 합리적 논증을 통해 접근할 수 없다고 생각하는 데 있는 것 같다고 언급한다.[15)

이러한 배경 속에서 최근 입법이론에 관한 연구가 관심 받은 바가 있었다. 바로

빈트겐스(Luc J. Wintgens)의 연구이다. 그의 이론이 주목받는 것은 'legisprudence'
라는 독특한 입법이론의 명명 때문이 아니라, 그가 취하고 있는 관점 때문이다. 그는
입법의 문제에 대한 법이론적·규범적 접근방식을 취하면서, 사회계약론적 출발점
과 관련성을 가지는 집단적인 측면에서의 '자유에 대한 관념(conceptions about
freedom)'보다는, 개인적 측면에서의 '자유의 관념(conceptions of freedom)'의 개별
성을 중시 여긴다. 이러한 관점은 입법의 문제에 대하여 도덕적 불일치의 존중, 즉
'정치적인 것'의 속성을 강조하는 것과 유사하다. 이러한 이론적 기초 위에서 그는
다음과 같은 입법 또는 입법이론적 원리를 제시한다.16)

(i) 대안의 원리(The Principle of Alternativity): 사회계약이 실패한 경우에만
대안적으로 입법의 개인적인 자유에 대한 개입이 정당화 될 수 있다는 원
리이다.
(ii) 규범적 밀도의 원리(The Principle of Normative Density): 보충적 성격을
가지는 입법을 통한 제재(sanction)는 자유의 제한이라는 측면에서 더욱
특별한 정당화를 요구한다는 것을 의미한다.
(iii) 잠정성의 원리(The Principle of Temporality): 법 창출 행위는 인간의 다
른 행위와 마찬가지로 역사적인 조건에 의해 변화한다는 것이기에 입법에
대한 정당화는 지속적인 과정이라는 것을 나타내는 원리이다.
(iv) 정합성17)의 원리(The Principle of Coherence): 전체로서의 법적체계(legal
system as a whole)라는 관점에서 입법을 정당화하는 것을 의미한다.

그는 이러한 입법이론적 원리들은 가능한 한 가장 좋은 규칙을 만드는 데 중요
한 역할을 한다고 설명하면서, 특히 전체로서의 법적 체계라는 관점을 고려하는 '정

---

15) Kurt Seelmann, Rechtsphilosophie, 4. Aufl.(Verlag C. H. Beck, 2007); 윤재왕(역), 『법철학』
(세창출판사, 2010), 146면 이하.
16) Luc J. Wintgens, "Legisprudence as New Theory of Legislation", *Ratio Juris* 19(1), 2006, 10면
이하.
17) 이러한 정합성(coherence)은 일관성(consistency)과 구분되어야 한다. 일관성이 전부 아니면 전
무(all or nothing)의 문제라고 한다면, 정합성이라는 것은 정도의 문제를 의미한다. 또한 일관성
이 논리적 요건이라고 한다면, 전체로서 타당한 것(making sense as a whole)을 의미한다.

합성의 원리'[18])가 중요한 역할을 한다고 설명한다.

빈트겐스는 정합성의 원리를 4가지의 단계로 구분하여 설명한다. "제0단계 정합성"은 규칙 상호 간의 내용이 서로 모순되어서는 안 된다는 모든 진술이나 언명에 요구되는 기본적 원리이다. "제1단계 정합성"은 규범을 지나치게 쉽게 변경해서는 안 된다는 차원의 정합성을 요구하는 원리이다. "제2단계 정합성"은 규범이 전체 법체계와 정합성을 가질 것을 요구하는 원리이다. "제3단계 정합성"은 법시스템이 외부적 또는 규범외적인 현실에 관한 이론들과 정합성을 가져야 한다는 원리이다.[19])

이러한 입법이론적 원리들은 종래 국내 헌법학계에서 논의되어 온 입법의 원리와는 상당한 차별성을 가진다. 주로 헌법재판소 등에서 위헌성 여부 판단을 기준으로 활용되어 오던 비례성의 원칙, 포괄위임 금지의 원칙, 신뢰보호의 원칙, 명확성의 원칙을 나열하는 방식과는 분명 차별성을 가진다. 특히 이러한 기준들이 대부분 사후적인 규범적 평가를 하기 위한 최소 기준이라는 측면을 감안한다면, 빈트겐스 교수의 입법이론적 원리는 입법적 판단 과정에서 고려하게 되는 원리를 의미하는 것이라는 고유성을 가진다고 할 수 있다.

실제 입법이론 연구는 비단 위와 같은 내용에만 한정하는 것은 아니다. 이제까지 기초법학(법철학, 법사회학, 법경제학, 법제사 등) 연구분야의 논의들은 모두 입법의 문제와 연결될 수 있으며, 이는 총체적으로 다양한 관점의 입법이론을 구성해 보는 기반을 제공해 줄 수 있을 것으로 판단된다.

3. 입법정책결정론

이제까지 국내 입법학자들은 입법정책결정론을 "입법방법론"이라고 표현해왔다. 이러한 표현은 독일 입법학계의 논의를 차용해 온 것으로 이해된다.[20]) 그러나

---

18) 이러한 단계별 정합성 원리에 대해서는 Luc J. Wintgens, 앞의 논문, 15면 이하 참조.

19) 빈트겐스가 특히 정합성의 원리를 중시하는 이유 중 하나는 입법이 추구해야 할 합리성은 사이먼(Herbert Simon)이 주장하는 바와 같은 제한적 합리성(bounded rationality)이라고 보기 때문이다. 이러한 제한적 합리성 개념은 인간이 가지는 인지적 한계로부터 기인하는 것이라고 할 수 있다.

20) 국내의 대표적 입법학자들은 이러한 '입법정책결정론'을 '입법정책결정론'이라고 부른다. 박영도,『입법학입문』, 한국법제연구원, 2008, 21면 및 165면 이하; 최윤철, "입법학 체계정립을 위한 작은 시도",「법과 정책연구」제12집 제3호, 2012, 1030면.

이러한 명칭은 '입법학 연구방법론'과 다소 혼용될 수 있는 측면이 있으며, 그 내용상 결정이론적 측면이 부각되지 않는다고 판단하여 필자는 이를 "입법정책결정론"이라고 부르기로 한다. 이에 더 나아가, 일반적으로 정책이라는 용어에는 그 전제에 결정 내지 선택의 의미가 상당부분 내포되어 있다고도 볼 수 있으므로 "입법정책론"이라고 표현하는 것도 무방하다고 생각한다.

입법정책결정론 연구는 입법자가 입법을 행함에 있어 고려해야 할 사항 및 지침들을 체계화 시키는 분야이다. 그 결과 이러한 입법정책결정론에서의 논의는 입법에서의 예측과 예측 정합성을 확보하기 위한 판단기준을 설정하는 데 그 초점을 맞추고 있다. 즉 이를 통해 입법정책결정의 객관성과 실효성을 확보하겠다는 것이다.

좀 더 세부적으로 설명하자면, 입법정책결정론 연구에 있어 입법자는 법률의 제정에 즈음하여 발생 가능한 사실판단을 하는 데 있어서 장래의 위험을 가급적 방지하여야 할 예방적 의무가 있다는 것을 전제로 한다. 입법자가 당초 예상하던 사실판단은 다양한 이유에서 예견할 수 없는 방향으로 나아갈 가능성도 있으나, 그릇된 예측을 기초로 강구된 조치는 그를 이유로 직접 위헌으로 될 수는 없지만, 사후에 법률의 실효성이라는 측면에서 상당한 문제를 안고 있다는 것이다.[21]

따라서 입법자의 예측판단의 여지를 객관화하여 의도하는 입법목적을 완수하고, 또한 그 입법의 합헌성을 유지하기 위해서는 입법자가 입법에 즈음하여 장래의 사실의 정신적 선취로서의 예측[22]을 논리일관성의 관점에서 합리적으로 행하지 않으면 안 된다고 한다.

입법정책결정론 연구는 우선 양질의 입법을 생산해 내기 위하여, 입법자의 내적 입법과정, 즉 입법의 내용적 형성 단계가 객관화 · 합리화 되어야 한다고 한다. 이러한 취지에서, 힐(Hermann Hill) 교수는 입법의 형성과정을 (i) 입법정책의 형성과

---

21) Klaus Messerschmidt, Gesetzgebungsermessen(Berlin Verlag A. Spitz, 2000), 234면 이하; 박영도, 앞의 책, 165면 재인용.

22) 예측은 미래에 일어날 어떤 사실에 대한 정신적 판단이라고 정의할 수 있다. 이러한 판단은 개연성 판단이라고 할 수 있으며, 따라서 이미 존재했던 또는 현존하는 상태에 대한 판단이나 평가를 의미하는 현실진단(Diagnose)과 다르다. 김해룡, "행정상의 미래예측(Prognose)의 법리", 「공법연구」 제21집, 1993, 336~337면.

입법계획의 수립(기획과정), (ⅱ) 법률안의 입안과 의견조정 · 심사(입안과정), (ⅲ) 법률안의 심의와 의결 · 공포(결정과정)으로 구분한다. (ⅰ)과 (ⅱ)를 내적 입법과정으로 정의하고, 법률적 결정 발견의 방법으로 본다. 또한 (ⅲ)을 외적 입법과정으로 정의하고 법률의 형식적 성립과정으로 본다.23) 따라서 입법정책결정론의 주요 연구 대상은 이러한 '내적 입법과정'이라고 할 수 있다.

이러한 내적 입법과정, 즉 입법자의 의도를 합목적적으로 규율하여 유용한 법 정립의 수립에 이바지하기 위해서는 예측 정합성을 확보하기 위한 방법론의 개발이 필요하다. 이러한 방법론은 주로 인접 사회과학 분야로부터 유입되고 있다. 이와 관련하여 많은 시사를 제공하는 것으로서 통계학, 확률론, 게임이론, 수리경제학 등 수학의 분야 및 심리학의 분야에서 사용되어 오던 사회현상 분석을 위한 일반적 개념으로서의 지위를 확립하여 사회과학의 각 분야에서 널리 채용되고 있는 '의사결정론'이 있다.24) 의사결정이란 개인이 일정한 목표를 달성하기 위하여 가능한 행동 가운데 하나를 의식적으로 선택하는 것 또는 그 과정을 말하며, 그 요소는 (ⅰ) 달성되어야 할 목표의 탐색 · 발견 및 그를 위해 필요한 정보수집, (ⅱ) 목표달성에 필요한 행동의 선택(대안)의 발견, (ⅲ) 일정한 기준에 따른 선택의 평가와 그 평가에 따른 선택 및 실행, (ⅳ) 그 선택의 목표달성의 정도 검토, 그에 따른 다음 선택의 수정 등으로 이루어진다.25)

비교적 최근의 입법정책결정론 연구의 가장 대표적인 결과는 입법의 기준 내지 테스트(Prüfung und Test), 체크리스트(Checklist)라는 이름을 가진 추상적이고 선언적인 내용들이 제시되고 있다. 이는 주로 입법의 필요성, 유효성 및 이해가능성 등 내용 및 형식면에서 유의하여야 할 지침을 제시한다.26) 이러한 입법심사를 위한 가

---

23) Hermann Hill, *Einführung in die Gesetzgebungslehre,* (C.F. Müller Juristischer Verlag, 1982), 62면 이하.

24) 이러한 의사결정론이 가지는 과학성은 상당한 비판에 직면하고 있다. 이에 대한 과학철학적 논의는 이가종, "과학철학과 정책이론에 있어서 객관성과 합리성", 「한국정치학회보」 제22권 제2호, 1988; 이가종, "과학철학과 정책이론", 「법정논총」 제10집, 1988 등을 참조할 것.

25) 박영도, 앞의 책, 170면.

26) 이와 관련한 독일의 상황에 대해서는 박영도 외, 『독일의 법령체계와 심사기준』, 법제처·한국법제연구원, 2005, 159면 이하 참조.

이드라인은 법령작성의 초기단계에서부터 법적·정책적인 관점에서의 문제점을 사전에 해소하기 위하여, 입법에 즈음하여 내용 및 형식의 면에서 핵심적인 요소를 추구하는 데 필요한 요구조건을 가장 잘 실현할 수 있게 하는 방법론을 모색하는 데 중점을 두고 있는 것이다.

4. 입법과정론

입법과정은, 그 절차의 각 단계에 있어서 입법담당자의 행위와 입법에 관하여는 각 기관의 권한배분 및 그 협동관계, 나아가 입법의 전과정을 통하여 전개되는 관계자들과 국민들의 교섭대립관계 등을 전제로 파악될 수 있는 것이다. 그것에는 정치적·정책적·제도적·기술적인 현상뿐만 아니라, 법적으로도 광범위하게 다양한 법현상이 발생하고 있어서 이를 체계적으로 연구하기에는 상당한 어려움이 있다.

입법학에서의 입법과정론 연구는 기본적으로 두 가지 측면에서의 논의를 전제로 한다. 하나는 입법과정을 다소 사실적인 과정으로 파악하여, 정치학적·사회학적·심리학적 측면에서 인과적으로 고찰하려는 동태적인 연구경향과, 다른 하나는 입법과정을 법적인 과정으로 파악하여, 주로 헌법학적인 관점에서 접근하려는 정태적인 연구경향이다. 입법 절차의 정태적 고찰은 그 자체 헌법학의 주요 구성부분이라고 할 수 있기에, 입법학에서의 입법과정론은 주로 동태적인 부분에 그 연구의 초점을 맞춘다. 즉 전통적인 헌법학의 방법론적 한계가 존재함과 아울러, 그로부터 상대적으로 독립한 특수한 법학분야로서의 입법학적 관점에서의 입법과정 연구가 필요하다고 보는 것이다.[27]

이상과 같은 입법과정론 연구는 입법과정의 현실을 다루는 실천적 영역의 문제로 다분히 과학적인 분석방법을 전제로 하는 특성을 가지고 있다.[28] 그 결과 오늘날의 연구는 다음과 같은 두 가지 사항에 그 초점을 맞추고 있는 것으로 판단된다.

첫째, 입법에 즈음하여 어떠한 점에 유의하여야 할 것인가를 고찰한다. 그곳에서는 법률의 제정법으로서 매우 인위적인 작업 가운데 창조되는 국가사회의 법규범

---

27) 박영도, 앞의 책, 258면.
28) 박영도, 앞의 책, 260면.

이므로, 그러한 인위적인 작업에 있어서 유의하여야 할 사항을 발견·확정하고 그 유의사항을 어떻게 법률의 제정과정 가운데 담보할 것인가를 고찰하게 된다.[29] 이러한 연구에 있어서는 사회학, 심리학, 통계학 기타 인접 학문영역의 방법을 활용할 필요성이 존재한다.[30]

둘째, 법률이 의회에서 제정된다는 점에 착안하여 의회의 실제 역할 및 활동을 평가한다. 이것은 종래의 입법기관으로서의 의회의 조직, 권한, 운영, 입법 절차를 개별적으로 고찰하는 것이 아니라, 이들 각 분야들을 입체화·종합화하여 분석하고 고찰할 필요성이 있다.[31]

그러나 이러한 입법과정론의 연구는 다른 입법학 연구영역에 비하여, 상대적으로 기존의 헌법학적 입법과정론을 뛰어넘지 못하는 상황인 것으로 판단된다. 그것은 의회의 정치적 과정을 다소 사회과학적인 시각으로 분석하는 연구가 난해할 뿐만 아니라, 또한 이에 대한 연구도 매우 빈약한 상황이기 때문이다.

5. 입법기술론

입법기술론 연구는 수단적인 성격이 강하게 제기된다. 즉 수단적인 측면에서 가능한 한 효과적으로 요구된 행위를 하도록 동기를 부여하고, 법질서를 명확하게 수범자들이 이해할 수 있도록 하기 위하여 입법자가 하여야 할 통지기술의 문제로서의 '입법기술(Gesetzgebungstechnik)'이라는 특수한 기술이 발달하여, 그것은 오늘날 법학에 있어 중요한 부분을 이루고 있다고 평가받는다.[32] 이러한 입법기술론은 크게 세 가지 관점에서 접근되고 있다.[33]

29) 박영도, 앞의 책, 260~261면.
30) 이러한 입법과정에 대한 인접 사회과학의 분석적 연구는 그다지 않은 편은 아니다. 최근 이에 대한 주목할 만한 연구로는 염유식, "16대 국회 보건복지위원회의 법안 가결에 관한 연결망 분석 －의원들의 중개자 역할(brokerage)이 법안 가결여부에 미치는 영향", 「법과사회」 제32호, 2007 참조.
31) 이강혁, "입법학의 과제", 『현대공법학의 제문제(우당 윤세창 박사 정년기념)』, 박영사, 1983, 698면.
32) Ota Weinberger, "Syntaktische und Semantische Probleme der Gesetzgebung", in Theo Öhlinger (Hrsg.) *Methodik der Gesetzgebung: legistische Richtlinien in Theorie und Praxis* (Springer－Verlag, 1982), 170면.
33) 박영도, 앞의 책, 410면 이하 참조(이하 재인용).

첫째, 입법기술의 관념을 넓은 의미로 파악하여 법안의 형성에 유의하여야 할 모든 원칙뿐만 아니라, 입법의 방법과 절차에 관한 결정적인 기본원칙을 포함하는 것이라고 한다.[34] 둘째, 입법기술을 좁은 의미로 법안의 형성에 관한 모든 원칙을 의미하는 것으로 파악하는 견해가 있다.[35] 셋째, 입법기술을 가장 좁은 범위로 이해하여 법령의 외형적 구성과 구조에 관한 주요 형식적 원칙으로 이해하는 견해가 있다.[36]

이러한 입법기술을 채용함에 있어서는 가능한 다수의, 그리고 실제에 적용 가능한 사례들을 면밀하게 분석하여 이를 개념적으로 보편화하고 추상화하여야 하며, 규범상의 개념은 특별한 경우에만 그 의미와 내용의 범위를 한정하여야 한다. 또한 실제에 부합하는 입법기술의 적용을 우선하여야 하며, 법형식적으로 구체적인 표현으로 정립하여야 한다. 궁극적으로는 입법의 동기와 목표에 대해 지속적으로 재검토하여 형식적인 사항을 보완하는 한편, 직접적으로 문제의 발견과 목표의 정립에서 도출된 평가와 결정기준을 근거로 관련요소에 대한 개념설정과 언어적 표현방법을 수립하는 것이 중요하다.[37]

이러한 입법기술론 연구는 법이론, 헌법사회학, 법학방법론, 법논리학, 언어학, 법정보학, 법정책학 등의 연구 성과를 채용하여 합리성과 과학성을 구비한 입법기술학으로 발전해 가는 과정에 있다고 평가받는다.[38]

또한 이러한 입법기술론이 연구에 있어서는 다음과 같은 사항을 유의할 필요성이 제기된다. 입법기술은 하나의 '사회기술'로서 사회생활의 이념을 달성하기 위한 기술이라는 성격을 가지고 있다. 따라서 입법기술의 분야에 있어서는 일정한 사회적 요구에 부응하기 위하여 어떠한 법을 제정할 것인가 또는 일정한 법의 제정이 실

---

34) Reinhold Hotz, *Methodische Rechtsetzung: ein Aufgabe der Verwaltung* (Schulthess, 1983), 113면.

35) Josef Kölble, *Zum Stand der Gesetzgebungstheorie, Die Verwaltung* (Berlin: Duncker und Humblot, 1985), 389면 이하.

36) Uwe Krüger, *Der Adressat des Rechtsgesetzes: ein Beitrag zur Gesetzgebungslehre* (Berlin: Duncker und Humblot, 1969), 82면 이하, 87면 이하.

37) 박영도, 앞의 책, 413면.

38) Ulrich Karpen, *Zum Gegenwärtigen Stand der Gesetzgebungslehre in der Bundesrepublik Deutschland*, Müller, 1986, 18면 이하.

제로 사회적으로 어떠한 결과를 발생시켰는가 등 법의 배경이 되는 사회적 사정의
상호관계에 관한 지식을 갖출 것이 요구된다.[39] 그 결과 이론적인 측면에서 보자면
이러한 입법기술론의 연구는 법령의 의미를 명확히 하기 위한 문장 표현에 관한 입
법지침에 그칠 것이 아니라, 입법학 전체의 이론을 기초로 하여 입법의 사실적 역할
과 관련하여 이론적으로 확립된 개념과 내용, 그 도입의 명확성, 방법론 및 실용가능
성 등에 대한 검토에 기반하여 논의가 전개되고 있다.

　　이러한 입법기술론에 대한 학문적 논의는, 결국 입법실무에 적용되는 법령의
정식화와 관련된 지침 및 매뉴얼 등의 제시에 귀결된다. 이러한 지침 및 매뉴얼은 각
국가별 제도와 법문화에 따라 일정 부분 다른 내용들을 포괄하고 있다. 일반적으로
입법기술의 지침은 (ⅰ) 법문의 구조와 조항체계, (ⅱ) 법문의 용어와 문체(형태론, 구
문론, 의미론, 어문론적인 측면), (ⅲ) 규범의 동태(개정, 폐지 등), (ⅳ) 공포와 효력발생
등 좁은 의미의 입법기술분야를 언급하고 있는 것이 대부분이나, 입법의 방법론이
나 법령정비를 위한 기준과 절차 등을 제시한 것도 있다.[40]

6. 입법평가론

　　입법학 연구자들에 의해 주장되고 있는 학제적 연구방법론이 가장 활발히 이용
되고 있는 영역은 바로 입법평가 연구영역이라고 할 수 있다. 실제로 입법 실무 영역
에서는 이러한 입법평가를 제도화하거나, 기법을 발전시키고자 노력을 경주하고 있
다. 결국 이러한 입법평가는 이론적인 차원에서보다 실무적인 차원에서 더욱 중요
한 의미를 가지는 것이라고 할 수 있다.

　　입법평가라 함은 일반적으로 입법적 성격을 지닌 국가적 조치에 대한 평가, 즉
실질적 의미에서의 법률에 대한 평가를 의미한다. 좀 더 구체적으로는 '법형식을 구
비한 규범'이 전체 적용영역에 대하여 미치는 재정적 및 비재정적, 의도적 및 비의도
적 영향 전반을 분석하는 것이라고 국내에 소개되고 있다.[41]

---

39) 정영모, "입법정책과 입법기술", 「국회보」, 1967. 7, 84면.

40) 박영도, 앞의 책, 416면.

41) 박영도, 앞의 책, 535면.

입법평가에서 의미하는 "평가(evaluation)"라는 것이 의미하는 바는 무엇인가? 일반적으로 평가의 개념에 관해서는 어떠한 기본적인 합의가 존재하는 것은 아니며, 그 의미는 시대와 함께 확장되어 최근에는 특정 정책의 사전단계(기획입안단계)부터 사후단계까지 각각에 있어서 분석하는 활동일반을 포함하는 것으로 이해되고 있다. 또한 평가란 가치판단이 개입되지 아니하여 객관적인 수치로 어떠한 시책을 측정하고 판단하며 객관적인 결론을 제시하는 것을 의미한다. 따라서 그것은 정책의 좋고 나쁨을 판단하는 재료를 제공할 따름이다.42) 즉 그것은 목적, 목표, 개입이론, 실시과정, 결과, 성과 및 효율성을 명확하게 하기 위한 체계적인 조사활동이라고 할 수 있다.43) 이러한 평가 개념을 바탕으로 입법평가의 논의가 전개되어진다.

이러한 평가 개념에 대한 마더(Luzius Mader) 교수의 논의는 좀 더 경청할 만하다. 그는 입법학적 관점에서 '평가'를 정의할 필요가 있다고 하면서, 다음의 세 가지 요소가 평가를 정의하는 데 사용된다고 설명한다. (i) 평가는 입법(legislation), 즉 규범적 조항 등과 이러한 조항들에 기초한 행정적 결정과 관련된다. 공식적으로 평가의 대상은 정책분석의 대상과 다르다. 그러나 적어도 법치주의를 존중하는 법질서를 전제로 하는 한 입법에 대한 평가와 정책에 대한 평가는 근본적인 차이가 없는 것이다. (ii) 평가는 효과(effect)에 관심을 갖는다. 입법적 조치에 의한 태도와 행위, 상황의 변화와 그러한 변화의 결과를 변화가 없을 때와 비교하여 검토한다. 달리 표현하면 평가는 입법조치와 사회현실의 인과관계에 관심을 갖는다. (iii) 평가는 입법평가를 방법론적으로(in a methodical way) 분석하고 평가한다. 여기서 말하는 방법론적으로는 다음과 같은 세 가지 내용을 의미한다. ① 일반적으로 이해하고 따를 수 있는 방식, ② 가능한 한 체계적인 방식, ③ 가능한 한 치우치지 않고 객관적인 방식을 의미한다.44)

---

42) 이는 박영도 박사의 설명을 그대로 인용한 것이다. 일반적으로 정책평가에 있어서는 대부분의 학자가 여러 가지 관점에서 정책의 가치, 즉 정책효과의 가치를 판단하는 활동에 초점을 맞추어 정책평가를 이해하고 있다고 한다. 김지원 · 김현구, 『정책평가론』, 한국방송통신대학교출판부, 2009, 3면; 이상의 문구를 그대로 인용한 이유는 현재 우리나라에서 입법평가에 대한 설명들이 사실상 이러한 관점으로 기술되고 있기 때문이다.

43) 박영도, 앞의 책, 533면.

44) Luzius Mader, "Evaluating the Effects: A Contribution to the Quality of Legislation", *Statute*

사실 입법평가라는 용어는 국가별로 매우 다양하게 사용되고 있다. EU에서는 "Impact Assessment", 스위스에서는 "Gesetzesevaluation", 독일과 오스트리아에서는 "Gesetzesfolgenabschätzung", 영국에서는 "(Regulatory) Impact Assessment", 미국에서는 "Regulatory (Impact) Analysis" 등의 이름으로 입법평가를 표현하고 있다.[45]

이러한 다양한 입법평가의 내용들 중 국내에서 활발히 소개되고 있는 입법평가제도는 독일의 제도이다.[46] 독일에서의 입법평가제도의 개념은 독일연방 내무부와 바덴뷔르템베르크주 내무부의 위탁으로 슈파이어 행정대학원에서 만든 『입법평가입문(Handbuch Gesetzesfolgenabschätzung(GFA): Gesetze, Verordnungen, Verwaltungsvorschriften, 2001)』과 『입법평가지침서(Leitfaden zur Gesetzesfolgenabschätzung, 2001)』를 많이 따르고 있다.

『입법평가입문』 등에 의하면 입법평가는 (i) 규율대안에 기초하여 장래를 향하여 그 규율대안을 평가하는 절차로서의 사전적 입법평가,[47] (ii) 법 형식에 맞게 작성된 법률초안에 기초하여 장래를 향하여 그 법률초안의 결과를 평가하는 절차로서의 병행적 입법평가, (iii) 현재 적용되고 있는 실정법에 기초하여 과거를 향하여 그 실정법의 결과를 평가하는 절차로서의 사후적 입법평가로 나뉜다.[48]

Law Review 22(2), 2001, 122~123면.

45) 사실, 미국, 영국, EU의 경우는 순수한 입법평가와는 달리, 정책평가까지 포괄하는 개념이라고 할 수 있다; 김수용 교수는 이러한 다양한 입법평가와 관련한 개념들, 즉 대륙법계의 입법평가와 영미법계의 규제영향분석제도는 사실상 같은 의미를 가지고 있음에도 불구하고, 한국에서는 이를 다른 개념으로 파악하고 있는 문제점을 지적한다. 이에 대해서는 김수용, 『입법평가의 개념에 관한 연구』, 한국법제연구원, 2008을 참조할 것.

46) 이러한 독일 제도와 관련해서는 박영도, "입법평가제도에 관한 연구", 「입법학연구」 제2권, 2002; 장병일, "입법평가제도와 법해석학의 관계", 「한양법학」 제24집, 2008; 박영도, 『입법평가의 이론과 실제』, 한국법제연구원, 2007; 최윤철, "입법평가의 제도화에 관한 연구", 「토지공법연구」 제28집, 2005 등의 문헌을 참조할 것; 독일에서의 입법평가에 관한 더욱 자세한 내용은 Carl Böhret & Götz Konzendorf(박영도·정병일 역), 『입법평가입문: 법률, 법규명령, 행정규칙』, 한국법제연구원, 2007을 참조할 것.

47) '사전적 입법평가'는 사실상 '입법정책결정론'의 연구영역과 상당부분에서 중복된다. 그러나 사전적 입법평가는 병행적 입법평가 및 사후적 입법평가와 함께 피드백의 과정을 거치는 것을 상정하고 있으며, 다소 제도화된 평가절차를 상정하여 진행되는 논의이기 때문에, 그 구체적 실행행태에서는 다소간 구분이 가능하다.

48) Carl Böhret & Götz Konzendorf, 앞의 책, 2~3면.

7. 입법논증론

입법적 판단은 전통적인 해석법학과 비교해 볼 때, 상대적으로 절차의 문제에 중점을 둔다. 입법 절차의 문제는 결국 입법 절차가 어떻게 구성되어야 하는지의 문제, 그리고 그러한 절차를 통하여 주장되어지는 내용에는 어떠한 것들이 있어야 하는지의 문제와 밀접한 관련을 가진다. 이는 결국 바람직한 방식으로 구성된 입법 절차를 통하여, 자신의 입법 주장을 논증[49]할 수 있어야 한다는 것을 의미한다. 이와 관련한 것이 바로 "입법논증"이라는 것이다.

입법논증론은 입법자가 특정의 입법내용을 주장할 때 그것이 타당한 것임을 설득하는 논거와 그 활용을 연구하는 분야이다. 이는 다른 입법학 세부 연구영역들의 분석 및 구성을 위한 이론적 전제로서 기능하기도 한다.

사실 입법논증이라는 것은 입법학 연구에 있어서도 그다지 보편화된 논의는 아니다.[50] 국내의 경우 일부 학자들에 의해 "입법변론"이라는 용어로 주장된 바 있다.[51] 이들의 논의는 사법판결과 입법의 구조적 유사성에 기반하고 있다. 사실적인

---

49) 여기서 "논증(argumentation 또는 reasoning)"과 "증명"을 구분해야 할 필요성이 있다. 증명이라고 하는 것은 수학 또는 자연과학에서 하나의 주장(가설, 이론)이 진리임을 보일 때 사용되는 단어이지만, 논증이라는 것은 하나의 판단이 각자의 입장에서 올바르다고 하는 것을 근거지우는 경우에 사용되는 말이다. 따라서 이러한 '논증'이라는 용어의 경우 증명에서와 같은 객관적인 진리의 개념과는 다소 차이점이 있는 개념이라고 할 수 있다. 김성룡, 『법적 논증론(Ⅰ)』(준커뮤니케이션즈, 2009), 17면.

50) 세계적으로도 입법학의 한 분야로서의 입법논증에 대한 관심은 아직까지 그다지 크지 않은 상황이다. 최근 이와 관련하여 출간된 의미 있는 연구들로는 다음과 같은 것들이 있다. Daniel Oliver—Lalana, "Legitimacy through Rationality: Parliamentary Argumentation as Rational Justification of Law", Luc J. Wintgens (ed.) *The Theory and Practice of Legislation: Essays in Legisprudence* (Ashgate, 2005); Manuel Atienza, "Reasoning and Legislation", Luc J. Wintgens (ed.) *The Theory and Practice of Legislation: Essays in Legisprudence* (Ashgate, 2005); Daniel Oliver—Lalana, "Towards a Theory of Legislative Argument", *Legisprudence* 4(1), 2010; Jan Sieckmann, "Legislative Argumentation and Democratic Legitimation", *Legisprudence* 4(1), 2010; H. José Plug, "Institutional Boundaries on the Evaluation of Argumentation in Legislative Discussions", *Legisprudence* 4(1), 2010; Gema Marcilla, "Balancing as a Guide to Legislative Reasoning", *Legisprudence* 4(1), 2010.

51) 최대권, "입법학연구: 입법변론을 중심으로", 「서울대 법학」 제31권 제1호, 1990; 최대권 외, 『사회변화와 입법』(도서출판 오름, 2008), 20면 이하 참조. 이하 본서에서는 "입법변론"이라는 용어를 대신하여 "입법논증"이라는 용어를 사용하기로 한다. 입법변론이라는 용어는 대단히 간명

영역에서의 문제를 확인하고, 이를 규범적인 언어 또는 체계 속에서 판단할 수 있는 기준을 적용·정립한다는 견지에서 사법판결과 입법은 상당한 유사성을 가지고 있다.[52] 따라서 사법판결에 있어서의 변론의 개념을 입법의 영역에 도입하고자 한 것이라고 볼 수 있다.

입법논증론은 그 고유의 독자적 연구영역을 포함하고 있다. 즉 다른 입법학 세부 연구영역과는 구별되는 독자적 연구 내용을 가지는데, 그것은 논증과정에서의 논거의 활용방식과 논증의 건전성 판단의 기준 등에 관한 것이다.

기존에 논의되어 오던 입법학의 연구영역인 입법정책결정론, 입법과정론, 입법기술론, 입법평가론 등에서도 입법논증론과 일부 중첩되는 내용들이 논해질 수도 있겠지만, 입법 현장에서의 논증에 관한 실천적 논의를 모두 포괄하기는 어렵다고 할 수 있다. 입법논증의 주체 및 대상 설정, 실제 입법과정별 입법논증의 방식, 논거의 성격에 따른 활용방식, 논증부담의 배분 등 세부적인 사항들에 대해서는 이를 포괄하여 입법학의 개별 연구영역으로 분류할 수 있을 것이다.

개별 연구영역으로서의 입법논증론 연구는 의회 등을 비롯한 입법현장에서 자신의 입법적 주장을 설득력 있게 펼치는 방안을 제시함과 아울러, 이를 기초로 기성의 입법논증에 대한 건전성 판단에 기여할 수 있을 것이다. 결과적으로, 법(령)안에 대한 심의에 있어 단순히 그 필요성만을 형식적으로 언급하는 수준을 넘어서서, 필요성의 근거를 명확하게 제시하도록 함으로써 법안 심사의 실질화와 이에 대한 사회적 감시가 이루어질 수 있게 할 것이다.

입법논증론은 입법이론 연구에 포함되는 성격을 가지고 있다. 최근 일반적으로

하게 그것이 가지는 취지를 보여주고 있기는 하지만, 다소 사법판결에서의 변론과 혼동되어 원래의 취지와 동떨어진 이해를 불러일으킬 수 있기에 "입법논증"이라는 단어를 사용하기로 한다. 또한 이에 대해 간단히 소개하고 있는 논문으로는 정태욱, "절차적 정의에 관한 연구: 법절차에 관한 정의철학적 기초", 서울대학교 박사학위논문, 1995, 136면 이하.

52) 이러한 유사성에 대한 지적은 빈트겐스(Luc J. Wintgens)의 논의에도 나타난다. 그는 기존의 리걸리즘에 대한 이해를, 하트의 내적/외적 관점에 관한 논의에 적용시켜, 사법판단 및 입법판단은 약한 리걸리즘을 취해야 한다고 주장한다. Luc J. Wintgens, "Legislation as an Object of Study of Legal Theory: Legisprudence", Luc J. Wintgens(ed.), *Legisprudence: A New Theoretical Approach to Legislation* (Hart Publishing, 2002), 10면 이하.

입법학에 대해 설명하면서, 사회과학적 방법론의 수용을 지나치게 강조한 나머지 입법과 관련한 중요한 요소들을 간과하는 경향이 있다. 이러한 경향성은 기존의 해석법학 연구영역에서의 실체 판단을 중심으로 하는 결과주의적 사고를 벗어나지 못한 결과라고 할 수 있다. 이는 입법의 영역에서 가치 간 갈등을 제거할 수 있는 확고한 객관적 정답을 입법학을 통해 찾으려는 시도로 평가할 수 있다.

이에 대해 입법논증론은 입법의 이면에 존재하는 가치 간 갈등 또는 도덕적 가치의 불일치 문제를 전제로, 입법적 판단이 가지는 논증이론적 성격을 강조함으로써 입법학의 학문적 성격을 명확히 해준다. 또한 이는 분명 사법판결 이론으로서의 해석법학과 입법학간의 차별성을 보여주는 기능도 수행하고 있는 것이다.

Ⅲ. 입법학의 체계 정립을 위하여

입법학이라는 이름을 가진 연구가 시작된 것은 비교적 근자의 일이라고 할 수 있다. 물론 그 이전에도 입법에 관한 학문적 논의가 전혀 없었던 것은 아니다. 다만, 현대사회에서 발생하고 있는 다양한 입법 영역에서의 문제들은 입법학이라는 개별 학문분야의 정립을 요청하고 있다. 그러나 분명한 것은 아직까지 명확하게 입법학의 구체적인 활용에 대해서는 언급하고 있지 못하다는 점이다. 물론 실무적 차원에서는 아주 오래전서부터 입법을 위한 실천들이 이루어져 왔지만, 이를 체계화하여 하나의 학문분야로 정립할 수 있는 이론적 체계는 상당히 미약한 수준이라고 할 수 있다.

그렇다면 한국사회에서 과연 입법학이 필요한 것인가? 한국사회는 서구의 근대법을 계수한 국가이기 때문에, 그러한 법이 가지는 근원적인 가치간 갈등요인과 더불어, 서구의 근대적 가치와 한국사회의 전통적 가치간의 갈등이 존재한다. 이에 더하여 다원주의 사회로의 발전으로 인한 가치의 다양화는 이러한 갈등상황을 더욱 증폭시킨다. 따라서 한국사회에서는 서구사회에 비하여 입법에 관한 연구가 더욱 필요하다고 할 수 있다.

1. 입법학 연구 및 교육 컨텐츠 확보

입법학 연구 및 교육이 활성화되기 위해서는 그 무엇보다도 학문적 컨텐츠가 체계화될 필요성이 있다. 이제까지 입법학의 체계와 관련하여 학계에서 이루어진 논의들을 종합해 보면, 입법학 체계에 대한 대강의 얼개가 어느 정도 그려지고 있는 상황이라고 할 수 있다. '입법이론', '입법정책결정론(입법방법론)', '입법과정론', '입법기술론', '입법평가론'이 그것이다. 필자는 이러한 입법학 연구영역에 추가하여 '입법논증론'의 연구 필요성을 제기하였다.

그러나 아직까지 이러한 각각의 영역에서 구체적으로 어떠한 내용을 연구하고 교육할 수 있는지에 대해서는 의문이 있다. 물론 실무적 차원에서 보자면, 이러한 연구 및 교육에 활용할 수 있는 컨텐츠와 소재는 매우 풍부한 상황이다. 그러나 입법학 연구의 미비로 인하여 이를 학문적인 지식체계로서 교육할 수 있는 기반이 부족하다고 할 수 있다.

이제까지 한국사회의 입법학 연구는 기존 법학에서는 다소 생소한 사회과학적 방법론이 가지는 객관성과 과학성에 상당히 매료되어 왔다고 할 수 있다. 그러나 이러한 분석적 차원의 과학성에 대한 주장은 사실 입법학 고유의 논제가 무엇인지를 더욱 모호하게 하며, 그 결과 입법학에 대한 접근 자체를 어렵게 하는 경향이 있다.

따라서 입법학 연구에서 활용할 수 있는 하나의 연구방법론으로서의 사회과학적 방법론을 수용함과 아울러, 입법학의 근원에 존재하는 입법학의 고유의 논제들을 밝히는 것이 추후 입법학 연구 및 교육 컨텐츠를 확보하는 데 있어 선행되어야 할 것이다.

2. 전문가 양성 교육으로서의 입법교육

입법학 연구의 실천적 활용을 위해서는 입법전문인력을 양성하기 위한 방안을 모색할 필요가 있다. 이를 위한 현 단계의 입법학 교육들로는 다음과 같은 것들이 있다. 첫째, 현재 가장 일반적으로 이루어지고 있는 법제 또는 입법(학) 교육으로는「법제처」와 같은 기관들이 각 부처별 법제업무 관련 공무원들을 대상으로 하는 법제교육이 있으며, 이와 유사하게 국회 보좌진 및 종사자들을 대상으로 하는「국회사무처

의정연수원」의 교육이 있다. 둘째, 법과대학 및 법학전문대학원 개설과목 중 '헌법학'의 통치구조론의 일환으로 입법 교육이 이루어지고 있으며, 최근에는 '입법학'이라는 과목이 개설되는 경우가 다수 존재한다. 셋째, 정규 교과과정은 아니지만 입법 전문가 양성을 위한 교육 또는 보좌관 양성을 위한 교육의 일환으로 입법학 관련 교육이 이루어지는 사례가 있다.

최근 새로운 법학교육 체계인 법학전문대학원 제도가 국내에 도입되면서, "입법학" 과목의 개설이 증가하고 있다는 사실은 특기할 만하다. 법학전문대학원 제도 운영의 취지가 기본적으로 송무담당 변호사 양성에만 있는 것이 아니라 기타 공공 영역에서 활동할 수 있는 다양한 직역의 변호사를 양성하는 데에 있기 때문에 이와 관련한 중요 교과목으로 입법학이 개설되고 있는 것이다. 그러나 법학전문대학원 학생들은 입법학이라는 선택과목을 수강하지 않는 경향성이 있다. 이 과목이 변호사 시험과 직결되는 것도 아니며, 특히 이 과목을 수강한다고 해서 당해 분야에 관한 전문성이 신장된다고 보기 어렵기 때문이다. 그 결과 실제 상당수 법학전문대학원의 경우 입법학 강좌가 개설되었지만 폐강되는 사례가 속출하고 있다.

이상에서 언급한 내용들은 우리나라에서의 입법학 교육이 매우 비체계적으로 이루어지고 있음을 보여준다. 특히 새로운 법학교육을 표방하고 있는 법학전문대학원에서조차도 입법학 과목의 교육이 제대로 이루어지지 않고 있는 현실은 입법학 교육과 관련하여 생각해 보아야 할 고민의 지점들을 제공해 준다.

3. 시민교육으로서의 입법교육

입법학 연구는 그 자체로 실무와 전문가들만을 위한 것은 아니다. 입법은 보편성을 추구하는 법규범의 정립행위이고, 그런 측면에서 입법은 모든 시민들의 자기 주장과 연관성을 가진다. 이는 궁극적으로 시민적 역량과 결부하여, 개별 시민들이 입법의 의미를 이해하고 이를 적절하게 민주사회의 구성원으로서 활용할 수 있도록 할 필요가 있다.

이러한 관점은 최근 강조되고 있는 (민주)시민교육과의 연관성을 가진다. 시민교육은 시민이 국가 공동체 구성원으로서의 시민적 덕성 또는 역량을 갖출 수 있도록 지원해주는 교육을 의미한다. 이러한 맥락에서 보면 입법에 관한 교육은 실상 시민교육의 종국적 집결체라고도 볼 수 있다. 즉 입법교육은 특정 가치 주체들 간의 토의 및 토론, 정치적 타협 그리고 공동체적 의사결정 및 표현 등 모든 주권자 시민으로서의 역량과 관련성을 가지기 때문이다.

그런데 우리 교육 현장에서는 법교육이라는 이름으로 질서와 준법을 강조하는 경향이 강하다. 물론 최근에는 민주적 참여를 법교육에 있어서도 강도하는 경향을 보이는 것이 사실이지만, 여전히 사법 판결 중심의 준법과 질서만을 강조하는 수준을 넘어서지 못하는 상황이라고 할 수 있을 것이다.

그런데 법이 형성되는 입법과정을 고찰해 보면, 사실상 시민교육의 다양한 요소들을 거의 모두 포괄하는 것이라고 할 수 있다. 자기 주장을 설득하고 토론하며, 정치적 협상의 결과를 문서화된 형태로 제시하는 모든 과정은, 사실상 현대 시민에게 요구되는 다양한 역량과 지식을 필요로 한다. 따라서 입법교육은 새로운 시민교육의 일환으로도 활용될 가능성이 높으며, 입법교육을 통해 실질적인 주권자로서의 시민을 양성해 내는 교육을 추진할 필요가 있다.

주요 참고문헌

김성룡, 『법적 논증론(Ⅰ)』(준커뮤니케이션즈, 2009)

김수용, 『입법평가의 개념에 관한 연구』, 한국법제연구원, 2008.

김지원·김현구, 『정책평가론』, 한국방송통신대학교출판부, 2009.

박영도, "입법평가제도에 관한 연구", 「입법학연구」 제2권, 2002.

_____, "입법학서설(Ⅰ): 새로운 학문유형으로서의 입법학의 필요성과 성립가능성", 「외법논집」 제3권, 1996.

_____, 『입법평가의 이론과 실제』, 한국법제연구원, 2007.

_____, 『입법학입문』, 한국법제연구원, 2008.

박영도 외, 『독일의 법령체계와 심사기준』, 법제처·한국법제연구원, 2005.

심우민, "입법평가와 입법논증: 연계 가능성 모색을 위한 시론적 연구", 「입법평가연구」 제3호, 2010.

염유식, "16대 국회 보건복지위원회의 법안 가결에 관한 연결망 분석 - 의원들의 중개자 역할(brokerage)이 법안 가결여부에 미치는 영향", 「법과사회」 제32호, 2007.

이가종, "과학철학과 정책이론에 있어서 객관성과 합리성", 「한국정치학회보」 제22권 제2호, 1988; 이가종, "과학철학과 정책이론", 「법정논총」 제10집, 1988.

이강혁, "입법학의 과제", 『현대공법학의 제문제(우당 윤세창 박사 정년기념)』, 박영사, 1983.

이상영, "법사회학적 입법연구: 토지공개념 삼개법안 입법과정을 중심으로", 서울대학교 박사학위 논문, 1993.

장병일, "입법평가제도와 법해석학의 관계", 「한양법학」 제24집, 2008.

정영모, "입법정책과 입법기술", 「국회보」, 1967.

정태욱, "절차적 정의에 관한 연구: 법절차에 관한 정의철학적 기초", 서울대학교 박사학위논문, 1995.

최대권, "입법학연구: 입법변론을 중심으로", 「서울대 법학」 제31권 제1호, 1990.

최대권 외, 『사회변화와 입법』(도서출판 오름, 2008)

최윤철, "입법평가의 제도화에 관한 연구", 「토지공법연구」 제28집, 2005

_____, "입법학 체계정립을 위한 작은 시도", 「법과 정책연구」 제12집 제3호, 2012.

한국입법학회,『입법학에 관한 선진 외국의 연구결과 분석과 정책적 활용방안』, 법
제처, 2010.

Burkhardt Krems, Grundfragen der Gesetzgebung (Duncker & Humbolt, 1979)

Carl Böhret & Götz Konzendorf(박영도·정병일 역),『입법평가입문: 법률, 법규명
령, 행정규칙』, 한국법제연구원, 2007.

Daniel Oliver−Lalana, "Legitimacy through Rationality: Parliamentary
Argumentation as Rational Justification of Law", Luc J. Wintgens (ed.) The
Theory and Practice of Legislation: Essays in Legisprudence (Ashgate, 2005)

Daniel Oliver−Lalana, "Towards a Theory of Legislative Argument", Legisprudence
4(1), 2010.

Gema Marcilla, "Balancing as a Guide to Legislative Reasoning", Legisprudence
4(1), 2010.

H. José Plug, "Institutional Boundaries on the Evaluation of Argumentation in
Legislative Discussions", Legisprudence 4(1), 2010.

Hermann Hill, Einführung in die Gesetzgebungslehre, (C.F. Müller Juristischer
Verlag, 1982)

Hermann Hill, Impulse zum Erfolg eines Gesetzes, DÖV, 1981.

Jan Sieckmann, "Legislative Argumentation and Democratic Legitimation",
Legisprudence 4(1), 2010

Jeremy Waldron, The Dignity of Legislation (Cambridge University Press, 1999)

Josef Kölble, Zum Stand der Gesetzgebungstheorie, Die Verwaltung (Berlin:
Duncker und Humblot, 1985)

Karl Heinz Mattern, Zur Anwendung der Gesetzgegungslehre, in
Bundesakademie für öffentliche Verwaltung (Hrsg.) Praxis der
Gesetzgebung, Regensburg, 1984.

Klaus Messerschmidt, Gesetzgebungsermessen(Berlin Verlag A. Spitz, 2000)김해
룡, "행정상의 미래예측(Prognose)의 법리",「공법연구」제21집, 1993.

Kurt Seelmann, Rechtsphilosophie, 4. Aufl.(Verlag C. H. Beck, 2007); 윤재왕
(역),『법철학』(세창출판사, 2010).

Luc J. Wintgens, "Legislation as an Object of Study of Legal Theory:
Legisprudence", Luc J. Wintgens(ed.), Legisprudence: A New Theoretical
Approach to Legislation (Hart Publishing, 2002).

_____, "Legisprudence as New Theory of Legislation", Ratio Juris 19(1), 2006.

Luzius Mader, "Evaluating the Effects: A Contribution to the Quality of Legislation", Statute Law Review 22(2), 2001.

Manuel Atienza, "Reasoning and Legislation", Luc J. Wintgens (ed.) The Theory and Practice of Legislation: Essays in Legisprudence (Ashgate, 2005)

Ota Weinberger, "Syntaktische und Semantische Probleme der Gesetzgebung", in Theo Öhlinger (Hrsg.) Methodik der Gesetzgebung: legistische Richtlinien in Theorie und Praxis (Springer—Verlag, 1982)

Peter Noll, Gesetzgebungslehre, Rororo Studium Nr.37, Rowohlt, 1973.

Reinhold Hotz, Methodische Rechtsetzung: ein Aufgabe der Verwaltung (Schulthess, 1983)

Ulrich Karpen, Zum Gegenwärtigen Stand der Gesetzgebungslehre in der Bundesrepublik Deutschland, Müller, 1986.

Uwe Krüger, Der Adressat des Rechtsgesetzes: ein Beitrag zur Gesetzgebungslehre (Berlin: Duncker und Humblot, 1969)

Woomin Shim, "Disagreement and Proceduralism in the Perspective of Legisprudence", in Luc J. Wintgens and A. Daniel Oliver—Lalana(eds.), The Rationality and Justification of Legislation(Legisprudence Library (Springer, 2013)

입법과정과 사법심사*

강일신 (경북대학교)

I. 들어가는 말

좋은 입법이 도출될 수 있는 절차와 좋은 입법이 갖추어야 할 조건을 탐구하는 '입법학(legisprudece)'과 이미 존재하는 법규범을 해석, 적용하여 구체적인 분쟁사건을 해결하는데 몰두해온 전통적인 '법률해석학(legal dogmatics)' 간에는 별반 연관성이 없는 것으로 이해되어 왔다. 헌법을 준거로 하여 법규범의 효력을 검토하는 '사법심사(judicial review)' 또한 헌법을 적용하여 법규범의 정당성을 판단하는 사법작용으로 이해하는 한, 입법과정의 결과물인 법규범 그 자체가 '내용적으로' 헌법에 배치되는지 여부가 판단요소일 뿐이며, 입법과정 그 자체의 절차적 정당성 구비 여부나 그 속에서 입법자가 적정한 주의를 기울였는지 여부 등은 원칙적으로 비중있는 판단요소가 되지 못한다.[1]

오늘날 전세계적으로 중요한 사법심사 기준으로 자리잡고 있는 비례성원칙 또한 입법의 내용이 헌법에 위반되는지를 심사하는 것에 주안점을 둔다. 기본권을 침

---

* 이 글은 필자가 작성한 다음 연구보고서, 논문에 기초하면서 그 내용을 수정, 보완한 것임을 밝힌다. 강일신, 입법과정심사에 관한 연구: 유럽인권재판소·유럽사법재판소 논증방식을 중심으로, 헌법재판연구원, 2019; 강일신, "위헌법률심판에서 입법과정의 합리성 심사", 「헌법학연구」 제25권 제3호, 2019.

1) 'Der Gesetzgeber schuldet gar nichts anderes als das Gesetz(입법자는 법률에 대해서만 책임이 있다)'는 명제는 입법과정 그 자체보다는 결과물인 법률의 내용적 정당성이 중요하다는 점을 표현한다.

해하는 것으로 다투어지는 입법적 조치를 심사해야 할 때, 사법심사기관은 당해 입법이 정당한 목적을 추구하고 있는지를 확인하고, 그러한 목적을 달성하는 데 동원된 수단이 효과적인지, 필요한지를 평가하며, 궁극적으로는 입법자가 관련되는 법익들을 포괄적으로 고려하고 적정하게 형량했는지를 검토한다. 하지만 가치평가를 그 내용으로 하는 법익형량은 기본적으로 민주적 정당성을 갖춘 입법자의 전망에서 수행되는 것이 바람직하기 때문에, 사법심사기관이 비례성원칙을 적용하여 입법자의 가치판단을 통제하는 것을 두고는 적지않은 반론과 비판이 쏟아지고 있다.

　　이러한 비판은 사법심사 일반에 관한 것이었지만, 민주적 정당성에서 취약한 기반을 가질 수밖에 없는 유럽사법재판소나 유럽인권재판소 같은 초국가적 사법심사기관에 대하여 더욱 크게 다가왔고, 사회적으로 논란이 있거나 일도양단적 가치판단이 부적절한 사건유형들에서 이들은 비판을 피해나갈 수 있는 논증방식에 골몰하게 되었다. 이러한 맥락에서 초국가적 사법심사기관들을 중심으로 이른바 '과정중심(process-oriented)' 논증방식이 등장했고, 지난 십여년간 이러한 논증방식의 내용과 그 헌법이론적 당부를 둘러싼 논란은 헌법학의 새로운 쟁점들중 하나로 부상했다.[2]

　　이러한 과정중심 논증방식에 따르면, 사법심사기관은 입법 '결과'에 대해서는 일단 입법자를 존중하는 태도를 보이면서, 그러한 존중을 입법 '과정'에 대한 통제로 상충함으로써 균형을 유지하려고 한다.[3] 사법심사기관은 입법자가 법제정에 앞서 충분한 숙의를 거쳐 모든 문제되는 법익들을 적절히 고려했음을 어떠한 형태로든 증명할 것을 요구한다.[4] 과정중심 사법심사가 갖는 장점은 그것이 사법심사기관으로 하여금 입법자의 정치적 형성권을 침범하지 않는다는 외관을 유지하면서 자의적 입법으로부터 기본권을 보호하는 역할을 포기하지 않도록 한다는 것이다. 사법심사

---

2) Klaus Meßerschmidt, "The Procedural Review of Legislation and the Substantive Review of Legislation: Opponents or Allies?", in Klaus Meßerschmidt & Daniel Oliver-Lalana(eds.), *Rational Lawmaking under Review: Legisprudence According to the German Federal Constitutional Court*(Springer, 2016), p. 374.

3) Koen Lenaerts, "The European Court of Justice and Process-oriented Review", *Yearbook of European Law*, Volume 31, Issue 1, 2012, pp. 4, 16.

4) Koen Lenaerts, 앞의 논문, p. 7.

에서 나타나고 있는 이러한 현상을 논평하면서 Meßerschmidt는 이것이 "입법 절차와 증거에 기반한 입법에 대한 점증하는 관심에 근거하고 있다"고 논평했다.[5]

그럼에도 불구하고, 입법과정심사에 대해 좀 더 자세히 검토하는 순간 적지 않은 불확실성이 발견된다.[6] 우선 도대체 입법과정심사가 무엇인가라는 쟁점에서부터 합의가 이루어지고 있지 않다. 나아가, 이러한 입법과정심사가 전제하고 있는 입법자의 주의의무 내지 충실의무를 헌법이론적으로 정당화할 수 있겠는지를 둘러싼 논란도 끊이지 않고 있다. 마지막으로, 이러한 심사방식이 전통적인 사법심사기준, 특히 비례성원칙과 근본적으로 다른 것인지 아니면 그것을 보완하는 것에 불과한지에 대해서도 견해가 일치하지 않고 있다. 이 글은 점차 하나의 사법심사 방법론 내지 논증방식으로 부각되고 있는 이른바 입법과정심사의 의미, 내용을 검토하고, 이를 헌법이론적 관점에서 평가해보는 것을 목표로 한다.

II. 입법과정심사의 의의, 유형

입헌주의하에서 입법과정도 절차적 정당성 요청에서 자유로울 수 없다. 입법이 정당하기 위해서는 무엇보다 그 내용이 헌법에 반하지 않아야 하지만, 법률은 또한 헌법과 법률에 규정된 절차를 준수하여 제정되어야 하고, 나아가 입법자는 이러한 형식적 절차준수의무를 넘어 입법과정에서 '적정한 주의(due care)'를 기울일 의무도 부담한다. 입법내용에 대한 심사인 실체적 사법심사가 법률 내용의 정당성을 헌법규범에 비추어 평가하는 작업이라는 점에서 명확히 규정될 수 있는 반면, 입법과정을 문제삼는 절차적 사법심사는 최근에 그 개념적 분화가 일어나고 있는 것으로 보인다. 입법과정에는 전통적인 쟁점이었던 헌법과 법률이 정한 절차의 준수여부를

---

5) Klaus Meßerschmidt, "The Race to Rationality Review and the Score of the German Federal Constitutional Court", 6 *Legisprudence*, 2012, p. 348.

6) 입법과정심사에 대해 가해지는 다양한 비판에 대해서는, Ittai Bar−Siman−Tov, "The Puzzling Resistance to Judicial Review of the Legislative Process", 91 *Boston University Law Review*, 2011, pp. 1925−1927; Angelika Nussberger, "Procedural Review by the ECHR: View from the Court", in Janneke Gerards & Eva Brems(eds.), *Procedural Review in European Fundamental Rights Cases*(Cambridge University Press, 2017), pp. 165−172 참조.

문제삼는 측면과 입법과정에서 헌법정신에 상응하는 적정한 주의 내지 노력이 기울여졌는지를 문제삼는 측면이 있다. 이처럼 입법과정은 미리 정해진 절차가 준수되었는지 여부라는 형식적 – 절차적 측면과 정확한 정보에 입각하여 충분한 숙의를 거쳐 입법적 결정이 이루어졌는지 여부라는 실질적 – 절차적 측면으로 나누어진다. 형식적 절차 준수는 심의과정의 품질을 담보하는 수단적 의미를 갖는다는 점을 고려해보면 양자는 연관성을 갖지만 적어도 사법심사 방식에 있어서만큼은 구별될 수 있다. 형식적 – 절차적 측면에 대한 심사가 주로 '합규성(regularity)' 판단에 그친다면, 실질적 – 절차적 측면에 대한 접근은 법률의 내용적 정당성과 연관성을 갖는 절차의 '합리성(rationality)'에 대한 판단이기 때문이다.[7] 이에 따라 입법과정심사를 다음과 같이 형식적 입법과정심사와 실질적 입법과정심사로 나눌 수 있다.

1. 형식적 입법과정심사

입법 절차는 통상 법률안 제안, 심의, 표결, 공포에 이르는 일련의 과정을 뜻한다. 특히, 의회 내 심의, 표결 절차는 법률의 효력근거인 민주적 정당성의 토대가 된다. 근대 초기부터 자유로운 토론, 다수결, 의사공개 등이 중요한 의미를 갖게 되었으며, '의회주의(parliamentarism)'의 본질적 내용을 구성하는 이러한 요소들은 대부분 헌법과 국회법 등에 명시적으로 규정되어 있다. 따라서 형식적 입법과정심사는 법률 제정 절차를 규율하는 헌법이나 국회법 규정 준수 여부에 초점을 맞추게 된다.[8]

현실적으로 그 쟁송수단 선택에 있어서 논란이 있음에도 불구하고, 헌법과 법률이 정한 절차에 명시적으로 위반하여 제정된 법률의 정당성이 사법심사기관의 판단대상이 될 수 있다는 점에 대해서는 논란이 있을 수 없다.[9] 의회가 제정한 법률이

---

7) Klaus Meßerschmidt, "The Procedural Review of Legislation and the Substantive Review of Legislation: Opponents or Allies?" in *Rational lawmaking under review : legisprudence according to the German Federal Constitutional Court*(Springer, 2016), p. 376.

8) Ittai Bar – Siman – Tov, "Semiprocedural Judicial Review", 6 *Legisprudence*, 2012, p. 281.

9) 우리 헌법재판소는 입법절차의 하자를 주로 권한쟁의심판에서 다루고 있다. "국회는 국민의 대표기관, 입법기관으로서 폭넓은 자율권을 가지고 있고, 그 자율권은 권력분립의 원칙이나 국회의 지위, 기능에 비추어 존중되어야 하는 것이지만, 한편 법치주의의 원리상 모든 국가기관은 헌법과 법률에 의하여 기속을 받는 것이므로 국회의 자율권도 헌법이나 법률을 위반하지 않는 범위 내에

국민의 의사로 의제되는 근거는 입법자들이 합리적인 절차를 준수하여 대화와 토론을 거쳐 그것을 입안하였기 때문이고 형식적 입법 절차 위반은 그 자체로 이러한 추정을 복멸케 하는 사유가 되기 때문이다. 다만 실제 의회 입법과정은 법적 과정이라기보다는 정치적 과정에 가깝고 그 속에서 절차적 의무 위반은 궁극적으로는 국민들의 정치적 비판과 선거를 통한 심판에 맡겨져야 한다는 점을 고려해보면, 형식적 입법 절차에 대한 심사강도와 위반시 그 효과 판단, 즉 법률을 무효로 선언할 수 있는지 여부를 두고는 논란이 있을 수밖에 없다.[10]

2. 실질적 입법과정심사

실질적 입법과정심사는 입법자의 절차준수 정도 내지 품질을 문제삼는 심사방식이다. 이러한 절차준수의 품질을 문제삼는 심사방식에 대해서는 다양한 용어들이 혼용되고 있다. 널리 쓰이는 용어는 '준절차적(semi-procedural)' 심사라는 것이다.[11] 이 용어의 주창자는 입법과정에서 적정한 심의가 이루어졌는지 여부 판단을 사법심사로 끌어들여 실체적 심사와 절차적 심사를 통합하려는 의도를 가지고 있고, 이 점에서 중요한 이론적 논쟁을 촉발했다고 평가받는다. 하지만 이 용어에 대해서는 '준(semi)'이라는 접두어가 전통적인 절차적 심사보다 못한 무엇인가를 지칭할 수 있다는 점에서 그릇된 관념을 불러일으킬 수 있다는 비판이 제기된다. 이러한 비판적 견해는 오히려 '준실체적(semi-substantive)' 심사라는 용어가 더 적합할 것으

서 허용되어야 하고 따라서 국회의 의사절차나 입법 절차에 헌법이나 법률의 규정을 명백히 위반한 흠이 있는 경우에도 국회가 자율권을 가진다고는 할 수 없다"(헌재 1997. 7. 16. 96헌라2, 판례집 9-2, 154, 164). 반면 헌법재판소는 국민이 입법 절차의 하자 그 자체를 헌법소원심판을 통해서는 다툴 수 없고, 그 법률의 내용이 기본권을 침해한 경우에만 그 법률을 다툴 수 있다고 한다. "청구인들은 이 사건 법률의 실체적 내용으로 인하여 현재, 직접적으로 기본권을 침해받은 경우에 헌법소원심판을 청구하거나 이 사건 법률이 구체적 소송사건에서 재판의 전제가 된 경우에 위헌 여부심판의 제청신청을 하여 그 심판절차에서 입법 절차에 하자가 있음을 이유로 이 사건 법률이 위헌임을 주장하는 것은 별론으로 하고 단순히 입법 절차의 하자로 인하여 기본권을 현재, 직접적으로 침해받았다고 주장하여 헌법소원심판을 청구할 수는 없다고 할 것이다"(헌재 1998. 8. 27. 97헌마8 등, 판례집 10-2, 439, 442-443).

10) 절차적 하자 있는 법률안 가결, 선포행위의 유무효 여부를 둘러싼 재판관들 간 견해대립에 대해서는, 헌재 2009. 10. 29. 2009헌라8 등, 판례집 21-2하, 14 참조.

11) Ittai Bar-Siman-Tov, 앞의 논문(주 8), pp. 6-8.

로 보면서도, 이 심사의 본질이 법률의 실체 내용의 당부를 따지는 것이 아니라는 점
에서 이 용어 또한 오해의 소지가 있다고 한다.12) 그 밖에도 '증거에 입각한
(evidence-based)' 심사 또는 '영향평가(impact assessment)' 심사라는 용어도 사용되
는데, 이러한 유형의 심사방식에서 입법자의 증거제시 여부는 중요한 판단 요소가
되지만 의회심의의 충실성도 문제된다는 점에서, 또한 대부분의 법역에서 유럽연합
입법과정과 같은 입법영향평가제도가 확립되지 않았다는 점에서, 이 또한 포괄적인
용어는 아니라고 할 수 있다. 보다 중립적이면서도 그 내용을 담아낼 수 있는 용어가
필요할 것으로 생각되고 이 글에서는 입법과정의 품질심사 내지 실질적 입법과정심
사라는 용어를 사용하기로 한다.

3. 실질적 입법과정심사의 내용

　　실질적 입법과정심사는 입법 절차에서 입법자가 기울인 주의 내지 노력에 대한
평가를 대상으로 한다. 여기서는 입법자가 형량요소를 선택하면서 혹은 어떤 형량
요소의 비중을 평가하면서 그러한 선택과 평가의 합리성, 정확성을 담보하기 위해
기울인 노력의 정도를 심사대상으로 삼는다. 일단 입법자의 형량요소 선택과 그 비
중판단을 존중하는 전제위에서, 입법자의 노력 여하, 정도에 따라 그 선택과 판단의
신뢰도를 평가하는 것이다. 입법자가 입법과정에서 기울인 노력 또는 노력 부족이
입법자가 내린 실체적 판단의 정당성을 보강하거나 상쇄하는 역할을 수행한다고 할
수 있다.

　　전통적인 사법심사에서는 입법 결과물인 법률의 내용을 심사한다. 입법과정에
서 나타난 입법자의 동기와 행태는 선거에서 정치적 심판에 맡겨져야 하고 입법 내
용의 위헌 문제와 입법자의 절차충실 문제는 원칙적으로 구별되어야 한다고 보았기
때문이다. 하지만 이른바 '판결하기 어려운 사건(hard case)'에 있어서는 그 입법적
결단의 당부를 쉽사리 결정하기 어렵고, 이 경우 입법자가 기울인 노력을 가지고 법
률의 실체적 정당성을 추정하거나 복멸하는 것은 현실적으로 불가피한 선택으로 보
인다. 여기에서 실질적 입법과정심사의 효용을 찾을 수 있다.

---

12) Klaus Meßerschmidt, 앞의 논문(주 7), pp. 378-379.

Ⅲ. 입법과정심사의 정당성근거

입법과정심사의 정당성근거로 다양한 견해들이 제시되고 있다. 민주주의 논변과 합리주의 논변이 대표적인데 이 중 어디에 비중을 부여하느냐에 따라 구체적인 심사의 요소와 수준이 달라질 수 있다.

1. 민주주의 논변

입법과정심사는 이해관계를 갖는 모든 사람들이 공적토론에 참여하여 합리적으로 숙의하는 것에 핵심가치를 부여하는 '심의민주주의(deliberative democracy)' 이론가들에 의해 옹호되어왔다. 이에 따르면 사법심사는 입법의 내용을 검토하기보다는 투명성, 책무성, 적절한 사실발견 등 절차적 요청이 입법자의 의사결정 과정에서 충족되었는지를 검토하는 것이어야 한다. 사법심사기관은 의회가 전문성 내지 평가우선권을 갖는 영역에는 내용적으로 개입하지 말고 입법적 의사결정과정이 중요한 결함을 드러낼 때에만 보충적으로 개입함으로써 감시자 역할에 머물러야 한다는 것이다.

모든 심의민주주의 이론들이 반드시 사법심사에 우호적인 것은 아니지만 사법심사가 정치과정에서 절차적 정당성을 보장하는 수단으로 이용될 수 있다는 점은 분명하다. Ely는 연방대법원은 대의정부의 의사결정에 대한 재평가를 수행할 것이 아니고 그것을 보강하고 완전하게 하는 것을 임무로 삼아야 한다고 보았다.[13] 여기에는 실체적 내용에 대한 사법심사가 '반다수결주의적(countermajoritarian)'이고 민주주의에 역행할 수 있다는 우려가 놓여 있다. 이렇게 보면 민주주의 논변에서 입법과정심사는 의회 심의과정이나 공적 숙의과정에 결함이 존재하는 경우에 실체적 헌법가치를 보호하는 대신에 정치 과정의 오작동을 교정하는 소극적인 역할을 수행하게 된다.

---

13) John Hart Ely(전원열 옮김), 『민주주의와 법원의 위헌심사』(나남출판, 2006), 제4장 및 제5장 참조. 다만 Ely의 절차주의적 사법철학을 곧바로 사법소극주의로 취급해서는 안 된다. Ely는 연방대법원의 소수자보호 기능을 옹호함으로써 소수자들이 민주적 의사결정과정에 참여하도록 촉진하는 것을 연방대법원의 기능 중 하나로 보고있기 때문이다. 이에 대해서는 John Hart Ely, 위의 책, 제6장 참조.

2. 합리주의 논변

다른 한편으로 좋은 입법, 최적 입법 등을 강조하는 견해들이 주장되었다. 이는 법학의 한 분과로서 입법학(science of legislation, legisprudence) 출현과 무관하지 않은데, 입법학은 종래 정책학과는 달리 규범적인 견지에서 법제정 과정의 합리화를 그 주요한 목표로 삼았다. 입법학은 입법을 사실 발견(fact finding), 의견수렴(consultation), 효과에 대한 예측(assessments of possible effects), 대안고려(thinking alternatives), 자기교정(self-correction)을 포함하는 일련의 과정으로 파악하고 이를 합리적인 기준과 절차에 귀속시키고자 하였다.14)

합리주의 논변은 '신자유주의'(neo-liberalism)하에서 정부 규제의 합리성을 강조하는 시대적 흐름과도 무관하지 않다. 규제 개혁에 관한 OECD 규제관리프로그램, 영국과 유럽연합에서 발전한 규제개혁프로그램은 입법영향평가 같은 합리적 입법수단을 발전시켰다. 이러한 프로그램들은 그 출발점에서는 경쟁적 시장 형성에 봉사하려는 목적을 가지고 있었지만 입법과정의 합리성을 강화하는 데 활용될 가능성을 열어두고 있었다. 이러한 규제개혁프로그램들은 애당초 '사법화(judicialization)'를 목표로 하지는 않았지만 점차 사법부가 규제감시자 역할을 할 수 있다는 기대가 증가하였다.15) 이렇게 보면 합리주의 논변에서 입법과정심사는 합리적 증거에 기반하지 않고 수행되는 입법에 대해서 감독하고 통제하는 적극적인 역할을 수행하게 된다.16)

---

14) Patricia Popelier, "The Court as Regulatory Watchdog: The Procedural Approach in the Case Law of the European Court of Human Rights", in Patricia Popelier et al.(eds.), *The Role of Constitutional Courts in Multilevel Governance*(Intersentia, 2012), p. 250.

15) 초창기에 법률해석학(legal dogmatics) 중심의 사법학(司法學, jurisprudence)을 비판하면서 '사법과정(judicial process)'보다 '입법과정(legislative process)'에 주목했던 입법학(legisprudence)이 최근에는 양자의 상호작용에 주목하고 있는 이유도 여기에 있다. 이러한 흐름에 대한 개관으로는, A. Daniel Oliver-Lalana & Klaus Meßerschmidt, "On the Legisprudential Turn in Constitutional Review: An Introduction", in Klaus Meßerschmidt & Daniel Oliver-Lalana(eds.), *Rational Lawmaking under Review: Legisprudence According to the German Federal Constitutional Court* (Springer, 2016), pp. 1-16 참조.

16) 유럽사법재판소의 경우 유럽연합 기관이 제정한 입법에 대한 입법과정심사에서 영향평가의 적절성을 검토하는 적극적인 모습을 띠게 된다. Malu Beijer, "Procedural Fundamental Rights Review by the Court of Justice of the European Union", in Janneke Gerards & Eva Brems(eds.), *Procedural Review in European Fundamental Rights Cases*(Cambridge University Press,

3. 평가

입법과정심사는 한편으로는 사법적극주의 내지 사법개입주의에 대한 반감에 대한 대응으로 사법심사의 기능을 민주적 정치과정을 보존하는 데 한정하려는 것과 관련이 있다. 입법과정심사는 다른 한편으로는 입법과정의 합리성에 대한 적극적 감독권한을 수행하는 수단으로 활용될 수 있다. 민주주의 논변을 중시할수록 입법 과정심사는 사법자제적인 태도로 이어질 가능성이 크지만 합리주의 논변을 중시할 수록 입법과정심사는 입법자의 증거제시의무를 강조하면서 사법개입적인 태도로 이어질 공산이 크다. 궁극적으로는 입법과정심사가 채택되는 정도는 당해 법체계에서 민주주의 작동 수준에 의존하게 될 것이다. 사법심사기관이 얼마만큼 입법과정 의 품질을 촉구할 것인가라는 점은 역설적으로 민주적 의사결정과정의 수준이라는 다분히 헌법문화적인 요소에 의존할 수밖에 없기 때문이다. 사법심사기관은 입법자에 대한 존중과 통제, 기본권에 대한 실체적 보호와 절차적 보호 사이에서 선택을 해야 하고 이것은 고정된 원칙에 따른다기보다는 그때그때의 상황과 민주적 심의과정의 수준에 따라 달라지게 될 것이다.

Ⅳ. 입법자의 절차충실의무와 입법과정심사

입법과정심사의 정당성에 대한 이론적 논의와 더불어, 헌법해석론적 층위에서 사법심사기관이 입법자에게 충실한 절차이행을 요구할 수 있는지 여부에 대한 논의가 필요하다. 다른 한편 입법자의 이른바 절차충실의무를 제도적으로 어떻게 관철할 수 있을지도 문제된다.

1. 절차충실의무의 헌법적 근거

헌법은 형식적으로 준수해야 할 절차를 규정하는 것을 넘어 입법자로 하여금 입법 절차의 품질을 제고하라는 요청, 즉 입법자의 절차충실의무에 대해서는 명시적으로 규정하고 있지 않다. 따라서 이러한 의무는 입법자의 정치적 책무

2017), pp. 202－207.

(Obligenheit)일 뿐 헌법적 의무가 될 수 없다고 보는 견해가 있다.[17] 이 견해에 따르면 이러한 의무는 민주주의원칙에서도 법칙국가원칙에서도 도출될 수 없다. 첫째, 민주주의원칙은 민주적 정당성을 갖는 의회가 제정한 법률의 정당성 근거 내지 효력 근거일 뿐 그로부터 입법자에게 입법과정에서 일정한 노력을 충실히 이행하라는 명령이 도출되지는 않는다고 한다.[18] 둘째, 법치국가원칙을 근거로 사법부와 집행부에 인정되는 이유제시의무를 입법부에 전용할 수 없다고 한다. 왜냐하면 입법자는 사법부나 행정부와 달리 구속적인 기준에서 연역되는 법을 집행하는 것이 아니라 형성적으로 장래를 향한 형태로 활동하기 때문이라는 것이다. 입법과정에서는 합리적으로 설명할 수 있는 결정뿐 아니라 불합리하지만 정치적으로 필요한 타협도 인정되고, 따라서 입법자의 절차충실의무가 헌법적 의무가 아닌 이상 사법심사기관이 입법자가 입법 과정에서 따라야 할 일정한 지침을 제시하는 것은 헌법이 입법자에게 부여한 자유로운 형성권한을 침해하는 것이 될 수 있다고 한다.

입법과정에 대한 사법심사기관의 통제가 입법자의 형성권한을 침해함으로써 권력분립원칙에 위반할 소지가 있다는 우려는 경청할 만한 것이다. 그럼에도 불구하고, 입법자의 충실한 절차이행은 법률의 정당성을 추정할 수 있는 징표가 된다. 정치적 타협과 일종의 결단으로서 입법을 이해한다고 하더라도, 정보에 기반한 토론을 입법자에게 인정하는 것은 민주주의원칙에 비추어볼 때 정당화될 수 있다. 선출된 대표들이 자유롭게 결정할 권한을 갖는다면, 이것은 그들이 정보에 입각한 토론과 합리적인 법익형량을 수행하는 것을 기대하기 때문이다. 의회 내 충실한 심의 과정은 법률의 효력 근거인 법률의 민주적 정당성의 토대가 된다. '의회주의'의 본질적 내용을 구성하는 이러한 요소는 입법의 민주적 정당성의 근거가 단지 선거와 대표에만 있지 않다는 것을 함의한다. 다른 한편 입법자는 기본권에 기속된다는 점에서

---

17) Christian Waldhoff, "On Constitutional Duties to Give Reasons for Legislative Acts", in Klaus Meßerschmidt & Daniel Oliver-Lalana(eds.), *Rational Lawmaking under Review: Legisprudence According to the German Federal Constitutional Court*(Springer, 2016) pp. 134 이하.

18) 이러한 입장은 법률은 그것을 제정할 수 있는 권한을 가진 자에 의해 제정되었다는 점에서 정당성의 원천을 찾을 수 있다는 입장, 즉 'Auctoritas non Veritas facit Legem(진리가 아니라 권위가 법을 만든다)'는 홉스류의 입법에 관한 주의주의적 사고에 기초하고 있다.

도 절차충실의무의 헌법적 근거를 찾을 수 있다. 입법자의 기본권 기속은 우선 입법 내용이 기본권을 침해하지 말 것을 요구한다. 이를 과정 측면에서 바라보면 입법자는 충분한 근거를 가지고 있을 때에만 기본권을 제한할 수 있고 그렇지 않으면 스스로 자제함으로써 자유를 존중하여야 함을 뜻한다.[19] 따라서 입법자는 기본권관련 입법을 행할 때 기본권존중원칙에 따라 합리적인 근거에 기초하여 충분한 숙의와 논의를 통해 결정을 내려야만 한다.

2. 절차충실의무의 실현방안

입법자의 절차충실의무를 실현하는 방안에는 우선 유럽연합의 예와 같이 이유제시의무를 법제화하고 그 구현방식으로 영향평가제도를 도입하는 것이 있을 수 있다.[20] 이러한 제도는 입법자가 절차를 충실히 이행하도록 하는 요인이 될 수 있을 뿐만 아니라, 사법심사에서 활용할 수 있는 유용한 정보를 축적한다는 점에서도 실효적인 방안이 될 수 있다. 다만 이러한 제도 도입에 대해서는 입법을 전문가가 주도하는 과정으로 간주함으로써 관료화를 초래할 수 있고 입법자들이 형식적 눈속임을 통해 입법의 품질을 가장하려고 할 수 있으며 사법심사기관에 입법자의 영향평가를 판단할 수 있는 역량이 없다는 점에서 신중하여야 한다는 우려도 있다. 그럼에도 불구하고, '국회법' 등에 사회경제적 영향이나 기본권에 미치는 영향이 중대한 입법의 경우 영향평가를 실시하도록 규정하고 국회 내에 영향평가를 전담하는 기관을 두는 방식으로 이 제도를 도입하는 방안에 대한 고민이 필요하다.

절차충실의무를 제도화하는 것과 별개로 사법심사를 통해 '간접적으로' 이를

---

19) 합리적 법 제정의 헌법적 근거로 기본권을 드는 견해로는, Christian Bickenbach, "Legislative Margins of Appreciation as the Result of Rational Lawmaking", in Klaus Meßerschmidt & Daniel Oliver−Lalana(eds.), *Rational Lawmaking under Review: Legisprudence According to the German Federal Constitutional Court*(Springer, 2016), pp. 238−241.

20) '행정규제기본법' 제2조 제1항 제5호는 규제영향분석을 "규제로 인하여 국민의 일상생활과 사회·경제·행정 등에 미치는 여러 가지 영향을 객관적이고 과학적인 방법을 사용하여 미리 예측·분석함으로써 규제의 타당성을 판단하는 기준을 제시하는 것"이라고 정의하면서, 제7조에서 규제를 신설하거나 강화할 경우 규제영향분석서를 작성하도록 하고 있다. 이러한 규제영향분석은 영향평가제도로서 규제와 관련한 정부입법에 있어서는 우리 법제에도 영향평가제도가 일부 도입되어 있다고 할 수 있다

관철할 수 있는 방안도 모색할 필요성이 있다. 사실인정이나 장래예측에 불확실성이 존재하고 이념적·윤리적 측면에서 사회적 논란이 있는 입법에 대해 입법자가 의회내 숙의, 전문가와 이해관계인 의견수렴, 증거에 입각한 판단 등 절차충실의무에 따라 요구되는 노력을 다하지 않은 경우, 헌법재판기관은 이를 법률의 정당성을 부정하는 논거로 활용할 수 있다. 어떤 법률이 명백히 헌법에 위반하거나 위반하지 않을 경우에는 입법과정의 품질은 문제될 여지가 적다. 하지만 경계선에 놓인 법률의 경우 입법과정의 충실성은 사법심사기관이 다투어지는 법률을 지지하기 위한 결정적인 논거가 된다. 입법자가 경계선에 놓인 사건에서 절차를 충실히 이행하지 않거나 설득력 있는 근거를 제시하지 못하는 경우 사법심사기관은 사후적으로 스스로 근거를 발견하여 판단할 의무로부터 벗어나 그 법률의 효력을 부인할 수 있다.[21] 입법과정심사는 투명한 입법과정을 강조함으로써 입법과 관련된 불만족스러운 현상황을 변화시키는 데 도움이 될 것이고 이러한 한도에서 헌법재판에서 직권탐지주의의 일부 수정이 요청된다고 할 수 있다.[22]

V. 입법과정심사와 비례성심사

입법자가 내린 결정의 정당성에 대한 평가가 어려운 영역이 존재할 수밖에 없다는 점, 특히 입법의 실체적 내용에 대한 심사척도로서 비례성원칙이 입법사실에 대한 평가를 요청하기 때문에 입법사실에 대한 확인과 인정에 대한 입법자의 노력을 판단함으로써 그 당부를 인정할 수밖에 없는 영역이 있다는 점에서 입법과정심사는 일정 부분 불가피한 것이다. 이러한 측면에서 실질적 입법과정심사는 실체적 내용 심사와 중첩된다. 그것이 입법과정에 주목하면서도 종국에는 입법과정의 충실성을 법률의 정당성을 판단하는 논거로 활용하기 때문이다. 실질적 입법과정심사는

---

21) 현행 헌법재판제도하에서 '헌법재판소법'이 직권탐지주의를 규정하고 있는 이상, 주관적 증명책임이 문제될 여지는 없다. 하지만, 직권탐지주의가 적용되는 경우에도 이른바 객관적 증명책임, 즉 입증을 위한 노력에도 불구하고 요증사실의 진위가 불분명한 경우 위험부담을 누구에게 배분해야 하는가라는 문제는 발생한다. 한수웅 외, 『주석 헌법재판소법』, 헌법재판연구원, 2015, 365면.

22) Klaus Meßerschmidt, 앞의 논문(주 7), p. 390.

비례성심사의 논증방법 중 하나로 볼 수 있다. 입법과정심사가 사용된 경우에 입법자의 노력이 부족하다는 이유로만 곧바로 위헌 판단이 이루어지는 것이 아니고, 종국에는 비례성원칙 위반이라는 이유로 위헌판단이 내려지는 것이다. 그렇다면 입법과정심사는 비례성원칙 적용과정에서 어떻게 고려될 수 있는가?

우선 비례성판단이 오롯이 규범판단이 아니고 사실판단을 수반한다는 점을 인식해야 한다. 비례성원칙을 적용하는 방식으로 이루어지는 규범통제는 규범 대 규범의 객관적 비교 평가를 통해서만 수행되는 것이 아니고 사실, 사실에 대한 평가와 예측의 정확성과 적절성을 기초로 형량을 수행하는 방식으로 진행된다. '입법사실(legislative facts)'이란 어떤 입법의 필요성 내지 정당성(반대로 불필요성 내지 부당성)을 기초짓는 사실이다. 사법심사기관은 문제되는 입법이 비례성원칙의 세부요건을 충족하는지 여부를 검토하면서 그 과정에서 일정한 사실 인정과 그러한 사실에 대한 평가와 예측의 정확성, 합리성을 검토한다. 실질적 입법과정심사는 입법자가 기울인 노력 여하, 정도에 따라 입법자가 인정한 입법사실의 합리성을 추정하거나 복멸하는 형태로 수행된다.

이처럼 입법자의 입법사실 확인과 평가에 대하여 그 존중 정도를 결정하여 사법심사의 강도를 결정하기 위해 동원되어 온 관념이 심사강도론 내지 통제밀도론이다. 독일 연방헌법재판소는 규율대상의 특성, 확실한 판단을 내릴 수 있는 가능성, 관련 법익들의 의미와 비중 등에 따라 심사강도를 명백성통제(Evidenzkontrolle), 납득가능성통제(Vertrebarkeitsk ontrolle), 강화된 내용통제(intensivierte Inhaltskontrolle)로 나누어 단계화한 바 있다. 이 중 납득가능성통제는 입법자가 입수할 수 있는 자료에 기초하여 사실상황을 적정하게 판단하였을 것을 요구하는데, 여기에서 통제의 대상이 되는 것은 입법자가 입법과정에서 기울여야 할 주의의무를 다했는지 여부, 예를 들어 자료조사, 통계자료의 활용, 충실한 의견수렴 등을 수행했는지 여부이다.[23]

실질적 입법과정심사는 납득가능성통제에 해당하는 중간단계 심사강도에 해당한다. 규율대상이 복잡하고 확실한 판단의 가능성이 낮은 경우 일응 입법자의 판단재량이 존중되어야 할 것이다. 하지만 관련 기본권의 중요성이 크고 입법으로 인

---

23) BverfGE 50, 290 (331f.).

한 기본권침해 정도가 심각한 경우라면, 이러한 경우에도 사법심사기관은 단순히 입법자의 판단을 존중하기보다는 입법자가 합리적인 고려에 기초하여 판단을 내렸는지까지 통제하여야 할 것이다. 이 경우 헌법재판소는 명백성통제를 넘어 납득가능성통제를 수행함으로써 입법자로 하여금 기본권보호를 충실히 하도록 요청할 수 있고 여기서 입법과정심사 방법이 활용될 수 있다.

VI. 전망

여전히 발전 중인 담론인 입법과정심사론은 입법학과 사법심사기준론 간 접점에 위치한다. 입법과정심사론은 입법과정의 합리성을 제고하면서도 입법권과 사법심사권간 균형을 유지하는 수단으로 활용될 수 있다. 입법학의 담론을 사법심사기준으로 어떻게 끌어들일 것이며, 구체적으로 어떤 영역에서 어떤 강도로 입법과정의 충실성을 사법심사기관이 통제할 수 있는지는 향후 입법학, 헌법학, 그리고 헌법실무의 중요한 관심사가 될 것이다.

주요 참고문헌

山本真敬, "立法裁量の判断過程統制の観念について", 下関市立大学論集 第61巻 第3号, 2018

宍戸常寿, "立法の質と議会による将来予測", 西原博史(編), 立法学のフロンティア 2, ナカニシヤ出版, 2014

Bar−Siman−Tov, Ittai, "Semiprocedural Judicial Review", 6 Legisprudence, 2012

_____, "The Puzzling Resistance to Judicial Review of the Legislative Process", 91 Boston University Law Review, 2011

Beijer, Malu, "Procedural Fundamental Rights Review by the Court of Justice of the European Union", in Janneke Gerards & Eva Brems(eds.), Procedural Review in European Fundamental Rights Cases(Cambridge University Press, 2017)

Bickenbach, Christian, "Legislative Margins of Appreciation as the Result of Rational Lawmaking", in Klaus Meßerschmidt & Daniel Oliver−Lalana(eds.), Rational Lawmaking under Review: Legisprudence According to the German Federal Constitutional Court(Springer, 2016)

Lenaerts, Koen, "The European Court of Justice and Process−oriented Review", Yearbook of European Law, Volume 31, Issue 1, 2012

Meßerschmidt, Klaus, "The Procedural Review of Legislation and the Substantive Review of Legislation: Opponents or Allies?", in Klaus Meßerschmidt & Daniel Oliver−Lalana(eds.), Rational Lawmaking under Review: Legisprudence According to the German Federal Constitutional Court(Springer, 2016)

_____, "The Race to Rationality Review and the Score of the German Federal Constitutional Court", 6 Legisprudence, 2012

Nussberger, Angelika, "Procedural Review by the ECHR: View from the Court", in Janneke Gerards & Eva Brems(eds.), Procedural Review in European Fundamental Rights Cases(Cambridge University Press, 2017)

Oliver−Lalana, A. Daniel & Klaus Meßerschmidt, "On the Legisprudential Turn in Constitutional Review: An Introduction", in Klaus Meßerschmidt &

Daniel   Oliver−Lalana(eds.),   Rational   Lawmaking   under   Review:
Legisprudence According to the German Federal Constitutional Court
(Springer, 2016)

Popelier, Patricia, "The Court as Regulatory Watchdog: The Procedural
Approach in the Case Law of the European Court of Human Rights", in
Patricia Popelier et al.(eds.), The Role of Constitutional Courts in
Multilevel Governance(Intersentia 2012)

Waldhoff, Christian, "On Constitutional Duties to Give Reasons for Legislative
Acts", in Klaus Meßerschmidt & Daniel Oliver−Lalana(eds.), Rational
Lawmaking under Review: Legisprudence According to the German
Federal Constitutional Court(Springer, 2016)

입법(학)에의 제한적 합리성 관련 이론의 적용

모준성 (연세대학교)

I. 연구의 배경: 이 땅 위에 초연(超然)한 철인(哲人)은 없다.

정치경제학자인 프랜시스 후쿠야마(Francis Y. Fukuyama)가 그의 저서 『역사의 종말』에서 이른 바와 같이,[1] 자유주의적 민주주의(이하 '민주주의')는 표면적으로나마[2] '이데올로기 간의 전쟁'에서 승리를 거머쥐었다. 어떠한 정치공동체의 실질이 무엇이든 간에, 대외적으로는 '민주주의'를 표방하거나 입법·행정·사법 등 일련의 국가작용에 있어서 피상적으로라도 '민주성'이라는 가치를 내세우기 때문이다. 물론 이 민주성의 본질을 무엇으로 보고, 또 민주성을 어떻게 구현하는지는 정치공동체마다 제각기 상이하며, 현재에도 끊임없는 논쟁의 대상이 된다. '민주주의의 민주화(Democratizing Democracy)'[3]라는 표현은 이러한 상황을 단적으로 보여준다.

---

1) Francis Y. Fukuyama, *The End of History and The Last Man* (New York: The Free Press, 1992)(번역본: 프랜시스 후쿠야마(이상훈 옮김), 『역사의 종말』(한마음사, 1992)).

2) 여기에서 민주주의의 승리가 '표면적'이라고 표현한 이유는 두 가지로서, 하나는 민주주의의 대외적인 이유이고, 다른 하나는 민주주의의 대내적인 이유이다. 첫째 민주주의의 대외적 이유로는, 민주주의가 다른 이데올로기에 대해 승리하지 않았다거나, 다른 이데올로기 내지 사회경제적 위기가 새롭게 부상하여 민주주의에 위협을 가하고 있다는 점에 기초한다. 둘째 민주주의의 대내적 이유로는, 민주주의가 현재까지 역사에 등장한 정치질서 중 최선의 정치질서일지언정, 민주주의가 무결점의 정치질서는 아니라는 점에 기초한다. 민주주의를 둘러싼, 민주주의를 실현시키는, 민주성을 구현하는 데 있어서 존재하는 수많은 해석론은 민주주의가 여전히 수정되어왔고 수정되고 있으며 수정될 것이라는 사실을 잘 보여준다. 이 글은 기존의 민주주의론에 대한 수정해석론 중 하나로서, 특히 대의민주주의와 대의민주주의 아래에서의 대표자에 대한 문제의식으로부터 착안되었다.

오늘날 민주주의의 실질이 있다고 평가되는 정치공동체는 대부분, 민주성을 구현하는 구체적 제도로서 대의민주주의(대의제, 간접민주주의)를 채택하고 있다. 인간의 문명적 삶을 위해서는 공동체 내의 삶이 필수적이며 또 공동체 내의 질서 혹은 공동체의 정치적 지배를 피할 수 없기에, 자유롭고 평등한 개인이 공동체의 사안을 스스로 결정함으로써 스스로 지배하고 스스로의 질서에 구속된다는 민주주의의 전제 아래에서, 공화주의와 결합한 대의민주주의는 국가기관구성권과 국가의사결정권을 분리하여 국가기관구성권은 국민에게, 국가의사결정권은 국가기관에 부여하는 것을 골자로 한다.

대의민주주의에서 국민은 국가의사를 직접 결정하지도 않고 또 모든 국가기관을 직접적으로 구성하고 조직하지도 않지만, 국민은 '가장' 중요한 국가기관, 즉 의회 의원을 대의기관으로서 선출한다. 모든 국가작용이 헌법과 법률에 의해서, 헌법과 법률에 근거하여 행해져야 한다는 입헌주의 및 법치주의와 결합한 근대 대의민주주의에서, 헌법에 따라 법률을 개폐(開廢)하는 의회가 가장 중요하고도 핵심적인 국가기관이 된다. 의회는 헌법에 따라 법률을 제·개정하면서 제1의 국가의사를 형성·결정하며, 이 법률에 따라 모든 국가작용이 이루어진다(의회주의).

이러한 제1의 국가의사결정권은 국민이 아니라 의회에 속해있기 때문에, 그리고 의회의 자유로운 토론과 의사형성이 가능하기 위해서, 대의민주주의는 무기속위임 내지 자유위임을 본질로 한다. 즉 대의민주주의 아래에서 의회와 의회 의원은 구체적이고 경험적인 국민의 의사에 구속되지 않고 독자적인 판단에 따라 국가의사를 결정하며, 부분이익 내지 특수이익으로부터 자유로워야 한다. 우리 대한민국헌법 역시 제46조 제2항에서, "국회의원은 국가이익을 우선하여 양심에 따라 직무를 행한다."라고 규정함으로써 대의제의 자유위임 원칙을 명시하고 있다.

그러나 의회주의와 대의제의 본질로서의 자유위임 원칙에는 의회주의와 자유위임 원칙 그 자체에 내재된 본질적인 문제들이 존재한다. 의회주의와 자유위임은 곧 정치엘리트에 의한 전문정치 및 책임정치와 이어지지만, 동시에 그 본질적인 문제가 노정될 수도 있다. 이 본질적인 문제 중 하나는 제1의 국가의사를 독자적으로

---

3) 한국의 문헌 중에서는, 최장집, 『민주주의의 민주화』(후마니타스, 2006)

결정해야 하는 의회와 그를 구성하는 의회 의원들이 잘못된 결정을 내릴 수 있다는 위험이 존재한다는 데 있다.

특수한 국가의사를 제외하면, 의회에서 대부분의 국가의사를 정립하는 데 있어서 일반 의결정족수만 요구하기 때문에(일반 다수결), 의회에서 국가의사를 정립하는 과정은 결국 이러한 일반 다수결로 끝을 맺게 된다. 다시 말해, 의회의 재적 과반수를 점유한 다수는 의회 내 '이성적 토론'의 존부와는 무관하게 대부분의 국가의사를 정할 수 있는 권능을 보유하게 되고, 바로 여기에 "압제의 씨앗"[4]이 있다. 이때의 압제는 잘못된 결정을 내릴 수 있다는 위험을 은유적으로 표현한 것이다.

물론 이러한 압제의 씨앗이 발아하지 못하도록 하는 여러 메커니즘이 현대 입헌주의에 내재하며 우리나라 역시 이들을 규정하고 있다. 의회의 다수가 초래할 수도 있는 압제는 절차적 측면에서의 압제와 내용적 측면에서의 압제이다. 전자의 경우 의회의 다수가 단순한 수적 우위를 이용해 심의와 이성적 토론을 몰각시켜 소수를 억압하는 것이고, 후자의 경우 의회의 다수가 정립한 국가의사가 진실로 국가이익을 우선시하지 않은 내용을 담고 있는 것이다.

우선 전자를 방지하기 위한 메커니즘으로는, 의회 내 의사규칙을 통해 반드시 다수결 전에 심의 내지 '이성적 토론'이 선행되도록 강제하는 것과 이러한 절차를 거치지 않은 채 결정된 국가의사에 대해 의회의 외부 기관(예컨대, 대통령)이 거부할 수 있는 권한을 부여하는 것, 그리고 절차를 위반하여 결정된 국가의사의 효력을 부정할 수 있는 권한쟁의심판을 위시한 헌법재판제도를 예시로 들 수 있다. 그러나 의회 내부의 압제를 억제할 수 있는 메커니즘이 완전한 것은 아니다. 의사규칙이 필요최소한의 심의와 이성적 토론을 강제한다고 하더라도 이것이 충분한 심의와 이성적 토론이 될 수는 없으며, 끝끝내 국가의사는 일반 다수결로 결정될 것이다. 이렇게 결정된 국가의사는 대통령에 의해 거부될 수 있겠지만, 여대야소 상황에서 정당을 매개로 국가기관 사이에 야합이 있다면 이를 방지할 수 없다. 게다가 심의 내지 이성적

---

4) "압제의 씨앗(the seed of tyranny)"은 토크빌의 표현임을 밝힘. Alexis de Tocqueville, Harvey C. Mansfield & Delba Winthrop (trans. and edit.), Democracy in America (London: The University of Chicago Press, 2002). 토크빌은 인민(국민)이든 왕이든, 민주주의든 무엇이든 간에 그에게 무한한 권능이 주어진다면, 바로 그곳에 압제의 씨앗이 있다고 보았다.

토론이 결여된 날치기 입법이었다고 하더라도 우리나라 헌법재판소에서 "입법 절차가 위법하여 국회의원의 법률안 심의·표결권을 침해하였으나, 그것이 법률안 가결 선포행위를 취소 또는 무효로 할 정도의 하자에 해당하지는 않는다."고 결론을 내리는 경우가 대다수이다.5) 의회주의와 자유위임 아래의 다수결 모두가 전제적인 것은 아니지만, '이성적 토론에 따른 공개정치'의 형해화는 의회주의와 자유위임 원칙에 대한 중대한 (현실적) 도전 중 하나이며, 본질적으로 다루어야 할 문제이다.

다른 한편, 후자를 방지하기 위한 메커니즘으로는, 예컨대 의회의 외부 기관의 거부권과 위헌법률심판 등을 위시한 헌법재판제도이다. 그러나 이러한 메커니즘에도 한계가 존재한다. 위와 같이 입법부와 행정부 사이의 정당을 매개로 한 야합이 있는 경우에는 대통령의 법률안거부권이 국가이익을 우선시하지 않은 국가의사를 억제할 기대가능성이 적거나 없다. 위헌법률심판을 비롯한 헌법재판제도는 기본권을 침해하는 국가의사만 그 효력을 부정하는 것과 같이 최소한의 기준만 적용할 뿐이다. 결국 국가이익을 우선시하지 않는 국가의사가 정립될 위험은 의회 내에서 조정되어야 하지만, 의회 내의 다수가 그러한 국가의사를 지지할 경우에는 의회 내 소수가 저지할 방법은 사실상 존재하지 않으며, 심지어 의회의 다수와 소수를 불문한 의회 의원 전체가 그러한 국가의사를 지지할 경우에는 그러한 국가의사가 기본권을 침해하지 않는 이상 그를 억제할 메커니즘은 존재하지 않는다.

또 다른 메커니즘은 임기제, 즉 주기적 선거를 통한 정치적 책임의 메커니즘이다. 주기적 선거는 민주주의적 정치게임의 근간으로서 민주주의적 정치게임에 참가하는 의회 내외의 모든 참가자가 수인하는 기본적 규칙이며, 따라서 그를 통한 정치적 책임은 민주주의에서 예정하고 있는 입법자에 대한 궁극적 책임이 된다. 그러나 이마저도 의회 의원 전체가 국가이익을 우선시하지 않는 국가의사를 정립하고자 할 경우에는, 그러한 국가의사에 반대하는 의회 바깥에 존재하는 정치게임의 참가자들이 승리하여 의회의 다수를 점할 때까지는 그를 억제할 메커니즘은 존재하지 않는다. 요컨대 대한민국에서 의회의 (절차적으로든 내용적으로든) 잘못된 결정을 보정할 메커

---

5) 헌재 1997. 7. 16. 96헌라2, 판례집 9−2, 154 [전원재판부]; 헌재 2009. 10. 29. 2009헌라8 등, 판례집 21−2하, 14 [전원재판부]; 헌재 2011. 8. 30. 2009헌라7, 판례집 23−2상, 220 [전원재판부] 등.

니즘에는 한계가 존재한다.

　더욱이, 대한민국에서 정당민주주의가 기형적으로 발전한 것은 의회주의나 자유위임 원칙에 대한 또 다른 도전을 일으키고 있다. 규범적·이상적으로 "국가와 국민의 중개자로서 정치적 의사의 도관(導管) 기능을 수행하는" 정당은 "주체적·능동적으로 국민의 다원적 정치의사를 유도·통합함으로써 국가정책의 결정에 직접 영향을 미칠 수 있는 규모의 정치적 의사를 형성"하는 존재이다.6) 그러나 상급자(예컨대 연장자)가 상대적으로 더 강한 영향력을 행사하는 한국의 (정당)문화와 부실한 당내민주주의와 결합하여, 정당은 상향식으로 의사를 결정하는 것이 아니라 하향식으로 의사를 결정하고 있다. 게다가, 소위 '당론'과 반대되는 자신의 소신을 관철하려는 국회의원을 소속 상임위원회에서 다른 상임위원회로 강제적으로 전임시키는 조치를 정당화한 헌법재판소의 결정 이후,7) 국회의원의 정당기속 현상에 제동이 가해지지 않고 있다. 극단적으로 표현하면, '평범한' 국회의원은 "국가이익을 우선하여 양심에 따라 직무를 행"하는 것이 아니라 단지 정당 수뇌부에서 정하는 '당론'에 따라 직무를 행할 뿐이며, 정당 수뇌부의 거수기(擧手機)에 불과하다.

　그러나 심의와 이성적 토론에 따른 공개적 정치에 기여하지 않는 국회의원, 국가이익을 우선시하지 않고 국가의사를 정립하는 국회의원, 정당 수뇌부의 거수기로 전락한 국회의원을 마냥 책망할 수는 없다. 우리가 어떠한 (사회적) 문제의 원인을 찾을 때면, 그 원인이 개인에게 있는지, 혹은 구조에 있는지 종종 고민하게 된다. 즉 개인적 차원의 문제인지, 혹은 구조적 차원의 문제인지, 양자를 극단으로 한 스펙트럼 위에서 원인을 찾는 경우가 있다.

문제의 원인은 개인에게 있다 ——— 문제의 원인은 구조에게 있다

---

6) 헌재 2014. 1. 28. 2012헌마431 등, 판례집 26-1상, 155, 162 [위헌]
7) 헌재 2003. 10. 30. 2002헌라1, 판례집 15-2하, 17 [기각]

　　개인이나 구조 중 하나의 극단에 온전하게 원인을 구할 수 있는 문제가 있을 수
도 있겠지만, (사회적) 문제의 원인은 대체로 이 스펙트럼 위에 있을 것이다. 즉, 문제
의 원인은 대부분, 개인에게도 존재하고 구조에도 존재한다. "국가이익을 우선하여
양심에 따라 직무를 행"해야 하는 국회의원이 (정당 내부에서든, 정당 외부－의회 내부
에서든) 이성적 토론을 거치지 않거나 국가이익을 우선시하지 않거나 정당 수뇌부의
꼭두각시처럼 움직이는 원인 역시 개인(개별적인 국회의원)과 구조(정당제도와 문화,
헌법재판소의 결정 등) 모두에서 구할 수 있으리라 추측된다. 이러한 이유로, 문제의
원인 중 개인에게 귀속시킬 수 있는 부분에서는 개인을 책망하고 비판해야 마땅하
지만, 개인에게 귀속시킬 수 없는 부분에서는 개인을 책망하고 비판할 것이 아니라
구조적 문제를 어떻게 해결해야 하는지에 초점을 맞춰야 한다.

　　이 연구과제는 문제의 원인 중 개별적인 국회의원에 귀속시킬 수 있는 영역을
차치(且置)하고, 구조적 차원에 초점을 맞춘다. 특히 구조적 차원 중에서도 정당제
도나 문화보다는 더 원초적인 원인, '인간' 그 자체에 주목하고자 한다. 비유하건대,
국회의원은 '피와 살을 가진 사람'이다. 국회의원 역시 (흔히 사회적인 욕망의 대표격
인) 부, 명예, 권력에 관심이 있다(추측건대, 국회의원은 상당수의 다른 사람들보다 이러
한 사회적 욕망에 더 관심이 있을 것이다. 그래야 정치게임의 여러 허들을 넘어 국회의원으
로 당선되기 때문이다). 예컨대 국회의원은 초선(初選)으로 만족하는 것이 아니라 2선
이고 3선이고 계속 국회의원으로 선출되고자 부단히 노력할 것이다(혹은 대통령이나
총리, 장관이 되고자 부단히 노력할 것이다). 개별적인 국회의원은 정당 수뇌부(특히 정
당공천에 주된 영향력을 행사하는 집단)[8]와 유권자의 환심을 사 궁극적으로는 다음 선
거에 승리하여 의원직을 유지하려는 직업인(職業人)에 불과하다. 요컨대, 국회의원
은 (물질세계로부터) 초연하지 않은, '우리'와 같은 평범한 인간이다.

　　어떤 점에서는 자명하기 그지없는, "국회의원은 초연하지 않은 인간이다."라는
현실은 우리 법학 연구자들에게 해묵은 논제인 "규범과 현실의 괴리" 문제를 다시금
던진다. 우리 헌법의 "국회의원은 국가이익을 우선하여 양심에 따라 직무를 행한

---

8) 혹은 집권 여당 국회의원일 경우에는 국무총리나 장관이 되기 위해서 대통령(혹은 대통령으로 당
　선될 가능성이 있는 유력 정치인)의 환심을 사려고 노력할 수도 있다.

다.”라는 조항에서는 명백한 흠을 찾아내기 어렵다. 국회의원이 국가이익을 우선하여 양심에 따라 국회의원의 직무를 수행해야 한다고 하며, 공공선을 추구해야 한다고 하는데 여기에 어떤 명백한 흠이 있다는 것인가? 그러나 법학에서는 추상적·규범적·이상적인 측면과 구체적·현실적인 측면은 법학의 제문제마다 정도의 차이만 있을 뿐 괴리가 존재했고, 여기에서도 어김없이 규범과 현실의 괴리 문제가 존재한다.

국회의원이 부, 명예, 권력, 그리고 이러한 사회적 욕망들이 집약된 ‘국회의원직’을 (다시) 얻기 위해 부단히 노력하는 일개(一介) 직업인이라는 사실, 그들도 세속적 욕망으로부터 초연하지 않으며 피와 살을 가진 한낱 인간이라는 ‘현실적’ 사실을 곱씹을 때, “국회의원은 국가이익을 우선하여 양심에 따라 직무를 행한다”는 규범을 온전히 실천하는 것은 환상에 불과할지도 모른다. 국회의원이 의회주의와 자유위임 원칙 아래에서 이성적 토론을 통한 공개적 정치를 실현하고, 국가이익과 공공선을 위해 양심에 따라 소신껏 행동하리라고 현실을 예측하는 것은 순진한 생각이다. 그들은 정당 수뇌부와 유권자의 마음을 어떻게 사로잡을 것인지가 주요한 관심사이기 때문이다. 우리는 어쩌면 환상을 좇고, 정치엘리트인 국회의원에게 헛된 기대를 품었을지도 모른다.

이 문제의식은 결국, 규범학인 법학 영역 내에서도 우리가 짊어진 원초적인 문제로서 “인간”에 관한 문제를 재검토해야 한다는 과제를 던져준다. 때로는 합리적이지만 때로는 비합리적이고, 때로는 이성적이지만 때로는 감정적이고, 때로는 이기적으로 때로는 이타적으로 행동하며, 생물적·사회적 욕망으로부터 초연한 것이 아니라 얽혀있고, 표심(票心)을 의식하면서 공공선을 (표면적으로라도) 부르짖는 것이 인간으로서의 국회의원이라면, 그리고 이 행위자가 국가작용 – 입법작용을 하는 것이라면, 이러한 ‘인간적인 면모’를 도외시하여 법학 – 입법학의 연구영역 바깥에 둘 것이 아니라 오히려 적극적으로 연구의 영역·대상으로 삼아야 한다. 대의기관이자 입법자인 국회의원의 현실적 한계를 명확히 하는 것은 의회주의와 자유위임 원칙을 현실적으로 재검토하고, 나아가 민주성을 더 확보하기 위한 첫걸음이 될 것이다.

II. 연구방법: 제한된 합리성 이론을 중심으로

1. 전제: 제한된 합리성 이론

위와 같은 배경에서, 본 연구는 입법자인 국회의원도 여타(餘他) 인간과 같다고 보고, 인간이 가지고 있는 경제적 합리성을 국회의원도 지니고 있다고 가정한다. 경제학에서는 인간이 이기적이고 합리적이라 보는데, 이때의 합리성이 경제적 합리성이라 할 수 있으며, 합리성은 '개인이 원하는 것을 얻으려고 노력하는 것', 즉 목적지향성이라고 간단히 볼 수 있다.[9] 이러한 경제적 합리성은 (연구의 배경에서 언급한 바와 마찬가지로) 국회의원이 의정활동을 할 때에도 발휘된다.

그러나 우리가 스스로를 되돌아보건대, 우리는 완벽하게 합리적이지 않고, 항상 합리적이지도 않다. 경제학에서도 일종의 "규범과 현실의 괴리" 문제가 대두된 셈인데, 현실적 차원의 인간은 완벽하게 합리적이지도, 항상 합리적인 존재가 아님에도 불구하고, 기존의 경제학에서는 완전하게 합리적이라는 가정을 두고 이론을 구성하니 현실적 타당성이 결여되는 한편, 현실에 대해서 적절하게 설명하지도 예측하지도 못하게 되어 처방능력까지 약화되는 결과가 초래되었다. 기존의 경제학적 예측에서 벗어나는 각종 예외현상의 등장은 완전한 합리성이라는 대전제에 위협을 가했다.

이에 대한 반성에서 허버트 사이먼(Herbert A. Simon)은 1950년대에 제한적 합리성(bounded rationality) 개념을 제창하였다. 사이먼은 인간의 인지능력에 한계가 존재하며, 복잡한 현실세계에서 한정된 시간 내에 완전한 정보를 갖는 것은 불가능하기 때문에 완전한 합리성을 가질 수 없으며, 따라서 제한된 합리성만을 가진다고 주장하였다.

> "복잡한 문제들을 구조화하고 해결하기 위한 인간 정신의 능력은, 현실세계에서 문제에 대한 해결책으로서 객관적으로 합리적인 행동이나 심지어 그러한 객관적 합리성에 대한 합당한 근사값만이 요구되더라도, 그러한 문제의 규모에 비해서 턱없이 작다."[10]

---

9) Michael Laver, *Private Desires, Political Action: An Invitation to the Politics of Rational Choice*(London: Sage, 1997), p.2.

사이먼에 따르면, 제한된 합리성은 문제를 해결하려는 사람의 문제해결능력과 문제의 규모의 차이에 따라 결정된다. 인간은 합리적인 존재(rational being)는 아니지만, 합리적이려고 노력하는 존재(intendedly rational being)이며, 인간 그 자체와 인간이 해결하려는 문제는 복잡한 환경의 구조 내에 존재한다. 복잡한 자연 및 사회 환경의 구조 내에서 인간은 끊임없이 지속적으로 상호작용하며 적응해간다. 이러한 과정 속에서 인간의 제한된 합리성이 발현된다.

국회의원 역시 (경제적인) 제한된 합리성을 가지고 있다고 본다. 앞서 합리성을 '목적지향성'이라고 간단히 보았는데, 국회의원의 경우 정당 수뇌부와 유권자의 표심을 얻어 궁극적으로 다시 국회의원으로 선출되어 국회의원직을 유지하는 것이 하나의 목적이다. 그러나 국회의원은 인간이며, 인간의 인지능력의 한계를 그대로 가지고 있다. 동시에 국회의원을 둘러싼 제반요소들, 즉 정치제도, 정치문화, 시시각각 변하는 정세 내지 정치역학, 그리고 국내 대중의 여론 등은 서로 영향을 주고받으며 복잡한 현실을 구성한다. 이 와중에 국회의원은 입법을 진행한다. 어떠한 법률을 제 · 개정함에 있어서는 위와 같은 요소들 외에도 그 법률을 둘러싼 또 다른 제반 요소, 예컨대 법률을 제 · 개정할 시기 전후에 있는 파급력이 큰 사건, 법률의 전문적이고 기술적인 요소들 등도 고려하지 않을 수는 없다. 국회의원은 능력의 한계가 있는데, 문제의 규모는 그 능력의 한계를 넘어선다.

2. 실험경제학적 방법론을 활용한 입법현실 분석: 합리적 선택 이론과 게임이론의 일반구조를 중심으로

동시에 사이먼은 학문적 이론이 논리적 · 연역적이고, 동시에 실증적이어야 함을 강조했다. 제한된 합리성 이론은 실험경제학(experimental economics) 기조 아래의 계속된 실험으로 이전의 실체적 합리성(완전한 합리성)으로는 예측할 수 없는 현

---

10) "The capacity of the human mind for formulating and solving complex problems is very small compared with the size of the problems whose solution is required for objectively rational behavior in the real world or even for a reasonable approximation to such objective rationality." Herbert A. Simon, *Models of Man*, (New York: John Wiley, 1957), p.198.

상들이 계속 발생하자 이러한 현상들을 포섭하기 위해서 다시금 주목받게 된 이론이다. 즉 제한된 합리성 이론은 실험경제학을 통해 실증성을 담보한다.

　　이러한 실험경제학의 방법론으로, 합리적 선택 이론과 게임이론을 꼽을 수 있다.

　　합리적 선택 이론(rational choice theory)은 목적지향적 행위자들이 각자의 선호, 가치, 효용, 정보를 가지고 주어진 제약하에서 대안을 선택한다고 보고, 이러한 목적지향적 행위자들의 의사결정모델(구조) 혹은 의사결정과정을 탐구한다. 합리적 선택 이론은 사회적 행위는 개별적인 행위자가 결정을 내리기에 형성된다고 보며, 개인의 결정 요인에 초점에 초점을 맞춘다. 즉 합리적 선택 이론은 방법론적 개인주의를 취하고 있다. 행위자가 국회의원인 경우에는 명확한 선호와 궁극적 목적 — 국회의원직의 유지 — 을 가지고 있으며, 이를 위해 제안된 상황 속에서 가장 좋은 최선책을 취한다고 가정할 수 있다.

　　합리적 선택 이론과 유사하게 게임이론(game theory)[11]은 참가자의 상호의존적이고 합리적·이성적인 의사결정에 관한 이론이다. 어떠한 게임에 참가한 자가 어떠한 행위를 했을 때, 그 행위의 영향은 다른 참가자에게도 영향을 미치므로, 상호영향을 주고받는 상황에서는 다른 참가자의 행위를 고려하면서 전략적인 행위를 하게 된다. 이러한 상황에서 어떠한 참가자든지 자신과 다른 참가자의 행위를 모두 고려하면서 자신의 이익을 극대화하려고 하며 자신의 목적을 달성하려는 행위를 하게 되는데, 이를 전략적 합리성(strategic rationality)이라 한다. 행위자가 국회의원인 경우에는 시시각각 변하는 정세나 정치역학을 고려하면서, 국회의원직을 유지하기 위한 각종 행위를 하기 때문에 전략적 합리성을 발휘한다고 볼 수 있다.

　　이러한 합리적 선택 이론과 게임이론을 중심으로 제한적 합리성 이론과 실험경제학적 방법론을 활용하여 입법현실을 우선적으로 분석한다. 이러한 입법현실에는, 행위자인 국회의원, 행위자인 국회의원의 종국적 목적과 그에 도달하기 위한 각종 수단적 가치, 효용, 선호 등, 정치제도와 정치문화 등이 포함될 수 있다.

---

11) 합리적 선택 이론의 하위 범주로서 게임이론을 분류할 수도 있다.

3. 제한적 합리성을 전제하는 다른 학문분과와의 융합

완전한 합리성을 부정하고 제한적 합리성을 전제로 하는 경제학은 주로 행동경제학(behavioral economics)으로 분류되는데, 이 행동경제학은 위에서 언급한 바와 같이 실험경제학적 방법론을 통해 실증되기도 하지만, 그 전에 심리학에 빚을 지고 있다. 완전히 합리적이지 않고 한계가 있는 인간의 심리와 그 행동을 그 대상으로 삼는 심리학에서의 업적을 행동경제학은 받아들여 그 저변을 넓힐 수 있었다.

위에서는 제한적 합리성을 기반으로 한 행동경제학을 중심으로 하여, 이러한 관점을 규범학인 법학에까지 적용해야 한다고 소개하였으나, 제한적 합리성을 전제로 한 학문분과가 행동경제학만 존재하는 것은 아니다. 행동경제학은 심리학의 관점에서 인간의 경제적 행동을 해석하는데, 다른 한편 심리학의 관점에서 인간의 정치적 행동을 해석하는 학문분과 역시 존재한다. 이는 정치심리학(political psychology)으로 분류된다. 또한 행정학에서도 이미 제한적 합리성을 전제로 연구되는 주제가 있다. 여기에서는 '인간의 의사결정'을 의사결정모형(모델)로 구체화하고 분석하는데, 이러한 의사결정모형 중 일부가 제한적 합리성을 전제로 구성된다. 제한적 합리성을 제창한 사이먼은 경제학뿐만 아니라 행정학에서도 족적을 남긴 거장으로 평가되기도 한다.[12]

법학의 한 영역으로서 입법학에서는 입법을 행하는 주체의 제한적 합리성을 추적하고 연구함으로써 인간의 한계 내에서 그들이 국가이익을 위해 더 나은 결정을 할 수 있도록 구조를 구축해야 하고 그들을 강제해야 한다. 제한적 합리성을 전제로 한 행동경제학과 실험경제학, 정치심리학과 행정학은 입법학에도 의미 있는 영향을 미칠 것이라 감히 추측한다.

4. 인간의 한계를 반영한 입법모델 내지 가이드라인의 제안과 규범적·실증적 검증

입법학은 사실적인 측면도 존재하지만, 규범적인 측면도 존재하는 바, 입법현실을 제한적 합리성을 전제로 분석하는 것은 규범학적 입법학의 사실적 전제가 될 수 있으나 불충분하다. 이러한 이유로, 입법현실의 실증적 분석 이후 인간의 한계를

---

12) 예컨대 임의영, "H. A. Simon의 제한된 합리성과 행정학", 행정논총 제52권 제2호, 2014, 1-35면.

반영한 입법모델 내지 가이드라인을 제안하는 것을 구체적인 목표로 삼는다.

그리고 이 입법모델 내지 가이드라인을 규범적으로, 실증적으로 검증한다. 규범적인 검증은 헌법상의 제원리를 기준으로 삼아, 제안된 입법모델 내지 가이드라인이 헌법원리에 부합하는지를 검증하며, 실증적인 검증은 제안된 입법모델 내지 가이드라인을 다시 실험경제학적 방법론 등을 통해 시뮬레이션하여 인간의 한계 등을 적절히 반영하였는지 재검증하는 것이다.

Ⅲ. 연구의 목적과 의의

규범학인 법학에 있어서 규범과 현실의 괴리 문제는 그림자처럼 따라다니는 본질적인 문제이다. 이 연구는 입법학에 있어서 규범과 현실의 괴리를 미약하게나마 해소하려는 목적을 가지고 있다. 법학에서는 규범적이고 이상적 인간상을 전제로 한다. 국회의원은 공공선을 추구해야 한다는 헌법 조항은 이를 단적으로 보여 준다. 그러나 이 연구는 현실은 그렇지 않다는 것을 전제로 한다. 이 연구는 국회의원이 공공선을 추구한다는 표면 아래로, 정당 수뇌부와 유권자의 표심을 구해 종국적으로 국회의원직을 유지하려는 합리적인 인간으로 보고, 그 인지능력의 한계와 현실의 복잡성으로 제한적인 합리성을 가지며, 동료 국회의원과의 관계 등 정세−정치역학 속에서 부단히 자신의 영향력을 높이려는 전략적 합리성을 가진 존재로 국회의원을 보고 있다. 국회의원은 초연한 철인이 아니라, 한낱 범인(凡人)일 뿐이며, 이러한 현실을 바탕으로 규범을 재구성하려는 것이 이 연구의 목적이라 할 수 있다. 이를 위해 제한적 합리성 이론과 게임이론, 합리적 선택 이론 등 실험경제학적 방법론, 그리고 정치심리학과 행정학을 동원하여, 제1의 국가의사를 형성·결정하는 입법자인 국회의원과 국회의원을 둘러싼 제반요소를 분석하고, 입법학의 궁극적인 목표로서 '(더) 좋은 입법(good legislation, better legislation)'을 위해 입법모델 내지 입법가이드라인을 제안한다.

규범은 지상에 존재하는 무언가이지, 천상에 존재하는 무언가가 아니다. 비록 규범이 구체적인 현실에서 최소한 한 단계 이상 추상화되어 있다고 하더라도, 그것은 인간을 대상으로 한 규칙 내지 기준으로서 반드시 구체적이고 현실적인 인간의 특성, 특히 인간의 한계를 반영해야 한다. 그러나 (입)법학에서는 아직 관련된 연구가 미진하다. 이러한 배경에서 제한적 합리성 이론을 전제로 한 다양한 학문적 성과를 (입)법학에 적용하는 의의가 있다.

주요 참고문헌

김성준, 『공공선택론』(박영사, 2020).

김영세, 『공공경제론: 게임이론적 접근』(청람, 2019).

_____, 『게임이론』(박영사, 2020).

김재한, 『공공선택』(박영사, 2012).

랜들 G. 홀콤 (황수연 옮김), 『공공선택론: 고급 개론』(리버티, 2019).

에이먼 버틀러 (황수연 옮김), 『공공선택론 입문』(리버티, 2013).

이경은, 『공공정책과 합리적 선택』(박영사, 2004).

임의영, "H. A. Simon의 제한된 합리성과 행정학", 「행정논총」 제52권 제2호, 2014, 1−35면.

정준표, "합리적 선택이론에 있어서 합리성의 개념", 「대한정치학회보」 제11집 제2호, 2003, 415−439면.

허성욱, "공법과 법경제학 − 공법이론과 공공정책", 「법경제학연구」 제15권 제1호, 2018. 3−17면.

Achen, Christopher H., and Larry M. Bartels, Democracy for Realists: Why Elections Do Not Produce Responsive Government (Princeton Studies in Political Behavior)(New Jersey: Princeton University Press, 2016).

Altman, Morris, (edit.), Handbook of Behavioural Economics and Smart Decision−Making(Elgar, 2017).

Bendor, Jonathan, Bounded Rationality and Politics (University of California Press, 2010).

Chetty, Raj, "Behavioral Economics and Public Policy: A Pragmatic Perspective", 2015, NBER Working Paper No. w20928.

Huck, Steffen, (edit.), Advances in Understanding Strategic Behaviour (Palgrave Macmillan, 2004).

Jones, Bryan D., "Bounded Rationality and Public Policy: Herbert A. Simon and the Decisional Foundation of Collective Choice", Policy Sciences Vol. 35, No. 3, 2002, pp.269−284.

Kahneman, Daniel A., Jack L. Knetsch and Richard H. Thaler, "Fairness and The Assumptions of Economics", The Journal of Business. 59, 1986, pp.285−300.

Kahneman, Daniel, and Amos Tversky. "Prospect Theory: An Analysis of Decision under Risk." Econometrica 47, no. 2, 1979, pp.263−91.

Kahneman, Daniel, Jack L. Knetsch, and Richard Thaler. "Fairness as a Constraint on Profit Seeking: Entitlements in the Market." The American Economic Review 76, no. 4, 1986, pp.728−41.

Kuehnhanss, Colin R., "The challenges of behavioural insights for effective policy design", Policy and Society Vol. 38, No. 1, 2019, pp.14−40.

Laver, Michael, Private Desires, Political Action: An Invitation to the Politics of Rational Choice (London: Sage, 1997).

Licht, Amir N., "Law for the Common Man: An Individual−Level Theory of Values, Expanded Rationality, and the Law", Law and Contemporary Problems Vol. 74, 2011, pp.175−206.

McCarty, Nolan, and Adam Meirowitz, Political Game Theory (Cambridge University Press, 2007).

Munro, Alistair, Bounded Rationality and Public Policy(Springer, 2009).

Simon, Herbert A. "A Behavioral Model of Rational Choice." The Quarterly Journal of Economics 69, no. 1, 1955, pp.99−118.

Stone, Rebecca, "Legal Design for the 'Good Man", Virginia Law Review Vol. 102, No. 7, 2016, pp.1767−1831.

Sunstein, Cass R., and Richard H. Thaler. "Libertarian Paternalism Is Not an Oxymoron." The University of Chicago Law Review 70, no. 4, 2003, pp.1159−1202.

Thaler, Richard H., Misbehaving: The M aking of Behavioral Economics, New York: W. W. Norton & Company, 2015.

Thaler, Richard H., and Cass R. Sunstein, Nudge: Improving Decisions About Health, Wealth, and Happiness, Yale University Press, 2008.

Viale, Riccardo, (edit.), Routledge Handbook of Bounded Rationality (Routledge, 2021).

Vis, Barbara, "Heuristics and Political Elites' Judgment and Decision−Making", Political Studies Review Vol. 17, No. 1, 2019, pp.41−52.

Von Neumann, John, and Oskar Morgenstern, Theory of Games and Economic Behavior, Princeton, NJ: Princeton University Press, 1944.

입법과정의 이해

서덕교 (국회사무처)

Ⅰ. 서론: 입법과정의 온전한 이해를 위한 학제 간 융합 접근의 필요성

국회에서의 입법과정은 집합적 대의기구인 국회의 심사과정을 통해 정치공동체 구성원의 권리·의무 또는 그 공동체의 정책을 규정하는 법률을 제·개정하는 것이다. 국회는 입법과정을 통해 민의 수렴, 갈등 해결과 통합, 정치적 행위자 간의 상호작용, 정책 결정의 기능을 수행한다.[1] 입법과정은 정치적 행위자의 서로 다른 정책 선호 사이의 조정 과정이라는 점에서 정치 과정의 성격을 필연적으로 가진다. 하지만, 그 조정은 입법과정의 제도적 틀, 입법기술, 법 이론을 통해 설정된 입법의 내용적 한계 안에서 이루어지며, 최종적으로는 헌법재판소의 규범 통제를 받을 수 있다는 점에서 법률적 과정으로서의 성격도 동시에 가진다.

이러한 양면성은 입법과정 연구에도 반영될 수밖에 없다. 한국에서 입법과정에 대한 접근은 정치학, 정책학, 행정학을 중심으로 하여 입법과정에서 정치적 행위자 사이의 실제 상호작용 과정, 개별 정치적 행위자의 영향력, 그 영향력에 미치는 변수 등을 살펴보는 접근과 법학을 중심으로 입법과정의 제도적 틀과 제도의 작동 양태를 살펴보고, 제도의 개선과 올바른 작동을 위한 처방을 제시하는 접근으로 크게 나눌

---

[1] 임종훈, 『한국입법과정론』(박영사, 2012, 5−8면; 임재주 외, 『국회의 이해: 우리가 알아야 할 국회 이야기』(한울아카데미, 2019), 84−86면.

수 있다. 입법과정의 온전한 이해를 위해서는 이 두 접근 사이의 소통과 상호 이해, 융합을 통한 학제 간 협력이 필요하지만, 여기에는 현실적으로 여러 장애가 있다.

이 글은 입법과정의 이해에 있어 방금 언급한 융합 접근을 탐색적으로 시도한다. 먼저 제도론적 관점에서 우리 국회의 입법과정을 소개한다. 다음으로 실제 입법과정의 특징과 그 특징이 나타나는 이유를 살펴본다. 마지막으로 향후 입법과정에 대한 연구 과제로 중요하다고 생각되는 점을 제시하려 한다.

II. 입법과정의 제도적 틀

1. 개관 : 위원회 중심주의 입법과정

우리 국회의 입법과정은 (i) 법률안의 발의 및 제출 → (ii) 위원회 회부 및 심사 → (iii) 법제사법위원회 체계 · 자구 심사 → (iv) 본회의 심의의 흐름으로 위원회에서 실질적인 심사가 이루어지는 위원회 중심주의의 구조이다([그림 1] 참조). 우리 국회도 원래는 본회의 중심주의의 입법과정을 가졌지만 제6대 국회부터 위원회 중심주의의 입법과정을 채택하게 되었다. 제출되는 법률안의 수가 폭증하고 있는 최근에는 위원회 중심주의가 분업과 전문화의 효과를 가져다주고 있지만 제6대 국회에서의 위원회 중심주의 채택은 당시 정부가 정부 정책의 신속한 추진을 위해 국회의 법률안 심사 강도를 약화시키기 위해 취한 것이라는 연구들이 있다.[2]

---

2) 박재창, 『한국의회개혁론』(오름, 2004), 37면; 박찬표, "한·미·일 3국 의회의 전문성 축적구조에 대한 비교연구", 「한국정치학회보」제30권 제4호, 1996, 333면; 오현진, "국회 상임위원회의 위상 변화: 보건복지위원회를 중심으로", 「의정논총」제6권 제2호, 2011, 29면; 조진만, "국회의 구조", 『한국 국회와 정치 과정』(오름, 2010), 116면.

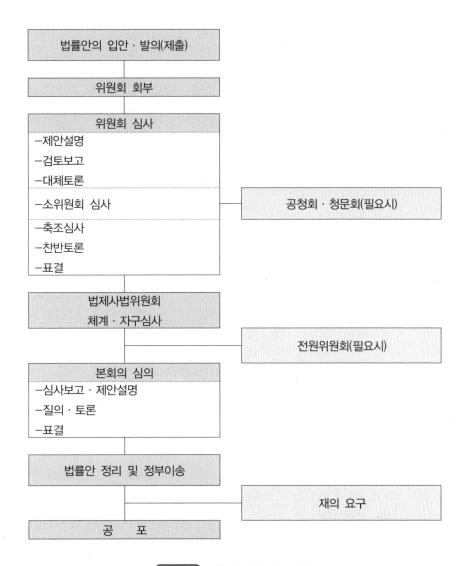

그림 1 법률안 심사 과정 개관[3]

---

3) 임재주 외 앞의 책, 96면.

2. 다수제 원칙과 예외로서의 합의제 성격을 가지는 입법과정

우리 국회의 입법과정은 제도적으로만 보면 원칙적으로 다수제의 성격을 가진다고 말할 수 있다. 우리 헌법과 국회법은 국회는 헌법 또는 법률에 특별한 규정이 없는 한 재적의원 과반수의 출석과 출석의원 과반수의 찬성으로 의결한다고 규정하고 있고, 이는 위원회에서의 의결에도 준용된다(헌법 제49조, 국회법 제71조 및 제109조). 따라서 특정 교섭단체(정당)가 모든 위원회와 전체 의석의 과반수를 점하고 있고, 국회의장과 모든 위원장이 이 교섭단체 소속(또는 출신)이라면 원칙적으로 이 교섭단체는 모든 위원회와 본회의에서 자신들이 원하는 법률안을 의제로 하여 심사하고 의결할 수 있다.

하지만, 우리 국회법에는 합의제 성격의 입법과정을 전제로 한 규정들도 곳곳에서 발견할 수 있다. 특히 2012년 5월 개정(이른바 국회선진화법)을 통해 나타난 국회법 규정들이 그러하다. 첫째, 위원회는 이견을 조정할 필요가 있는 안건을 심사하기 위하여 재적위원 3분의 1 이상의 요구로 안건조정위원회를 구성하여 해당 안건을 여기에 회부할 수 있다(국회법 제57조의2). 둘째, 재적의원(또는 소관위원회 재적위원) 과반수의 서명에 따른 동의(動議)와 재적의원(또는 소관위원회 재적위원) 5분의 3 이상의 찬성으로 신속처리안건을 지정할 수 있고 신속처리안건은 원칙적으로 330일 이내에 본회의에 상정되도록 하고 있다(국회법 제85조의2). 셋째, 법제사법위원회가 법률안의 체계·자구 심사를 회부된 날부터 60일 이내에 마치지 않으면 심사 대상 법률안의 소관위원회 위원장은 간사와의 합의 또는 해당 위원회 재적위원 5분의 3 이상의 찬성으로 해당 법률안의 본회의 부의를 요구할 수 있다(국회법 제86조 제3항). 의장은 교섭단체 대표의원과 합의하여 해당 법률안을 바로 본회의에 부의하거나, 30일 이내에 합의가 이루어지지 아니한 경우에는 그 기간이 지난 후 처음으로 개의되는 본회의에서 해당 법률안에 대한 본회의 부의 여부를 무기명 투표로 표결한다(국회법 제86조 제4항).

넷째, 의장은 (i) 교섭단체 대표의원과 합의하거나, (ii) 천재지변의 경우, (iii) 전시·사변 또는 이에 준하는 국가비상사태의 경우에(두 번째와 세 번째 요건의 경우 교섭단체 대표의원과 사전 협의 필요) 안건의 심사기간을 지정할 수 있다(국회법 제85조

제1항 및 제86조 제2항). 다섯째, 본회의에 부의된 안건에 대하여 재적의원 3분의 1 이상의 요구가 있으면 무제한 토론을 하여야 한다(국회법 제106조의2 제1항). 무제한 토론에 대하여는 재적의원 3분의 1 이상의 종결 동의(動議)와 재적의원 5분의 3 이상의 찬성으로 종결한다(국회법 제106조의2 제5항부터 제7항까지). 무제한 토론을 실시하는 중에 해당 회기가 종료되는 때에는 무제한 토론은 종결된 것으로 보고, 해당 안건은 바로 다음 회기에서 지체없이 표결하여야 한다(국회법 제106조의2 제8항).

III. 실제 입법과정의 특징과 그 원인4)

1. 실제 입법과정의 특징

우리 국회에서 실제 입법과정의 첫 번째 특징은 제도적으로는 다수제가 규정되어 있음에도 합의제의 성격이 강하게 나타난다는 것이다. 일반적인 법률안 심사과정에서 관련자 사이의 합의가 없으면 의결이 어렵고, 합의 형성을 위해 공식적인 법률안 심사 전 관련자 사이의 사전 조율이 중요하다. 제20대 국회 이전 이러한 합의제 관행은 중요한 법률안의 의결을 어렵게 해서 국회가 이른바 '식물 국회'라는 비난을 받는 원인이 되기도 하였다. 후술하겠지만 제21대 국회 출범 이후 이른바 쟁점 법안의 심사과정에서는 이러한 합의제 관행이 변화되는 사례가 나타나고 있다. 그러나 아직도 비쟁점 법안의 심사과정에서는 특정 행위자(특히 국회의원)가 강하게 반대하는 법률안은 의결되기 어렵다. 합의 중시 경향 때문에 공식적인 법률안 심사 전에 관련자 사이의 합의를 형성하기 위한 사전 조율이 중시된다. 이런 경향이 강해지면 사전 조율이 되어 있지 않아 의결이 어려울 것으로 보이는 법률안은 소위원회에서 논의되기도 어려워지는 결과가 발생할 수도 있다.5)

---

4) 이 절의 내용은 임재주 외, 앞의 책, 149−156면의 내용을 재구성, 보완한 것임.

5) 제20대 국회에서 발의·제출된 815개의 ICT법안의 입법과정을 분석한 연구에 따르면 이 중 44%의 법안들이 실질적으로 소위원회에서 논의조차 되지 않았을 가능성이 높은 것으로 보고 있음. 심우민 외, 『20대 국회 ICT분야 입법활동 연구』, 경인교육대학교 입법학센터, 2020, 51−52면; 제19대 국회 외교통상통일위원회에서 통일 정책 관련 법률안의 심사과정을 살펴본 연구에 따르면 법률에 반영되지 못한 법률안의 약 58%(83건 중 48건)에 대해서는 법안심사소위원회의 심사가

둘째, 일반적인 법률안의 심사에서는 위원회 중심주의가 엄격하게 지켜지고 있다. 제20대 국회 4년간 위원회 심사를 통과하였거나 위원회에서 제안된 법률안이 본회의에서 부결된 경우는 단 2건에 불과하다. 우리 국회에서 본회의는 일부 법안을 제외하고는 위원회의 심사 결과를 확정하는 의례적인 절차가 되고 있다. 나아가 위원회 내에서는 법률안심사소위원회에서 거의 실질적인 심사가 이루어지는 이른바 소위원회 중심주의까지 나타나고 있다.[6]

셋째, 정당 간에 첨예하게 대립하는 이른바 쟁점 법안의 심사에서는 위원회 중심주의를 대체하여 교섭단체 원내지도부 차원의 협상이 중요시되고 있다. 이 경우에는 법안의 처리 여부와 심사 일정에 대한 논의, 구체적인 법안 내용에 대한 심사가 교섭단체 원내대표 또는 수석부대표 간 등의 협상을 통해 이루어진다. 이 경우 위원회에서의 공식적인 법률안 심사는 교섭단체 차원의 협상이 타결되면 그 결과를 추인하는 형식절차가 되는 경우가 많다.

넷째, 입법과정에서 가장 중요한 행위자인 개별 국회의원들은 법률안에 대해 차별적인 관심을 가진다.[7] 즉 국회의원들이 우선순위를 두어 관심을 주는 법률안들이 따로 있는데 이들은 (i) 국회의원 본인의 지역구나 본인과 관계가 있는 이익집단을 위한 법률안, (ii) 소속 정당의 이념에 부합하는 법률안, (iii) 언론의 주목을 받는 현안과 관련된 법률안들이다. 국회의원 개인의 정책 소신이나 전문성이 있는 분야의 법률안에도 관심을 둘 수 있지만, 이는 앞의 세 가지 종류의 법률안들보다는 순위가 떨어진다.

다섯째, 의원발의 법률안이 정부제출 법률안에 비해 압도적으로 수가 많고, 심지어 법률에 반영되는 수도 의원발의 법률안이 정부제출 법률안보다 많다. 제20대 국회를 기준으로 발의·제출되는 법률안의 수를 비교해 보면 의원발의 법률안이 정

이루어지지 않았다고 함. 서덕교, "통일 및 북한 관련 법률안 심사 과정의 특징과 국회의 바람직한 역할", 통일교육원 제13기 통일정책지도자과정 정책연구과제, 통일부 통일교육원, 2018.

6) 임종훈, 앞의 책, 233면; 제19대 외교통상통일위원회에서 통일 정책 관련 법률안의 심사과정을 분석한 연구에 따르면 전체 117건의 법률안 중 상임위원회 전체회의에서 실질적으로 토론이 이루어진 법률안은 25건에 불과했다고 함. 서덕교, 위의 글.

7) 서덕교, "법률안의 발의와 심사 과정에서 국회의원들의 동기와 관심에 관한 연구: 의원 역할 이론을 중심으로", 「한국정책학회보」 제29권 제3호, 2020, 173-194면.

부제출 법률안에 비해 약 20배가 많으며, 법률에 반영되는 법률안의 수도 약 9배가 많다. 다만, 법률에 반영되는 법률안의 비율은 정부제출 법률안이 약 67.5%로 의원 발의 법률안(약 30.6%)보다 훨씬 높다(아래의 표 참조).

발의주체별 법률안 통계(제20대 국회)

구 분	접 수	법 률 반 영					법률미반영
		가 결		대안반영	수정안 반영	소 계 (비율)	
		원 안	수 정				
의 원	21,594	569	868	5,130	41	6,608 (30.6%)	14,986 (69.4%)
정 부	1,094	135	170	433	0	738 (67.5%)	356 (32.5%)
계	22,688	704	1,038	5,563	41	7,346 (32.4%)	15,342 (67.6%)

출처: 국회 의안정보시스템 > 의안통계 > 처리의안통계 > 제20대국회 발의주체별 법률안 통계 수정

2. 입법과정의 정책망(policy network) 성격

우리 국회의 입법과정이 위와 같은 특징을 보이는 이유 중의 하나로 국회에서의 입법과정이 이른바 정책망 내에서의 정책 행위자 간 상호작용과 유사하다는 점을 들 수 있다. 정책망 이론은 정책 행위자들이 차별적으로 분포된 정책 자원을 가지고 정책과정에 참여하고 정책 추진에 필요한 정책 자원이 차별적으로 분포되어 있으므로 정책 행위자 간 상호 의존적인 관계가 형성되며, 이렇게 상호 의존적인 관계에 있는 정책 행위자들 간의 상호작용을 통해 정책과정이 작동한다고 본다.[8]

---

8) K. Hanf and L.J. O'Toole Jr., "Revisiting Old Friends: Networks, Implementation Structures and the Management of Inter—organizational Relations", *European Journal of Political Research*, 21권, 1−2호, 1992 163−180면; P. Kenis and B. Schneider, "Policy Networks and Policy Analysis: Scrutinizing a New Analytical Toolbox", B. Marin and R. Mayntz, 편 *Policy Networks: Empirical Evidence and Theoretical Considerations.* (Boulder: Westview Press, 1991), 25−59면; R.A.W. Rhodes, *The National World of Local Government* (London: Allen & Unwin, 1986); R.A.W. Rhodes, 'Power Dependence' Theories of Central−Local relations: A Critical Assessment. Goldsmith 편 *New Research in Central−Local Relations* (Aldershot: Gower Publishing Company, 1986), 1−33면; R.A.W. Rhodes, *Beyond Westminster and Whitehall: the sub−central governments of Britain.*

의회에서의 입법과정은 관련된 정책 행위자들이 참여하고, 이들에게는 각자 정책 추진에 필요한 서로 다른 자원들이 있어서 상호 의존 관계가 형성된다. 미국 의회의 예를 들면 행정부의 기관들은 정책 집행 및 새로운 정책 개발의 수단(행정기구) 등을, 이익집단은 행정부의 사업과 의회 위원회 위원들에 대한 정치적인 지지 동원 등을, 의회 위원회는 의회에서 이익집단에 대한 옹호 및 지지, 그리고 행정부 기관들의 정책 제안이나 사업 예산을 승인하는 권한을 가진다.9) 따라서 의회는 입법과정을 둘러싼 정책망이 작동하는 하나의 장(locus)으로 인식될 수 있다. 실제로, 미국에서는 입법과정에서 정책 행위자 간 상호작용을 분석하는 개념으로 정책망이 유용하게 사용되고 있다.10)

우리 국회에서도 법률안의 심사·의결에는 여러 정책 자원들이 필요한데, 이는 정책 행위자들 사이에 차별적으로 분산되어 있다. 공식적인 심사 권한은 개별 국회의원에게, 정책 전문성과 법률 집행을 위한 수단과 자원은 관련 정부 부처에게, 집행 현장에서의 정책 대상자들의 순응은 관련 이익 집단에게 있다. 교섭단체는 개별 국회의원들에게 선거에서의 공공재(정당 평판을 통한 지지 동원 등)와 의회 운영에서의 공공재(교섭단체 간 협의를 통한 의사일정 수립 등)를 제공한다. 나아가 정책 행위자 간 상호작용은 의회 임기 내내 계속되기 때문에 상호 의존 및 협조적 성격이 커지게 된다.11) 따라서 입법과정에서 한 행위자가 입법에 필요한 자원의 부재 또는 확보의 어려움을 내세워 법률안을 강하게 반대하면 해당 법률안은 의결이 어려워진다. 이를 무시하고 법률안을 의결하면 해당 법률안의 입법과정뿐만 아니라 다른 법률안의 입법과정에서도 그 행위자로부터 호의를 기대하기가 어려워지므로 합의 중시 경향

(London: Unwin Hyman, 1988).

9) B.G. Peters, *American Public Policy: Promise and Performance,* 제10판 (Washington: CQ Press, 2016), 31면.

10) J.L. Freeman, *The Political Process: Executive Bureau−Legislative Committee Relations,* (New York: Doubleday & Company, 1955); B.G. Peters, *American Public Policy: Promise and Performance,* 제2판(Basingstoke: Macmillan Education, 1986); R.B. Ripley and G.A. Franklin, *Congress, the Bureaucracy, and Public Policy* (Homewood: Dorsey Press, 1980)).

11) 게임이론을 통해 설명하면 게임이 반복게임(repeated game)이 되고 이에 따라 게임 경기자들이 협조 전략을 취할 유인이 발생함. 이준구, 『미시경제학』(문우사, 2019), 455−458면.

은 더욱 강해진다. 이러한 합의 중시 경향에 따라 사전 조율이 중요해지는 것은 이미 살펴본 바 있다.12)

3. 개별적 대의기관으로서의 국회의원의 유인구조(incentive structure)

우리나라에서 국회의원은 크게 선거구 일꾼, 정당 정치인, 정책감시자 및 기업 가 역할을 가지는 것으로 볼 수 있다.13) 현역의원의 재선률이 50% 내외에 불과하고, 주요 정당의 공천 여부가 당선 결정에 중요하며 소선거구 중심의 선거 제도를 가진 한국 현실에서 합리적인 재선 동기가 있는 국회의원들은 앞서 말한 세 가지 역할 중 선거구 일꾼 역할과 정당 정치인 역할에 우선순위를 둘 수밖에 없다. 정책감시자 및 기업가 역할에서도 개인 업적을 주장할 수 있는 법률안 발의가 중요하고, 위원회에 서 공동 작업으로 이루어지는 법률안 심사는 우선순위에서 밀리게 된다. 실제 제20 대 국회에서 상임위원회 회의 일수는 위원회 전체회의와 소위원회를 합쳐 위원회 당 연 평균 약 38일로 나타나고 있다(아래의 표 참조).

제20대 국회 상임위원회 회의일 수(정보위원회 제외)

구 분	전체회의	소위원회	계
회의일 수	1,314	1,048	2,362
위원회 당 연 평균 일수	21.19	16.90	38.10

출처: 국회 회의록 시스템>상임위원회 회의록 검색 후 회의 차수 집계, 제20대 국회 중 설치된 상임위원회는 모두 21개이지만 정보위원회는 비공개 회의가 원칙이어서 회의록 시스템에서 검색이 되지 않으므로 제외하였고, 임기 중 정부조직개편을 반영한 상임위원회 개편이 있었으므로 이를 반영하여 15.5개의 위원회를 기준으로 위원회당 연평균 회의 일수 산정

---

12) 우리 국회에서의 합의제 경향이 입법과정의 정책망 성격에 전적으로 영향을 받은 것은 아니지만, 이 항의 논의는 그간 큰 관심을 받지 못했던 요인을 환기하는 의미를 가짐.

13) 임재주 외, 앞의 책, 17−20면; D. Seo, *South Korean Nationa Assembly: the Role of Committee Staffers as Information Providers and Network Managers in the Scrutiny of Government Law Bills*, PhD Thesis, University of Exeter, 2017, 143−145면; 이들 문헌에 영향을 준 영국 의회 의원들의 역할에 대해서는 M. Rush, *The Role of the Member of Parliament since 1868: From Gentlemen to Players* (Oxford: Oxford University Press, 2001) 참조.

회의일 수가 부족한 상황에서 법률안 심사는 개별 의원들의 시간과 노력을 가능하면 절약할 수 있는 방향으로 구성된다. 따라서 가장 중요한 심사 절차를 제외한 나머지 심사 절차는 의례적으로 이루어지게 되고, 위원회 중심주의를 넘어 소위원회 중심주의가 나타난다. 여기에 더해 법률안을 소위원회에 상정했다가 의결하지 못한다면 소위원회의 소중한 심사 시간을 소비한 것이 되고 나아가 해당 법률안의 향후 심사에도 부정적인 영향을 미칠 수 있으므로 사전 조율이 되지 못한 법률안은 소위원회에서 논의되지 못하기도 한다.

법률안 심사에서 국회의원들이 지역구, 이익집단 또는 소속 정당 관련 법률안에 우선적인 관심을 주는 것도 선거구 일꾼과 정당 정치인 역할이 이들에게 중요하기 때문으로 볼 수 있다. 나아가 국회의원들이 법률안 발의가 늘어나고 있는 것도 이러한 국회의원 유인구조의 영향을 어느 정도 받는다. 국회의원들은 (i) 지역구 또는 자신과 관련된 이익집단의 이익을 대변, (ii)정당의 이념 또는 정책을 대표, (iii) 소속정당과 언론 및 시민단체의 실적평가 대비, 청부입법, 사회현안과 관련된 입장 표명 등의 동기를 가지고 법률안을 발의한다.[14] 우리 국회의원들은 선거구 일꾼과 정당 정치인 역할을 수행하기 위해 법률안 발의라는 수단을 활용하는 것으로 볼 수 있다. 또한, 실적평가 대비와 사회현안 관련 입장표명을 통한 인지도 향상은 재선과 직접 관련되기 때문에 중요하다.[15]

마지막으로 쟁점 안건의 심사에 있어 교섭단체 간 협상이 중요시되는 것은 이른바 쟁점 안건 처리의 외부효과[16] 때문으로 볼 수 있다. 쟁점 안건의 심사 및 처리 결과는 관련 정당의 입법 실적이 되고, 이는 해당 정당을 지지하는 계층, 지역으로부터의 평가의 기반이 된다. 쟁점 안건의 처리 결과가 선거에서의 정당 평판에 영향을 미치게 되고 해당 정당 소속으로 차기 선거에 출마하게 되는 개별 의원들의 선거 전망에도 영향을 준다. 이러한 외부효과에 대해 개별 의원이나 개별 위원회 차원에서는 책임을 지기 어렵다. 따라서 교섭단체 간 협상이 쟁점 안건 심사에서 중요하다.[17]

---

14) 서덕교, 앞의 논문.

15) 특정 쟁점 사안이 발생하는 경우 의원들이 경쟁적으로 규제 법안을 발의하는 것에 대해서는 심우민 외, 앞의 책, 36 – 47면 참조.

16) G.W. Cox and M.D. McCubbins, *Legislative Leviathan*, 제2판(New York: Cambridge University Press, 2007).

Ⅳ. 결론: 향후 연구 과제

입법과정의 이해에 있어 향후 연구 과제로서 가장 중요한 것을 들자면 대통령의 소속정당이 60%에 가까운 의석을 차지하게 된 제21대 국회가 출범한 이후 나타나고 있는 우리 국회에서 오랜 합의제 관행의 변화 가능성이다. 교섭단체별 의석 비율에 따라 배분되었던 상임위원회 위원장을 다수당이 모두 차지했던 것이 합의제 관행에 균열을 일으킨 단초라 할 수 있다. 나아가 이른바 '부동산 4법'과 '임대차 3법'의 위원회 심사과정처럼 쟁점 법률안의 입법과정에서 다수당의 정책 선호에 따른 심사 및 의결 양상이 나타나고 있다. 이러한 현상을 정책망 이론의 틀 속에서 살펴보면 상임위원회에서 다수당 의원들만으로도 의결정족수 충족이 가능해져서 소수당 의원들이 가지고 있는 공식적인 심사 권한이라는 자원의 가치가 떨어졌기 때문이라는 가설을 세울 수 있다.[18] 하지만 의석수 변동이 국회의 오래된 합의제 관행을 완전히 바꿀 수 있을지를 확증하기 위해서는 앞으로도 많은 법률안 심사 사례가 축적되어야 할 것이고, 관련 연구가 이루어져야 할 것이다.

두 번째 과제는 입법과정에 영향을 주는 변수로서 시간의 중요성이다. 시간은 두 가지 측면에서 입법과정에 영향을 줄 수 있다. 우선 시간은 국회의원의 심사자원으로서 입법과정에 영향을 준다. 전술하였듯이 개별적 대의기관으로 여러 역할을 동시에 수행하는 국회의원들의 시간은 그들에게는 소중한 자원이다. 법률안 심사의 자원으로 개별 국회의원의 시간 제약이 입법과정에 어떠한 특징을 나타나게 하는지

---

17) 정치적 쟁점의 정도가 입법과정에서 위원회와 정당 사이의 관계에 미치는 영향에 대해서는 서덕교 · 윤왕희, "국회 쟁점안건 심의의 동학: 위원회 권력과 정당 권력 사이의 관계를 중심으로", 「의정논총」 제15권 제1호, 2020, 5－38면 참조.

18) 상임위원회의 쟁점 법률안 심사과정에서 다수당이 자신들의 정책 선호만을 온전히 반영하여 법률안을 의결하기 위해서는 다음과 같은 요건이 필요함. 첫째, 본회의와 상임위원회에서 다수당 의원들만으로 의결정족수를 충족(재적 과반수가 회의에 출석하여 의결 시 이석하지 않고 출석의원 중 과반수가 찬성 의사를 표시)한다는 전망이 있을 것. 둘째, 국회의장, 해당 위원회 위원장이 모두 다수당 소속일 것, 셋째, 쟁점 법률안의 심사 및 처리가 주는 효용이 해당 안건의 처리가 다른 안건의 심사 및 처리에 미치는 부정적인 영향(의회와 위원회 운영에 미치는 부담, 장기적으로는 해당 국회만이 아니라 이후 국회에도 영향을 줄 수 있음)보다 크다고 다수당이 인식할 것. 소수당 의원들의 공식적인 심사 권한이라는 자원의 가치가 떨어지기 위해서는 이러한 조건이 충족되어야 할 수 있음.

를 살펴보는 것은 매우 흥미로운 연구 과제가 될 것이다. 두 번째는 법률안의 의결 시점이 관련자들의 효용에 주는 영향이다. 입법과정의 결과에 따라 관련자들은 효용을 얻게 되는데 이 효용은 시간과 무관하지 않다. 특정 행위자는 법률안이 빨리 의결되기를 바랄 수 있고, 다른 행위자는 그렇지 않을 수 있다. 이는 관련자들 사이의 법률안에 대한 논의에 영향을 줄 수 있다. 이러한 영향이 입법과정에서 어떻게 나타나는지를 살펴보는 것도 중요하다.[19]

세 번째 과제로는 법률안의 정치적 쟁점 정도에 따라 입법과정을 분류하고 각 유형이 어떠한 특징을 가지는지 나누어 살펴보는 것이다. 이제까지의 입법과정 연구는 이른바 정치적 쟁점 안건과 비쟁점 안건의 입법과정의 특징이 다르게 나타날 수 있다는 점을 간과한 측면이 없지 않다. 이러한 태도는 소수 쟁점 안건의 입법과정에서 나타나는 정치적 대립과 파행, 위원회 심사의 형식화를 우리 입법과정의 전반적인 특징으로 오해하게 할 수 있다. 따라서 정치적 쟁점 정도를 고려한 입법과정에 대한 입체적인 이해가 필요하다.

그런데 서론에서 밝힌 바와 같이 특정 학문의 연구방법과 이론적 관점만으로는 이러한 과제의 해결, 나아가 입법과정의 온전한 이해가 어려울 것이다. 예를 들어 법학의 배경 지식이 없는 연구자는 법률안을 제대로 이해하지 못할 수 있고, 나아가 입법과정에서 나타나는 개별 조항에 대한 수정안의 의미 및 중요성을 간과할 수 있다.[20] 실증 사회과학의 계량 연구방법을 사용할 수 없는 연구자는 법률안에 대한 집합 통계가 가지는 의미를 오해하거나 중요한 함의를 찾지 못할 수 있다. 국회법과 입법과정의 제도적 틀에 익숙하지 않은 연구자는 회의록에서 나타나는 법률안 심사과

---

19) 시간 변수가 의회 의장의 의사일정 작성에 미치는 영향을 할인율 개념의 도입을 통해 수리모형으로 분석한 연구에 대해서는 Cox and McCubbins, 앞의 책, 263－266면 참조.

20) 체계·자구 수정에 불과한데 여러 조항이 수정되었으니 수정률이 크다고 보는 경우나, 정말 중요한 내용이 수정되었는데 숫자만 바뀌었다고 해서 수정률을 작게 보는 경우가 있음. 최근 미국과 유럽에서 주목받고 있는 수정안 분석(amendment analysis) 기법은 수정안 제기자, 수정안 내용의 중요성, 수정안의 실제 심사 결과 등을 분류하여 살펴보는데 이를 제대로 수행하기 위해서는 법학의 배경 지식이 필요함. 수정안 분석에 대해서는 M. Russell and M. Benton, "Assessing the Policy Impact of Parliament: Methodological Challenges and Possible Future Approaches," *Legislative Studies Specialist Group Conference*, UCL, 2009년 6월 24일 참조.

정의 진정한 의미나 의회 용어를 제대로 해석하지 못할 수 있다.[21] 비록 지난한 작업
이 되겠지만 관련 학제 간 융합과 통섭이 입법과정의 온전한 이해를 위해 필요하다.

---

21) 가장 좋은 사례가 '대안폐기'의 의미를 오해하는 경우임. 입법 실무에서 대안폐기는 일반적으로
    같은 제명의 여러 법률안을 하나의 법률안으로 만들어 가결하기 위한 절차인데 '폐기'라는 용어를
    보고 이를 부결된 것으로 보는 연구들이 있음. 최근 국회 의안정보시스템에는 대안폐기된 법률안
    은 모두 법률에 반영되는 것으로 통계를 작성하고 있음.

주요 참고문헌

박재창, 『한국의회개혁론』(서울: 오름, 2004).

박찬표, "한·미·일 3국 의회의 전문성 축적구조에 대한 비교연구", 「한국정치학회보」 30(4): 321−342, 1997.

서덕교, "통일 및 북한 관련 법률안 심사 과정의 특징과 국회의 바람직한 역할", 통일교육원 제13기 통일정책지도자 과정 정책연구과제, 2018.

_____, "법률안의 발의와 심사 과정에서 국회의원들의 동기와 관심에 관한 연구: 의원 역할 이론을 중심으로", 「한국정책학회보」 29(3): 173−194, 2020.

서덕교·윤왕희, "국회 쟁점안건 심의의 동학: 위원회 권력과 정당 권력 사이의 관계를 중심으로", 「의정논총」 15(1): 5−38, 2020.

심우민 외, 『20대 국회 ICT분야 입법활동 연구』, 인천: 경인교육대학교 입법학센터.

오현진, "국회 상임위원회의 위상 변화: 보건복지위원회를 중심으로", 「의정논총」 6(2): 27−57, 2011.

이준구, 『미시경제학』(고양: 문우사, 2019).

임재주 외, 『국회의 이해: 우리가 알아야 할 국회 이야기』(파주: 한울 아카데미, 2019).

임종훈, 『한국입법과정론』(서울: 박영사, 2012).

조진만, "국회의 구조", 의회정치연구회, 『한국 국회와 정치 과정』(서울: 오름, 2010).

Cox, G.W. and McCubbins, M.D., Legislative Leviathan. 2nd ed. (New York: Cambridge University Press, 2007).

Freeman, J.L., The Political Process: Executive Bureau−Legislative Committee Relations(New York: Doubleday & Company, 1955).

Hanf, K. and O'Toole, L.J. Jr. (1992) Revisiting Old Friends: Networks, Implementation Structures and the Management of Inter−organizational Relations. European Journal of Political Research. 21(1−2), pp.163−180, 1992.

Kenis, P. and Schneider, V. (1991) "Policy Networks and Policy Analysis: Scrutinizing a New Analytical Toolbox." In: B. Marin and R. Mayntz, ed. Policy Networks: Empirical Evidence and Theoretical Considerations(Boulder: Westview Press, 1991), pp.25−59, 1991.

Peters, B.G., American Public Policy: Promise and Performance. 2nd ed. (Basingstoke: Macmillan Education, 1986).

Rhodes, R.A.W., The National World of Local Government(London: Allen & Unwin, 1986).

Rhodes, R.A.W., 'Power Dependence' Theories of Central－Local relations: A Critical Assessment. In: M.J. Goldsmith, ed. New Research in Central－Local Relations(Aldershot: Gower Publishing Company, 1986), pp.1－33.

Rhodes, R.A.W., Beyond Westminster and Whitehall: the sub－central governments of Britain (London: Unwin Hyman, 1988).

Ripley, R.B. and Franklin, G.A., Congress, the Bureaucracy, and Public Policy. Homewood: Dorsey Press, 1980).

Rush, M., The Role of the Member of Parliament since 1868: From Gentlemen to Players (Oxford: Oxford University Press, 2001).

Russell, M. and Benton, M., Assessing the Policy Impact of Parliament: Methodological Challenges and Possible Future Approaches. Legislative Studies Specialist Group Conference, 24 June 2009, UCL., 2009.

Seo, Deoggyo, South Korean National Assembly: the Role of Committee Staffers as Information Providers and Network Managers in the Scrutiny of Government Law Bills. PhD Thesis. University of Exeter, 2017.

입/법/의/시/간

제2부

주요 국가의 입법과 입법학

일본에서의 입법과정의 특징과 과제

-내각제출법안을 중심으로-

박용숙 (강원대학교)

Ⅰ. 일본의 입법과정 개괄

현행 일본국헌법은 국민주권원리 아래 의회주의와 정당정치를 근간으로 한 의원내각제를 채택하고 있다. 또한 일본국헌법 제41조에서는 국회를 유일한 입법기관으로 규정하고 있으며, 행정권(제65조)과 사법권(제76조)은 각각 내각과 법원(재판소)에 속한다고 하여 삼권분립을 규정하고 있다.

1. 의원내각제(헌법)

전술한 바와 같이 일본국헌법은 유일한 입법기관으로 국회를 규정하고 있다.[1] 여기에서 국회가 '유일한' 입법기관이라는 것은 (ⅰ) 의원규칙이나 최고재판소규칙 등과 같이 헌법에 특별한 규정이 있는 경우를 제외하고는 '국회중심입법의 원칙'이어야 하며, (ⅱ) 국회단독입법의 원칙을 의미한다.[2]

일본의 국회는 양원제로 중의원[3]과 참의원[4]으로 성립된다.[5]

---

1) 일본국헌법 제41조
2) 芦部信喜『憲法(第4版)』(岩波書店, 2007) 281頁。
3) 하원에 해당, 해산을 명령 받으며, 예산안의 선의(先義),의결(議決), 조약의 승인 등에 대하여 우월한 지위를 갖는다. 480명(소선거구 300명, 비례대표 180명) 임기는 4년
4) 상원에 해당, 국회심의를 신중히 하기 위한 기능을 담당하며, 중의원 해산 시에 긴급한 경우 국회의 권능을 대행한다. 242명(소선거구 146명, 비례대표 96명) 임기는 6년
5) 일본국헌법 제42조

2. 법률의 제정절차(헌법, 국회법)

법률의 제정절차로서 헌법이 정하고 있는 내용은, 법률은 중의원과 참의원의 양원에서 가결되어 성립하며, 중의원에서 가결 후 참의원이 다른 의결을 한 경우(부결 또는 수정가결) 중의원이 3분의 2의 다수가 재가결하면 성립한다.[6]

누구에게 법안제출권이 있는가를 헌법은 명시적으로 나타내고 있지 않지만, 우선 국회의원에게 있는 것은 자명하다.

> **참조**
>
> 일본국헌법 제정 당시, 내각이 법률안 제출권을 가지는가에 대해서는 다양한 의견이 제시되었다.[7] 그 가운데에는 국회만이 발안권을 갖는다는 소극설[8]도 있었지만, 내각이 강력하게 일본국헌법 제72조[9]에서 규정하고 있는 내각총리대신이 국회에 제출하는 의안 가운데 법률안이 포함되어 있다고 주장하였으며, 학설도 이를 받아들여 통설[10]로 자리잡게 되었다.

그리고 헌법 제72조는 내각의 '의안 제출'을 규정하고 있기 때문에, 내각의 법안 제출도 가능하다. 국회법은 내각제출법안과 의원제출법안 쌍방을 규정하고 있다.[11]

법안이 제출된 다음, 심의절차에 대해 국회법은 위원회제도를 명시하고 있다.[12] 양원이 각각 제출한 법안은 분야에 따라 나뉜 위원회에 위탁되고, 거기서 가결되면 본회의에 상정되어진다. 그러므로 국회심의는 위원회심의가 중심이 된다. 이러한 위원회중심주의는 전후 미국법의 영향을 받아 도입된 것으로, 위원회기능 충실의 일환으로서, 각 위원회에는 조사실이 설치되어 위원회에 여야당 위원의 질의를 위한 조사, 자료수집 등을 행하고 있다.

---

6) 일본국헌법 제59조, 제62조, 제72조

7) 憲法調査會『憲法調査會報告書』(憲法調査會, 1964) 638頁。

8) 佐々木惣一『日本国憲法論(改訂)』(有斐閣, 1952) 227-228頁; 杉原泰雄「內閣の法律案提出権」奧平=杉原編『憲法演習教室』(有斐閣, 1987) 219頁。

9) 일본국헌법 제72조(내각총리대신의 직무) 내각총리대신은 내각을 대표하여 의안을 국회에 제출하고, 일반국무 및 외교관계에 관하여 국회에 보고하며 그리고 행정각부를 지휘 감독한다.

10) 내각의 법률안 제출권을 긍정하는 근거에 대해서는, 中島誠『立法学: 序論・立法過程論(第4版)』(法律文化社, 2020) 80-85頁 참조.

11) 국회법 제56조, 제59조

12) 국회법 제40조~제54조, 제56조

국회에서 성립된 법률에 대한 명시적 거부권이 내각에 있는 것은 아니다.[13] 또한 일본국헌법 제74조는 국회가 법률을 제정한 때에는, 내각총리대신과 주무장관(주임국무대신)의 서명이 필요하다고 규정되어 있지만, 이것을 가지고 내각에 거부권이 있다고 이해하는 견해는 없다. 오히려 국회가 제정한 법률의 경우 조용히 따른다는 취지의 서명으로 인식하고 있다.

이상 헌법과 국회법이 정하는 것은 법안이 양원에 제출된 후의 심사절차이다. 이에 대해 법안제출 전의 이해조정 프로세스, 즉 법안작성과정에 대해서는 헌법과 국회법, 어느 곳에서도 정함이 없다.

3. 내각제출법안의 중요성 - 행정국가화 현상

20세기 초부터 많은 국가에서 행정국가화 현상이 나타나기 시작했고, 이러한 행정국가화 현상은 행정기관이 법안의 형성과정에 보다 깊게 관여하게 했다. 이것은 법안의 필요성에 대한 인식뿐만 아니라, 그 구체적 내용이 어떻게 이뤄져야 하는가에 대한 인식에 있어서도 행정기관이 보다 면밀하게 파악하고 있기 때문이다. 법률을 집행하는 입장에 있는 행정기관이 동시에 법률안의 작성에 깊게 관여하게 된 것이다. 이것은 의원내각제의 국가뿐만이 아니라 대통령제 국가에서도 공통으로 나타나는 현상이며, 정부(내각, 대통령)가 작성한 법안이 증대하는 형태로 드러나게 되었다.

이리하여 일본에서는, 국회에 제출된 거의 대부분의 법률안이 의원제출이 아니라 내각제출로 되어 버렸다. 게다가 일본에서 행정국가에서의 법률안의 기술성, 전문성을 감안하면 내각제출법안에 대한 대안으로 의원제출법안이 될 가능성은 매우 낮다. 그러므로 국회심의(위원회심의)는 내각제출법안(정부안)을 전제로 한 다음, 그 일부수정의 가부 또는 부대결의(付帶決議)를 붙일 것인지 여부와 같은 가벼운 문제에 집중하는 경향을 보인다.[14]

그 결과, 행정국가에서 입법과정은 법안의 심의과정뿐만 아니라, 내각이 법안

---

13) 그렇지만, 내각(내각총리대신)이 강하게 반대하는 법률안은 국회를 통과하기 어렵다.

14) 의원내각제에서의 행정부와 의회와의 관계에 대한 자세한 내용은, 伊藤光利.田中愛治.真渕勝 『政治過程論』(有斐閣, 2000) 235－236頁 참조.

을 제출할 때까지의 과정(즉, 법안의 형성과정)도 마찬가지로 중요하다. 법안형성과정에서 정부내부(행정조직)에서 누가 어떻게 법안을 작성하고 있는가, 행정조직의 전문기술성 혹은 실무적 지식의 견지에서 발생하는 행정내부의 대립점은 어떻게 조정하는가가 문제이다. 또한 의원제출법안의 경우, 특히 법안이 복수제출된 경우 국회에서 심의과정이 대립점 조정을 위한 토론장으로서 매우 중요하다.

II. 내각제출법안과 의원제출법안의 흐름

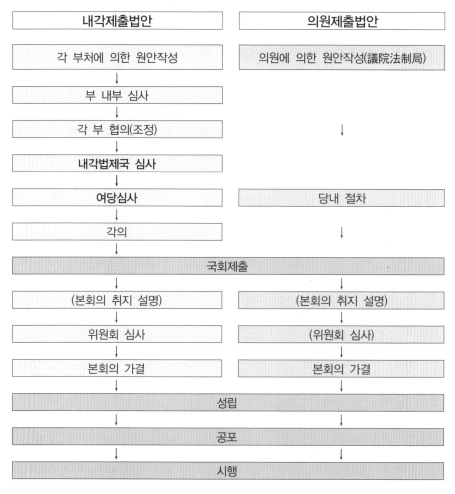

내각제출법안	의원제출법안
각 부처에 의한 원안작성	의원에 의한 원안작성(議院法制局)
부 내부 심사	
각 부 협의(조정)	↓
내각법제국 심사	
여당심사	당내 절차
각의	↓
국회제출	
(본회의 취지 설명)	(본회의 취지 설명)
위원회 심사	(위원회 심사)
본회의 가결	본회의 가결
성립	
공포	
시행	

그림 1 일본의 내각제출법안 및 의원제출법안의 흐름

Ⅲ. 입법과정의 특징

1. 의원내각제 국가에서의 '국회심의'

일반적으로 입법과정은 법률의 발안, 심의, 성립의 3단계로 이루어진다. 미국과 같이 엄격한 삼권분립을 취하고 있는 국가에서는 의회가 입법과정의 전(全) 단계에 주도적으로 참여하지만, 일본처럼 의원내각제를 채택하고 있는 국가에서는 입법과정에서 의회가 수행하는 역할은 심의 및 성립단계에 국한되는 경우가 많다. 왜냐하면 입법부와 행정부의 권력융합에 토대를 두는 의원내각제하에서 필요한 정책은 정부가 직접 입안하여 의회에 제출하기 때문에, 여당의 경우 별도의 의원입법에 힘을 쏟을 이유가 없다.

한편, 야당의 경우에는 정부 및 여당 정책에 대해 비판하고 반대하는 입장에서 대안을 입법화하기 때문에, 의원입법 발의에 비교적 많은 노력을 기울인다. 하지만, 이들이 법률로서 성립할 가능성이 매우 희박한 상태이기 때문에, 적극적으로 입법을 연구ㆍ발안시키는 유인면에는 한계를 드러낸다.

2. 전후(戰後) 일본의 입법심의에 관한 제도적 특색

제2차 세계대전 이후 새롭게 출범한 일본국회는 법안심의 방법으로 제국의회 시대의 '본회의 중심주의' 대신 '위원회 중심주의'를 채택했다.

위원회 중심주의는 전후 연합군 최고사령관 총사령부(GHQ, 連合国軍最高司令官総司令部)의 강력한 요구에 의해 도입된 것으로, 점령당국이 국회 심의과정에 실질성을 부여함으로써, 행정부 특히 전통적으로 일본의 지배세력으로서 군림해 왔던 관료세력에 대해 국회가 민주적인 통제를 확보하려는 의도로 실시되었다.15) 따라서 전후 제정된 국회법에서는 위원회 심의가 실질적인 의미를 갖도록 위원회 활동에 강력한 권한을 부여하고 있었다.

---

15) 자세한 내용은, 大曲薫「国会法の制定と委員会制度の再編－GHQの方針と関与について－」
『レファレンス』No.718 (国立国会図書館, 2010年 11月) 참조.

3. 국회심의의 장기적 변화[16]

(1) 위원회 개최횟수 및 심의시간

구분	회기일수(a)	개회횟수(b)	b/a	심의시간(c)	c/a
1948~1955	216.7일	1016.9회	4.7회	1,741시간 39분	8시간 02분
1956~1965	210.1일	701.2회	3.3회	1,473시간 40분	7시간 01분
1966~1975	219.4일	578.7회	2.6회	1,519시간 12분	6시간 56분
1976~1985	235.0일	420.4회	1.8회	1,691시간 42분	7시간 12분
1986~1995	245.8일	332.4회	1.4회	880시간 47분	3시간 35분

(2) 본회의 개최횟수 및 심의시간

구분	개회일수	회기 1일 평균 개회수	심의시간
1948~1955	78.7일	0.36회	130시간 00분
1956~1965	58.7일	0.28회	79시간 50분
1966~1975	53.0일	0.24회	80시간 07분
1976~1985	46.6일	0.20회	54시간 00분
1986~1995	51.1일	0.21회	61시간 26분

4. 55년 이후 국회 심의기능 저하 원인

(1) 여당심사(1차적 원인)

55년 이후 정부가 작성한 법안은 국회에 상정하기 전에 여당 정책기관에 제출하여 여당의 철저한 심사를 받는 소위 사전심사관행이 성립하였는데,[17] 바로 이러한 일본 특유의 관행[18]이 국회 심의기능을 약화시킨 주범이라는 것이 학계의 공통된 견해이다.

---

16) 『国会衆議院委員会議録』으로부터 정리(国会会議録検索システム https://kokkai.ndl.go.jp/#/
17) 飯尾潤『日本の統治構造』(中公新書, 2007) 77〜104頁 参照; 이순태, "日本의 內閣提出法律案의 作成過程과 節次統制", 「공법학연구」 제7권 제2호, 2006년, 561면.
18) 여당심사는 1962년 2월, 당시의 赤城宗德(아카기 무네노리) 자민당총무회장이 池田(이케다)내각의 大平正芳(오오히라 마사요시) 관방장관에게 "법안을 제출할 때에는 각의결정에 앞서 총무회에 미리 연락해 주길 바란다."고 하는 문서를 제출한 이후부터 관례화되었다고 전해지고 있다.

국회세력에 있어 자민당의 절대적 우위를 배경으로 여당의 승인을 받은 법안은 국회제출 시점에서 원안대로의 성립은 거의 확정되어 버리기 때문에, 국회 상정 후는 내각제출법안의 조기 성립을 꾀하는 여당과 법안의 성립을 가능한 한 지연시키는 것으로 여당의 양보를 이끌어 내려는 야당 사이의 흥정, 특히 여야당 지도부 간의 거래만이 남아있을 뿐이었다. 따라서 국회 심의과정은 의원들의 적극적인 참여는 기대할 수 없었고, 정당 간의 협의를 통해 결정된 사항을 형식적으로 추인하는 통과의례적인 성격이 강할 수밖에 없는 것이다.[19]

(2) 정례일 제도

국회 발족 당시 상임위원회는 제국의회의 관행을 그대로 받아들여 회의개최에 대한 '정례일'을 정하게 되었다. 본회의 정례일은 화요일, 목요일, 토요일의 오후로, 각 상임위원회는 본회의와의 중복을 피하여 주 2일 내지 3일씩 정해지게 되었다.[20]

제1회 국회에서 사법, 광공업 양 위원회를 제외하고 대부분의 위원회에서는 원칙적으로 정해진 정례일에 개회를 했다. 그러나 제2회 국회에 접어들어 이러한 정례일 관행은 치안 및 지방제도위원회를 제외하고는 전 위원회에서 지켜지지 않고, 각 위원회의 위원장이 필요한 경우 수시로 회의를 소집했었다. 이러한 경향은 55년까지 계속되었다. 그러나 정례일 제도는 제22회 국회(55.3.18~7.30) 이후 다시 부활하게 되어, 이후 각 국회에서 전체회의의 평균 8할 이상이 정례일대로 개최되고 있다. 즉, 정례일이 매우 엄격하게 지켜지고 있다고 볼 수 있다.

위원회의 이상적인 운영은 국정에 현안문제가 발생했을 경우 언제라도 자유롭게 개회해서 토론하고 결론을 도출하는 것이라는 측면에서 생각하면, 의안심의에 정례일을 설정하는 것은 위원회의 심의기능을 제약하고 국회의 능률적인 운영을 저해하는 것이라 할 수 있다.

55년 이후 정례일로 인해 각 위원회는 원칙적으로 주 2~3회 밖에 개회할 수 없었고, 이에 따라 위원회 심의일수는 축소될 수밖에 없었다. 게다가 정례일은 반드시

19) 西垣淳子「議院内閣制の理念と実態-憲法学と政治学の間で-」『RIETI Discussion Paper Series』(独立行政法人経済産業研究所, 2010) 26頁。
20) 『国会衆議院委員会議録』참조.

개회하지 않으면 안 되는 날을 의미하는 것이 아니라, 개회할 수 있는 날을 의미하며, 나아가 정례일이더라도 예산위원회가 개회 중인 약 1개월 간은 예산위원회 외의 다른 위원회는 심의활동을 중단하는 것이 관행이다.

(3) 예산위원회의 우월적 지위

현재의 예산위원회 예산심의 모습을 보면, 중의원 및 참의원 모두 제안이유 설명(趣旨説明. 補足説明), 총괄질의(基本的質疑, 기본적질의), 집중질의(集中審議), 공청회(公聴会), 분과회(分科会), 종결질의(締めくくり質疑), 토론(討論), 표결(記名投票) 순서로 진행되고 있다. 이러한 일련의 과정 가운데 가장 중심이 되는 것은 총괄질의(基本的質疑)[21]이다.

예산위원회 심의방식이 분수령을 이룬 것은 제16회 국회였다. 1953년 총예산 심의를 앞두고 이사회는 제1, 제2, 제3진 질의까지 수상이 출석해서 답변할 것을 요구했었다. 그리고 이들 질의에는 다른 각료들에 대한 출석 요구도 증가하였고, 그 질의도 처음으로 '총괄질의'라는 이름으로 불리게 되었다. 이후 예산위원회의 이러한 총괄질의 방식, 즉 예산심의 개시 직후에 수상 및 다수 각료들이 참석한 가운데 국정 전반에 대한 집중적인 질의를 행하는 방식은 다음 국회에도 이어져 갔다. 결과적으로 심의에 직접 관계없는 각료들까지 예산위원회에 의무적으로 참석하게 함으로 각 각료의 관할 위원회에 대한 출석에 지장을 초래하게 하였고, 다른 위원회의 개회는 불가피하게 이뤄질 수 없게 되었다.

이러한 관행은 예산위원회에 다른 위원회에 대해서 '우월적 지위'를 부여하는 데 기여하고 있고, 그 결과 예산위원회는 다른 위원회와 성격을 달리하게 되었다. 즉 예산위원회가 일종의 본회의의 연장, 그리고 중대한 정치적 문제 또는 중요법안을 논하는 준 본회의적 존재로 변한 것이다. 사실, 이러한 관행은 본회의 기능과 운영방

---

21) '총괄질의'는 비교적 전문적인 테마가 다루어지는 일반질의를 시작하기 전에 국정의 모든 문제에 관해서 총괄적인 논의를 전개하는 방식으로 진행된다. 총괄질의 시에는 내각총리대신(수상)을 비롯한 모든 각료는 반드시 출석해야 했고, 또한 총괄질의 중에는 다른 위원회는 심의를 일제히 중단하는 것이 관례였다. 총괄질의의 위와 같은 운영방식에 대해서는 국회법, 중·참의원 규칙은 물론 위원회 선례집도 전혀 언급하고 있지 않으며, 오로지 오랜 기간의 관행으로서 행해지고 있을 뿐이다.

식을 예산위원회로 이전시키기 위한 과정이라고도 간주할 수 있다. 국회출범과 함께 위원회 중심주의가 채택되고 본회의 기능이 축소된 것에 대한 보상기능을 대신 예산위원회에 요구하려고 했던 것으로 이해할 수 있다.

예산위원회가 준 본회의적 지위를 획득함으로 인해 정부 및 각 정당의 국회대책도 예산위원회에 집중되게 되었고, 이에 비해 국회심의 전체에서 차지하는 다른 위원회의 비중은 상대적으로 낮아지게 되었다. 더욱이 다른 위원회의 개회에 있어서 시간적 제약도 많이 따르게 되었다. 중의원에서 예산심의가 이루어질 때는 중의원뿐만 아니라, 참의원의 위원회들까지도 심의를 중단하게 되었고, 회기제 하에서 각 위원회의 활동 여지는 더욱 좁아지게 되었다.

5. 고이즈미 정권(小泉內閣) 이후의 변화

(1) 종래의 심의회 방식의 한계

앞서 언급한 것처럼 민주당 정권 이전 자민당(自民党) 정권하에서의 내각제출법안의 입법과정은 관료와 족의원[22] 그리고 이익집단이라는 이른바 「철(鐵)의 삼각형」에 의해서 주도되었다고 말할 수 있다.[23]

일본에서 관료가 정책입안에 우위를 점할 수 있었던 제도적 배경은 전술한 실질적인 이유 외에도 법안의 입안권한을 소관부처(省庁)가 독점하는 분담관리원칙(내각법 제3조)[24]에 있다. 이처럼 부처의 저항을 배제하여 내각주도의 정책입안을 가능토록 하기 위하여, 역대 자민당 정권에서는 내각에 심의회를 설치하여 그 답신(答申)을 각의 결정함으로써 부처의 움직임을 선택하는 방법을 취했다. 이러한 심의회 방식을 가장 잘 활용한 내각은 하시모토 내각(橋本內閣)이다.[25] 그러나 이러한 심의

---

22) 특정 이익단체의 이익이나 특정 부처의 이익을 대변, 옹호, 조정하여 정책결정에 영향을 미치고, 그 대가로 당선에 필요한 정치자금 및 표를 얻는 의원.

23) 유진식, "일본의 민주당연립정권하에서의 입법과정의 변화", 「법학연구」 제23권 제2호, 2012, 116면.

24) (일본) 내각법 제3조 ① 각 대신은, 다른 법률에서 정하는 바에 따라, 주임 대신으로서 행정사무를 분담관리한다.

25) 행정개혁회를 수상 직속으로 설치하고, 신문사주 및 대학교수 등 유력위원으로 구성하여 부처 또는 족의원의 영향력을 배제하는 운영(심의회 위원구성) 및 심의회 사무국장에 수상보좌관을 임명하고, 사무국 구성원의 50% 이상 민간인으로 충당하는 개혁 단행(사무국 개혁) 등 심의회 방식의

회의 역할에는 한계가 있었다.[26) 심의회의 역할에 한계가 발생할 수밖에 없는 이유
는, 첫째, 부처에서 파견된 관료가 위원 간 합의형성과정에서 사무국의 보좌체제를
통하여 충분히 영향력을 행사할 수 있었고, 둘째, 회의와 함께 여당에 의한 검토가
행해짐에 따라 족의원 또는 관계부처가 심의회의 외부로부터도 영향력을 행사할 수
있었기 때문이다. 나아가 심의회 최종보고의 각의결정 후에 소관부처가 입안작업에
관여 또는 동의권을 행사하는 방법으로 각의결정사항 또는 프로그램법이 실질적으
로 형해화된다는 비판 역시 제기되었다.[27)

(2) 2001년 내각법 개정과 내각 기능 강화

가. 각의에서 총리가 내각의 중요정책에 관한 기본적인 방침, 그 밖의 안건에 관한 발의권 명시(내각법 제4조 제2항)

> 총리가 정책을 발의하는 데 도움을 줄 정책어드바이서와 실무진 확충
> - 내각관방 직속스텝으로 관방 부장관을 중추콘트롤형 스텝으로 삼음
> - 총리나 관방장관에 대한 정책어드바이스형 스텝으로 3명의 관방 부장관보 신설, 부장관보실 설치
> - 내각관방에게 법안의 기획입안이나 종합조정을 담당하는 사무권한(제12조 제2항 제2호) 부여
> - 내각관방이 각 부처를 대신하여 기안담당부처가 되어 법안을 기획입안하게 됨

나. 특명담당대신 임명(내각부설치법 제9조)

내각에서 총리의 리더십을 보좌하기 위해 금융, 경제정책이나 과학기술, 규제
개혁 등 그때그때의 정책과제에 따라 내각부에 특명담당대신을 임명하는 것이 가능
하게 되었다.

효과를 극대화하였다.

26) 예를 들면, 행정개혁회의에서도 결론을 도출해 가는 과정에서 부처 또는 족의원의 저항으로 하천
국(河川局)을 건설성에서 분리하는 문제나 우정(郵政)사업의 분할민영화 등은 실현되지 못했다.

27) 武藏勝宏「最近の日本における立法の動向と問題点」『北大法学論集 57(1)』(2006) 373頁。

(3) 고이즈미 정책결정방식과 입법과정의 변화

가. 정책결정방식의 변화

2001년 '중앙부처 재편'과 함께 실시된 '내각기능의 강화'와 '부(副)대신제'의 도입은 관료제에 대한 「내각」의 주도권을 확립하기 위한 것이었다. 당 내부에 지지기반이 탄탄하지 못했던 고이즈미는 내각관방의 보좌기능을 활용함으로써 종래의 바텀업형(상향식) 정책결정을 내각주도의 톱다운 방식으로 전환하기 위하여 의욕적으로 추진하였다. 또한 경제재정 담당 대신이 주도하는 경제재정자문회의 활용하여 민간의원의 제안 및 각료에 의한 반론을 재단(裁斷)의 형식을 통해 수상의 리더십을 발휘하였다.

나. 입법과정의 변화

고이즈미 정권에서도 내각제출법안은 자민당의 사전심사를 거쳐 국회에 제출하는 단계에서 당의구속이 걸리는 것이 일반적이었다. 그러나 일부 특정 법안에 해당하기는 하지만 총선의 승리로 얻게 된 유권자의 신뢰를 기반으로 여당으로부터의 자율성을 최대한 확보하여 내각이 선택한 정책을 족의원 등의 저항 없이 실현할 수도 있게 되었다.[28]

(4) 2009년 8월 정권교체 후 입법 절차

가. 입안과정

하토야마(鳩山) 내각은 정책·정무를 내각으로 일원화(一元化)한다는 정권의 기본방침을 명확히 하기 위해, 여당에 의한 사전심사의 관행을 폐지하여 정부·여당의 의사결정을 일원화할 것을 '내각의 기본방침'으로 정하였다. 그리고 종래 관료기구에 의하여 각의에 안건을 올리기 전에 미리 준비·조정해왔던 사무차관회의를 폐지하였다.

나아가 '정책결정의 일원화'를 관철시키기 위해 당으로부터 의원 개인의 입법을 제한하는 지시까지 있었다. 이러한 지시는 정부에 들어가지 못한 여당의원들(일명, back bencher)은 정책결정에 참가할 수 있는 기회가 아예 사라지는 것이 아닌가

---

28) 武蔵勝宏 「小泉政権後の立法過程の変容」 『北大法学論集 59(5)』(2009) 234頁。

하는 위기의식에 빠지게 되었다. 이와 같은 불만을 해소하기 위해, 부문회의 대신 '(각 부처별) 정책회의'를 설치했으나, 정부측의 일방적인 설명으로 이뤄진 '의견교환회'에 지나지 않아 불만은 수그러들지 않았다. 이에 이후 등장한 간(菅) 내각은 다시 정책조사회(부문회의)를 부활시켰다.29)

나. 국회에서의 심의과정 : 운영상 변화

민주당은 의회에서 다수당으로서 수(數)의 우위를 앞세워 야당에 대해 강경한 자세를 취하였는데, 그 이유는 다음과 같다. 첫째, 국회심의에 있어서 '내각제출법안의 의원수정'의 경우 '정부·여당의 정책결정의 일원화'가 제약이 되어 여야의 수정협의도 오직 정부주도하에서 진행될 수밖에 없다는 점이다. 둘째, 위와 같은 원칙이 관철되면, 여당인사에게 정책결정의 재량이 전혀 없기 때문에 야당인사들과 책임 있는 타협안(수정안)을 내놓을 수 없는 상황이 되고 말았다. 따라서, 민주당 정권하에서 내각제출법안의 성립률(60.5%), 역사상 가장 낮은 숫자이다.30)

결국, 민주당연립정권의 입법과정에 대한 정책은 관료와 이익단체와의 유착을 차단하는 효과는 거두었을지 모르지만, 지나치게 관료의 역할을 제한함으로써 내각에 정보가 축적되지 않고 입법과정을 주도하게 되어 있는 정무3역(대신, 부대신, 정무관)이 부처의 업무에 과도하게 매달림으로써 정착하지 못하였다는 평가를 받고 있다.31)

IV. 입법과정에서의 과제

1. 관료주의 입법과정

국회에서 심의된 법안의 주류를 점하는 것은 내각제출법안이며,32) 그 작성 계기의 대부분은 정책과제의 해결을 위한 각 부처가 이니셔티브(주도권, 발의)를 잡은 것이다. 작성작업도 각 부처의 관료에 의해, 이해당사자들과의 절충을 거치면서 진

---

29) 유진식, 앞의 논문, 123~125면.
30) 유진식, 앞의 논문, 127면.
31) 武蔵勝宏「最近の日本における立法の動向と問題点」121－126頁。
32) 新正幸「立法過程ー議員立法.政府提出立法」『ジュリスト 1133』(有斐閣, 1998) 111頁。

행되고 있다. 또한 국회제출 후에도 관료가 법안의 성립을 위해 수면 아래에서 여·야당(의원)에 적극적인 작업을 행하고 있다.[33] 여당심사 또는 국회의 심사운영에서 여당(의원)의 영향력은 상당히 크고 관료는 절대적으로 그 의향을 살펴가면서 입안을 행하는데, 과제의 설정, 강구해야 할 시책의 구체적 메뉴, 실시 스케줄 등의 원안은 관료에 의해 작성되어, 여당(의원)에 의한 검토는 그 원안을 기초하여 이뤄지는 것이 일반적이다. 또한 관료는 법안실현을 위해 여당(의원)에 적극적으로 어필을 하기 때문에, 상대적으로 관료주도의 입법과정이라는 색채는 부정할 수 없다.

그러나, 관료는 민주적 정통성을 가지고 있지 않으며, 구미의 캐치 업(Catching Up)형 경제발전을 대신하는 국가의 새로운 정책(대규모 계획, grand design) 형성과 경직된 기득권 박탈이라는 과제 가운데, 이에 대응할 수 있는 정책입안 능력과 이익조정 능력을 갖추고 있다고 보기는 어렵다.[34]

시대의 커다란 변화 가운데, 국가의 새로운 정책을 구상하고 국민에게 고통을 분담하도록 요구할 수 있는 것은 정치적 리더십이다. 그러므로 오늘날 관료주도에서 정치주도로의 전환이 요구되고 있는 것이다. 고도의 정책입안 능력을 가지고 있는 관료의 양성과 더불어 정치주도의 바람직한 형태인 내각주도를 확립하여, 적절한 정관관계를 구축해 가는 것이 무엇보다 중요하다고 생각된다.

2. 불투명한 여당심사(정부 · 여당 이원체제)

내각제출법안은 여당심사에서 승인을 얻지 못하면, 국회에 제출하는 것이 사실상 불가능하게 되며, 그 주요한 무대가 되는 자민당 정무심사회(부회) 또는 총무회가 법안의 생사여탈권을 쥐고 있다고 말해도 과언이 아닐 것이다. 이러한 여당심사는 법령(헌법, 법률 등)에 근거가 없는 비공식적 절차이며, 일본 특유의 것이다.[35]

여당심사는, 내각이 국회의 의사운영에 관여할 수 있는 공식 권한이 없기 때문에 국회운영을 여당에 의존할 수밖에 없으므로 생겨난 것이며, 원활한 국회운영을

---

33) 민병로, "일본의 입법과정과 특징", 「공법학연구」 제12권 제1호, 2011, 198 – 190면.

34) 中島 誠, 앞의 책, 38면.

35) 민병로, 앞의 논문, 190면.

위해 내각과 여당의 일체성을 확보하기 위한 것이다. 그러나 이러한 여당심사의 구조는 자민당의 정책입안 능력의 향상에 기여한 반면, 비공식적으로 불투명한 의사결정 방식으로 이루어지기 때문에, 결정과 책임의 소재가 불명확한 정부·여당 이원체제, 여당·정치가(政治家) 주도를 양산함과 더불어, 이른바 족의원(族議員)이 부분이익을 옹호하는 이익유도형「분배정치」의 폐해를 초래한다는 비판이 제기되고 있다. 이에 고이즈미 정권이나 민주당 정권 아래에서 그 폐지론도 주장된 바 있다.[36]

이러한 여당심사의 폐해를 타파하여, 내각주동 아래에서 정책본위의 정치, 결단의 정치를 실현하기 위해서는, 매니페스토(정권공약)을 기점으로 하는 정치과정의 사이클화(매니페스토를 내건 총선거 → 조각(組閣) → 정책결정·정책실시 → 국회 등에서 실적평가 → 차기 총선거)를 실현하는 것이 중요하다는 주장[37]이 제기되고 있다.

3. 의사운영을 둘러싼 비공식적 기관의 역할 : 국대정치(國對政治)

국회에서 야당은 반대법안에 대해 그 성립을 저지하기 위한 다양한 심의 방안을 강구하지만, 여당으로는 양보할 수 있는 부분은 양보하면서도 성립해야 할 부분에 대해서는 강행체결도 포기하지 않고, 강력히 그 성립을 도모한다.

국회의사운영을 둘러싼 여야당 간의 절충은 제도상은 상임위원회의 하나인 의원운영위원회(議院運營委員會)를 중심으로 전개하도록 되어 있지만, 실질적인 절충은 비공식적 기구인 각 당의 국회대책위원회(國會對策委員會)에서 행해지고 있어(이른바, 國對政治), 의원운영위원회는 단지 절충결과를 추인하는 형식적 장으로 변질되었다.[38]

자민당이 장기간 정권을 집권하여 정권교체의 가능성이 없는 55년 체제 아래에서는 여야당 간의 역할이 고정화되고, 국대정책위원회 간의 암묵적 합의에 의해 대립의 구도를 국민을 상대로 표면상 연출한다고 하는 담합관계가 형성되어 왔다. 오늘날도, 비공식적 기구인 각 당 국회대책위원회가 국회운영을 실질적으로 책임지

---

36) 민병로, 앞의 논문, 191면.
37) 中島 誠, 앞의 책, 39면.
38) 中島 誠, 앞의 책, 40면.

는 국대정치는 계속되며, 여당심사와 마찬가지로 비공식적 장에서 불투명한 형태로, 결정과 책임의 소재가 불명확한 상태로 법안성부의 열쇠를 쥐는 의사운영에 관한 의사결정이 행해지고 있다.

4. 형해화(形骸化)된 국회심의

전술한 바와 같이, 법안에 대한 여당의 의향은 국회제출 전의 여당심사의 단계에서 이미 법안에 반영되고, 국회제출 후에도 법안성립을 위한 야당과의 절충이 국회대책위원회의 물밑에서 이루어지고 있다. 이처럼 일본의 입법과정에서 실질적 의사결정은 국회 밖에 있는 비공식 기관에서 불투명한 형태로 행해지고 있으며 헌법에서 정하고 있는 국회 내부에서의 공식적 토의 및 의사결정이 유명무실화 된 상태이다.

이처럼 결정과 책임의 소재가 불투명한 여당심사, 국대정치는 단지 표면적 현상이 아니라 정부·여당 2원체제라고 하는 일본 특유의 의원내각제에 대한 사고와 그에 기초한 제도의 운영에 기인한 구조적인 것이라 평가할 수 있다.[39]

5. 저조한 의원제출법안

국회에서 심의된 법안의 다음의 표에서 확인할 수 있듯이 대부분은 내각제출법안이며 의원제출법안은 많지 않다. 또한 내각제출법안에 관해서는 야당의 반대에 봉착하여 수정, 심지어는 폐기되어버리는 것도 있지만, 대부분은 원안대로 가결성립된다. 이처럼, 일본의 국회는 스스로 입법하기 보다는 내각제출법안의 수정 또는 성립저지, 여당·정부의 의혹, 부패의 규탄을 그 주된 임무로 수행하고 있는 상태이다.

이러한 현상에 대해, 국회 본래의 기능인 입법의 기능을 회복하기 위해, 의원입법의 비약적 확충을 목표로 하는 논의가 오래전부터 야당이나 헌법학자를 중심으로 이루어지고 있다. 반면에, 의원내각제 아래에서는 내각제출법안이 주류로 되는 것은 당연하지만, 의원제출법안의 역할은 내각제출법안을 보완하거나 그에 대항하거나 하는 역할에 지나지 않는다는 견해도 유력하다.[40] 이것은 의원내각제를 선택한

---

39) 中島 誠, 앞의 책, 40면.
40) 中島 誠, 앞의 책, 41면.

일본에서 국회의 주요한 기능을 입법으로 보는가(미국의 변환형 의회, 국회는 국민의 목소리를 정책에 변환하는 역할을 해야 한다), 차기선거에서 국민의 지지획득을 목적으로 하는 장으로 보는가(영국의 arena형 의회, 여·야당이 자신들의 쟁점을 다투는 것에 주목하는 국회)라고 하는 문제로 귀결된다.

2015~2018 내각제출법안, 의원제출법안의 성립 현황[41]

구분		閣法	衆法	參法
2015년	제출건수	75	46	26
	성립건수	66	9	3
	성립률	88%	19%	11.5%
2016년	제출건수	75	74	124
	성립건수	68	24	7
	성립률	90.7%	32.4%	5.6%
2017년	제출건수	75	34	130
	성립건수	71	11	1
	성립률	94.7%	32.4%	0.8%
2018년	제출건수	78	59	100
	성립건수	73	23	6
	성립률	93.6%	39%	6.0%

1947~2014[42] 내각제출법안, 의원제출법안의 성립 현황[43]

1947년~2014년	閣法	衆法	參法
제출건수	9,758	3,828	1,509
성립건수	8,293	1,298	211
성립률	85%	33.9%	14%

---

41) http://www.shugiin.go.jp/internet/itdb_gian.nsf/html/gian/menu.htm 을 기초로 작성

42) 제1회 국회~189회 국회

43) http://www.ndl.go.jp/jp/diet/publication/refer/pdf/071807.pdf 을 기초로 작성

주요 참고문헌

민병로, "일본의 입법과정과 특징", 「공법학연구」 제12권 제1호, 2011

유진식, "일본의 민주당연립정권하에서의 입법과정의 변화", 「법학연구」 제23권 제2호, 2012

芦部信喜 『憲法(第4版)』(岩波書店、2007)

飯尾　潤 『日本の統治構造』(中公新書、2007)

伊藤光利.田中愛治.真渕勝 『政治過程論』 (有斐閣、2000)

大曲薫 「国会法の制定と委員会制度の再編－GHQの方針と関与についてー」 『レファレンス』 No.718 (国立国会図書館, 2010年 11月)

武蔵勝宏 「最近の日本における立法の動向と問題点」 『北大法学論集 57(1)』 (2006)

_____ 「小泉政権後の立法過程の変容」 『北大法学論集 59(5)』(2009)

憲法調査會 『憲法調査會報告書』(憲法調査會, 1964)

佐々木惣一 『日本国憲法論(改訂)』(有斐閣, 1952)

杉原泰雄 「内閣の法律案提出権」 奥平＝杉原編 『憲法演習教室』 (有斐閣, 1987)

中島 誠 『立法学: 序論·立法過程論(第４版)』(法律文化社, 2020)

西垣淳子 「議院内閣制の理念と実態ー憲法学と政治学の間でー」 『RIETI Discussion Paper Series』(独立行政法人経済産業研究所, 2010)

일본의 입법학 동향

최환용 (한국법제연구원)

I. 검토의 배경

1. 일본 입법학의 시초

일본의 입법학은 제국주의 헌법, 이른바 메이지헌법을 대체한 일본국헌법이 기초되고[1] 제국의회가 국회로 그 모습을 바꾸는 과정에서 시작되었다고 한다.[2] 입법학을 제창했다고 전해지는 末弘嚴太郎 당시 동경대 법대 교수는 「입법학에 관한 다소의 고찰－노동조합입법에 관하여－」라는 논문을 발표하면서 입법을 과학적으로 연구하는 학문의 확립을 다음과 같이 주장했다고 한다.

원래 법학의 목적은 올바른 법의 탐구에 있다. 올바른 법을 실정법상에 실현하는 것에 있다. 바꿔 말하면 입법 또는 사법(司法), 그밖에 법운용을 함에 올바른 법을 실현하는 것이야말로 법학 궁극의 목적이어야 한다. 따라서 법학의 중심을 이루는 것은 실용법학으로서의 입법학 및 해석법학이며 그와 법사학·비교법학·법철학·법사회학 등 법학의 다른 부문과의 관계는 공과의 기술서과학과 이과의 기초적 과학간의 관계, 또는 임상의학과 기초의학간의 관계에 유사한 것이어야 한다.[3]

---

1) 일본제국주의헌법이 일본국헌법으로 대체되었다고 표현한 의미는 제2차 세계대전 직후 일본제국주의헌법을 개정하는 형식으로 일본국헌법(1947년 5월 3일 시행)이 성립되었기 때문이다.

2) 大島稔彦, 立法学-理論と実務, 第一法規(2013), 1쪽

3) 末弘嚴太郎, 立法学に関する多小の考察-労働組合立法に関連して-, 法学協会雑誌 64권 1호

大島稔彦 교수는 末弘嚴太郎 교수의 "올바른 법"에 대한 문제의식이 입법자의 비과학성에 있었으며, 따라서 末弘嚴太郎 교수는 첫째, 입법자가 법철학적 학식을 가져야 하며 둘째, 입법자가 현행법에 대해서 깊은 지식을 가질 필요가 있다. 셋째, 입법자가 법사학적 및 비교법학적 지식이 풍부해야 하며 넷째, 입법자는 입법대상인 사회경제적 사정에 대하여 정확한 지식(사실의 법학적 파악)을 가지도록 노력해야 한다고 설파했음을 밝히고 있다.[4]

다만 이러한 末弘嚴太郎 교수의 주장은 당시 법학계에 커다란 파문을 일으켰으며 그 문제의식은 공유되었지만 입법학의 발전을 견인하지는 못했다는 것이 일본 내의 평가이다.[5]

2. 일본 입법학의 연혁

末弘嚴太郎 교수 이후 일본 입법학은 소수의 헌법학자들과 정치학자들에 의하여 그 명맥을 이어져 왔다고 보여진다. 中島 誠 교수는 그의 저서에서 입법학의 선행업적을 다음과 같이 유형화하고 있다[6].

① 헌법에 규정된 의회제민주주의의 이념에 비추어 의회제도 및 그 운용을 다룬 것
② 다원주의의 관점에서 입법(정책입안)과정에서의 정치가, 정당, 관료, 성청, 이익단체 등의 의식과 행동을 다룬 것
③ 규범적 평가를 하지 않고 입법 절차의 실무적인 흐름을 소개한 것
④ 개별법령의 제정, 개정과정을 다룬 것
⑤ 경제학 등 다른 분야와 연계하여 법정책 일반의 기준과 수단을 제시하고자한 것
⑥ 개별법분야의 입법정책을 다룬 것
⑦ 법령 작성, 법령용어 등의 입법기술을 다룬 것

(1946)；大島稔彦, 立法学-理論と実務, 第一法規(2013), 1쪽/中島 誠, 立法学〔第3版〕-序論·立法過程論, 法律文化社(2014), 13쪽에서 재인용·
4) 大島稔彦, 立法学-理論と実務, 第一法規(2013), 4쪽 각주(1) 참조
5) 大島稔彦, 立法学-理論と実務, 第一法規(2013), 2쪽
6) 中島 誠, 立法学〔第3版〕-序論·立法過程論, 法律文化社(2014), 15쪽. 일본 입법학의 연혁에 대한 상세는 같은 책 15쪽에서 22쪽까지 참조.

3. 2000년대 입법학 논의의 배경

헌법학자, 정치학자 일부에 의하여 명맥을 이어오던 일본 입법학은 2000년대에 들어서서 다시 그 싹을 틔우기 시작했다. 그 배경에 대해서는 일치된 주장은 찾아볼 수 없지만 추론컨대 2000년 초기 고이즈미정권에 의한 이른바 구조개혁과정에서 시작된 것이 아닐까 한다.

中島 誠 교수는 고이즈미정권은 잃어버린 20년이라는 경제불황을 타개할 목적으로 정치개혁, 지방분권개혁, 사법개혁을 추진하였고 특히 정치개혁과정에서 저항세력으로 상징되는 정치시스템의 개혁과제가 이른바 입법과정론, 입법정책론, 입법기술론에 대한 관심을 불러일으킨 것이라 보고 있다.[7]

국외자로서의 객관적 관점에서 보면 일본에서 입법학에 대한 관심이 다시 부흥하게 된 것은 고이즈미정권의 개혁과정에서 특히 중점을 두었던 자치분권개혁 또한 그 배경 중 하나가 되었다고 평가해 볼 수 있다.

자치분권과정에서 강조되었던 이른바 자치입법권의 확대와 자치단체의 법령해석권에 대한 다양한 논의는 일본국헌법에서 강조되어 왔던 국회의 입법권 독점이론체계를 완화시켜서 입법권의 분점이론으로 발전했고 이것이 이른바 자치법무 또는 정책법무라는 영역이 등장하고 지방자치단체의 입법과정에 대한 이론적 검토가 진행되기에 이른다. 즉, 자치입법권의 확대와 지방의회에서의 입법과정에 대한 관심에서 시작하여 국가의 입법과정에 대한 접근으로 확대되어진 것으로 추론해 볼 수 있다.

II. 2010년대 일본 입법학의 재편에 관한 논의

1. 개요

일본에서 2000년대 들어서 입법학의 관심은 다음과 같은 학술대회 또는 출판물에서 증폭되고 있음을 알 수 있다.

---

7) 中島　誠, 立法学〔第3版〕-序論 · 立法過程論, 法律文化社(2014), 22쪽~25쪽에서 '입법학의 과제'를 공평과 효율 — 입법정책론의 과제, 정치주도 — 입법과정론의 과제, 시대에 대응한 시민에게 가까운 법 — 입법기술론의 과제로 정리하고 있다.

그 첫 번째가 "심포지움 상대화·글로벌화시대에 있어서 국가의 법률과 입법자의 자리매김"이다. 이 심포지움에서 발표된 입법학에 대한 논의 결과는 2010년 신세대법정책학연구 7월호 특집주제로 수록되었다.

그리고 2014년 『입법학의 프론티어』 전 3권의 발간이다. 첫 번째 책은 입법학의 철학적 재편, 두 번째 책은 입법시스템의 구축, 세 번째 책은 입법실천의 변혁이다.

일본 입법학 논의의 대미를 장식한 것은 2014년 일본 법철학자 대회이며, 그 논의 결과는 2014년 발간된 「입법의 법철학 – 입법학의 재정립 – (법철학연보)」에 수록되어 있다.

이하에서는 각각의 논의 배경과 결과에 대해서 소개하고자 한다.

2. "[심포지움] 상대화글로벌화시대에 있어서 국가의 법률과 입법자의 자리매김"의 기획의도와 내용

(1) 2009년 9월 25일 심포지움의 기획의도

이 심포지움은 북해도대학에서 추진하는 연구프로젝트였던 "다원분산형 統御"의 일환으로 개최되었다. 그 문제의식은 "입법·행정·사법·시장 어느 것에도 고유한 제약이 있으며 절대적인 정통성이나 정당성을 기대하는 것이 곤란한 상황에서 그것들을 어떻게 (다원적으로) 조합시키면 보다 좋은 「統御」가 가능한가"라는 질문[8]이었다고 한다. 즉, 법을 산출하는 제도나 과정, 특히 통상은 그 중핵이 되는 입법자를 비판적 검토의 대상으로 한다는 의미에서 실정법학으로서는 판도라의 상자를 여는 것과 같은 위험한 문제설정이었다고 한다.[9]

이러한 배경 아래 우선 선택된 것이 독일의 상황이었다. 독일의 법학자들은 왜 입법자와 법률이 법시스템의 요석인 점은 그대로 둔 채 그것이 새로운 사회변화에 대응할 수 있는가를 듣고자 했으며, 이는 반대로 왜 독일 행정법학은 입법자에 대해서 이렇게까지 강고한 신뢰를 가지고 있는가를 묻고자 하는 것이 기획의도였다.

---

8) 藤谷武史, 特集にあたって, 新世代法政策学研究第7号(2010.7.), 79쪽~80쪽
9) 藤谷武史, 特集にあたって, 新世代法政策学研究第7号(2010.7.), 80쪽

(2) 첫 번째 발표: "세분화 · 글로벌화하는 국가에 있어서 법률과 국가"의 내용

독일에서는 한스 크리스티안 레일(Hans Christian Röhl)이라는 학자가 "세분화 · 글로벌화하는 국가에 있어서 법률과 국가"라는 주제로 발표를 했으며, 그 내용은 다음과 같이 요약될 수 있다[10].

우선 레일 교수는 입법자를 국민국가에서의 입법자와 복합적 구성체로서의 입법자로 정의하면서 첫 번째 도전으로서의 국제화, 두 번째 도전으로서의 세분화 (Ausdifferenzierung)를 각각 논증하고 법률의 질의 확보를 위한 메커니즘을 설명하면서 글을 맺고 있다.

여기서 시사적인 것은 입법자의 역할을 자립적 결정기관으로서의 의회, 콘트롤기관으로서의 의회, 대표기관으로서의 의회로 구분하면서 입법자가 국제적 규율의 정립과정을 예시하면서 민주주의원리, 규범정립에 대한 제반 요청사항(국제적 기준 정립에 있어서도 국내 규범 정립에서 요청되는 투명성, 공평한 이익고려, 전문지식 등이 같이 적용된다는 점), 그리고 행정법규에 있어서 행정과 시장의 커뮤니케이션 등 지식 산출절차의 중요성, 유연성(임시허가, 기한부여의 가능성, 결정의 단계화-보고의무·표시의무·통지의무에 의한 수범자의 학습과정, 상세한 감시체계, 취소철회에 관한 규율) 등을 체계적으로 설명하고 있다. 결국 독일의 경우 입법에 있어서 중요시되는 것은 입법기술의 변화이며, 절차적인 정당성이라는 점도 강조하고 있다.

입법의 질 확보와 관련해서는 독일연방의회는 작업하는 의회로서 조직되어 있으며, 연설하는 의회가 아니라는 점, 연방의회의 기능은 입법의회이며, 행정통제기능은 사소하게 작동한다는 점, 그리고 연방헌법재판소에 의한 규범통제가 작동한다는 점을 설명하는 것으로 발제를 마치고 있다.

(3) 두 번째 발표: "입법자 제어의 법이론-정책결정의 질 향상을 위한 시론"의 내용

두 번째 주제는 原田大樹 교수가 발표한 "입법자 제어의 법이론-정책결정의 질 향상을 위한 시론"이다.[11]

---

10) Hans Christian Röhl, 細分化 · グローバル化する国家における法律と立法者, 新世代法政策学研究第7号(2010.7.), 83쪽~107쪽을 참조하여 요약한 것임
11) 原田大樹, 立法者制御の法理論-政策決定の「質」向上のための一試論, 新世代法政策学研

原田 교수는 서론에서 1990년대 후반부터 일본의 행정법학에서는 제도설계론에 집중하기 시작했으며 이는 행정소송에서 행정활동의 적법성 문제에 집중해 왔던 것에 비해서 행정현실에 주의를 환기하면서 개별 정책분야의 정책과제와 친화적으로 제도설계의 현장에서 참조가 가능한 행정법학을 구축해 왔다고 평가하고 있다. 그러면서 행정법학이 제도설계에 대하여 어떠한 평가기준을 형성해 왔으며 어떠한 순서로 제도설계를 검토하고 있는가를 명확히 함으로써 경제학 등 인접 학문과의 접점을 형성하는 데 기여하고 제도설계론으로서의 행정법학의 향후 과제를 탐구함으로써 입법자 제어의 법이론을 형성해가는 데 단서를 찾고자 한다고 발표의 목적을 밝히고 있다.

原田 교수는 건축기준법, 장애자자립지원법, 폐기물처리법, 독점금지법, 교원면허법을 사례로 들면서 규제의 실효성, 결정의 중립성, 비례원칙, 신뢰보호원칙, 재정원칙, 권리구제 가능성, 인권규정, 평등원칙, 입법사실의 파악, 보충성 등 입법에 대한 평가기준으로 제시하고 있다. 그리고 입법의 질의 평가기준으로 헌법상 개별 인권규정, 통치기구에 관련한 지방자치보장, 재정원칙, 행정법 일반원칙을 제시하고 지침적 가치라는 용어 아래 권리·자유의 관점에서 '공평성', '공정성', 민주성의 관점에서 '정통성', '투명성', 경제합리성의 관점에서 '유효성', '효율성'의 6가지 평가기준을 도출해 낸다.

다음으로 결정과정의 공정성·중립성, 결정과정의 투명성, 집행과정의 실효성·효율성이라는 관점에서 정책결정과정과 정책집행과정을 각각 검토하였다. 마지막으로 입법자 제어의 법이론적 과제를 정책수단·규율구조·활동형식별로 도출하면서 인권규정이 입법과정에서 어떤 기능을 하는가를 고찰하는 것으로 발표를 마무리하고 있다.

原田 교수의 논문은 일본 행정법학의 주요한 논제들을 입법과의 관련속에서 재정리한 것으로 새로운 시도였다고 보여지며, 특히 일본 행정법학에서 강조되고 있는 이른바 행정과정론, 제도설계론, 지방자치법론 등 새로운 이론체계를 헌법과의 관련 속에서 입법자제어의 기준이라는 관점에서 체계화했다는 점에서 흥미롭고 시사하는 바가 있다.

究第7号 (2010.7.), 109쪽～147쪽

(4) 세 번째 발표: "「보다 좋은 입법」의 제도론적 기초-미국법에서 있어서 「입법」의
위상을 단서로-"의 내용

마지막 발표자는 심포지움의 기획자 藤谷武史교수로 "「보다 좋은 입법」의 제
도론적 기초-미국법에서 있어서 「입법」의 위상을 단서로-"라는 주제였다. 藤谷
교수는 미국에서 입법자를 연방의회와 주의회, 민주적 정당성에 따른 집행부와 의
회, 그리고 사법부(보통법체계)를 모두 포함하면서 입법자간의 관계에 주목하고 있
다. 즉 의회와 집행부간의 관계에서는 위임입법금지의 법리, 의회거부권을 고찰하
고 의회와 사법부간의 관계에서는 커먼로 우선, 제정법 보완이라는 이른바 미국 법
체계의 전통과 문화 속에서 그 변화과정을 고찰하고 있다.

다음으로 미국법학에서 「입법」의 위상 변화를 리걸 프로세스학파-법의 목적
과 예정조화적 역할분담, 리걸 프로세스의 쇠퇴와 입법과정에 대한 회의론, 제도론
적 전환이라는 관점에서 정리하고 있다. 그러면서 「<입법의 질>을 논하는 것」의
의미에 관해서 첫째는 법/정책, 입법론/해석론의 구별이 가능한가?, 둘째는 외적 관
점12)에서 법적 실천에 대한 커뮤니케이션의 가능성?이라는 질문을 던지고 있다.

가장 흥미롭게 다가온 문장으로는 법도구주의를 경계하면서 "적어도 법학자가
법정책학을 이야기하려면 법학 이외의 학문영역에서의 시각과 법적 실천의 근원적
인 균열을 의식하면서 역시 '가교를 놓기 위한' 노력을 해야 한다"는 점을 강조하고
있는 것이다.

마지막으로 藤谷 교수는 입법의 특질을 입법=정치적 결단이며 법적 실천이
아니라는 점과 유연한 해석학모델에 의하여 입법이 재정립되어야 한다는 점을 논증
하면서 마무리하고 있다.

3. 2014년 『입법학의 프론티어』 전 3권의 발간과 그 내용

2014년 일본에서는 『입법학의 프론티어』라는 3권으로 구성된 시리즈 서적이
발간되었다. 우선 제목에서 "프론티어"라는 표현을 내세운 것은 일본에서 입법학이
그다지 중요한 비중을 차지하지 못했고 따라서 입법학이 새로운 개척지로서 등장한

---

12) 법학 이외의 인접학문을 의미한다.

다는 의미를 담고 있는 것은 아닐까 추론해 본다. 더욱 의미심장한 것은 세 권의 책에서 등장하는 단어들이다.

1권은 '입법학의 철학적 재편', 2권은 '입법시스템의 재구축', 3권은 '입법실천의 변혁'이다. '재편', '재구축', '변혁'이라는 단어들이 가지는 의미와 이를 묶어내는 '프론티어'라는 단어가 조합하고 있는 의미는 무엇일까? 이하에서는 그 의도와 내용을 소개하고자 한다.

(1) 『입법학의 프론티어』의 기획의도

井上達生 교수[13])가 대표 집필한 『입법학의 프론티어』 간행사에서는 다음과 같은 문장이 등장한다.[14])

"민주사회에서 보다 좋은 입법시스템의 구축을 지향해서 종래 입법의 본질을 근본적으로 되묻고 입법학을 발전시키고자 기획한 것이다."

井上 교수는 이 문장을 설명하면서 일본 입법현상에 대한 진단을 입법의 부동성이라는 단어로 표현하고 있다. 즉, 자민당 55년체제 아래 정치적·경제적 네트워크에 입법시스템이 고정화됨에 따라 입법이 사회개혁수단이기보다 기득권구조의 유지조정수단으로 전락하였다는 진단이다. 여기서 알 수 있는 것은 입법이 가지는 기능이 사회개혁수단이기도 하고 기득권구조의 유지조정수단이기도 하다는 점이다. 그리고 초기 입법학이 역동적이었으나 법안의 기획·책정에서 심사·수정에 이르는 실무적 프로세스를 체계적으로 기술하는 이른바 입법집무론에 머무르고 있다고 지적한다.

마지막으로 井上 교수는 해석론에 대치되는 입법론은 개별적으로 전개되고 입법론의 지침인 입법정책론은 존재해 왔으나 통치구조를 포함한 입법시스템 전반을 비판적으로 재검토하고자 하는 문제의식이 부재하다는 점을 지적함으로써 입법학이 필요하다는 점을 강조하고 있다.

---

13) 일본 동경대학대학원법학연구과의 법철학 교수이다.
14) 井上達生교수의 간행사는 『立法学のフロンティア』1, 2, 3권(ナカニシヤ出版, 2014) 모두에 수록되어 있다. 이하의 논의는 간행사를 요약하면서 검토한 것이다.

井上 교수의 현상 진단은 여기서 그치지 않고 매우 구체적인 문제들을 도출해 낸다.

우선, 이른바 민법전, 상법전, 형법전과 같은 사회경제의 기본질서를 뒷받침하고 있는 '기본법의 변화' 또는 '기본원리의 변화'가 일본 내에서 이루어지고 있다는 점이다. 좀 더 구체적으로는 자본주의 경제의 법적 인프라인 회사법의 전면 개정, 범죄의 신설·중벌화·가벌행위의 조기화 등 뿐 아니라 절차적으로도 재판원제도·피해자소송참가제도·형사소송절차에 민사배상절차의 부분적 결합 등 기본원리를 전환하는 근본적 개정이 형사법분야에서 이루어졌다는 점을 지적하면서 법률사항이라고 할 수 없는 선언적 규정을 담은 ○○기본법과 같은 법률의 양산이 의원입법의 형식으로 이루어지고 있는 이른바 '입법의 인플레이션'현상이 두드러진다는 점이다.

다음으로 입법과정에서 전문적 지식을 바탕으로 한 테크노크라트(법제심의회, 내각법제국 등)의 영향력·권위가 상대적으로 저하되고 여당과 내각 간의 역학관계의 변화 등 종래 입법시스템의 근간을 흔드는 변화가 발생하고 있다는 것이다. 그리고 고도성장기가 종언을 맞이하고 고령화·저출산, 부의 분배나 사회보장문제 등 제로썸 대립이 격화되고 안전보장문제, 동일본대지진·후쿠시마원전사고 등에서 촉발된 환경에너지정책을 둘러싼 논쟁의 격화 등이 새로운 사회현상으로 대두되고 있다는 것이다.

이와 같은 입법을 둘러싼 정치사회경제적 여건의 변화는 "무엇이 옳은 법인가"에 대한 사회적 합의를 이끌어 내기가 곤란한 상황이기에 오히려 성립한 입법의 "정당성"을 부정하는 사람들도 그 "정통성"을 승인할 수 있도록 하는 조건을 탐구하는 것이 입법학의 초미의 과제가 되고 있다고 주장한다.

이러한 문제의식 아래 입법학을 발전시키기 위하여 실정법분야에 있어서 법개정의 본질을 근본적으로 재검토하여야 하고, 덧붙여서 법개념론, '법의 지배'론, 입법민주주의체제 등 입법산출장치로서의 통치시스템 전반의 정통성 문제에 관련된 법철학적·헌법이론적 연구와 입법학과의 접합이 불가결하다는 점을 강조하고 있다.

더 나아가 입법산출장치로서의 의원내각제의 이상형을 구상하고 일본 의회민주정의 실태를 비판적으로 검토하면서 그 실현가능한 개혁의 방안을 제시할 필요가 있다고 한다.

이러한 입법학의 재구축은 일본만의 문제가 아니라 선진산업 민주주의국가들에서 전개되고 있는 다양한 논의를 '섭취'하면서 이루어져야 한다는 주장 또한 시사하는 바가 크다.

(2) 제1권 입법학의 철학적 재편의 내용

"입법학의 철학적 재편"은 원리론으로 입법학의 철학적 배경을 강화하기 위하여 입법의 법철학적·정치철학적·경제이론적 기초에 관한 문제들을 사상사적 배경을 포함해서 고찰한 것이다.

제1권의 대표집필자인 井上 교수는 입법학을 다음과 같이 정의하고 있다.[15]

입법학은 입법을 대상으로 하는 학문이다. 즉 입법이라고 하는 인간의 실천을 다각적이면서 포괄적으로 해명하는 것을 지향한다. 따라서 입법학은 입법기술·입법실무뿐 아니라 입법정책이나 입법의 제도로서의 통치기구, 나아가 입법의 정치과정도 시야에 넣어서 검토하여야 하며 헌법학·행정법학을 비롯한 실정법학의 모든 분야뿐 아니라 법철학을 포함한 기초법학이나 정치학·경제학에도 걸치는 매우 학제적인 성격을 본래 가지고 있다.

책 전체를 조망하기에는 지면이 부족해서 그 대략적인 내용을 소개하자면 우선 입법학의 법철학적 기반구축이 제1부이며 "立法理學으로서의 입법학 – 현대 민주정에서 입법시스템 재편과 법철학의 재정립", "규범적법실증주의의 입법이론", "공리주의자의 입법이론", "페미니즘법이론에서의 입법의 복권"로 구성되어 있다.

제2부는 입법의 정치철학과 경제이론으로 "정치적공공권에서 본 입법 – 법의 「作者」와 「編者」", "可謬主義와 숙성주의의 입법과정론", "하이에크입법이론의 재검토 – 입법과정의 정치철학으로서의 가능성 – ", "공공선택론과 입법"의 네 편의 논문으로 구성되어 있다.

제3부는 입법학의 사상사적 재고로서 "프랑스정치사상사에서 본 입법의 의의", "법전논쟁에서 시민적공공권으로 – 입법과 교양 – ", "밀[16]·대의제·중국", "福澤諭吉의 입법자상"의 네 편으로 구성되어 있다.

---

15) 井上達生編, 立法学の哲学的再編 [立法学のフロンティア 1], ナカニシャ出版(2014), 3쪽
16) 자유론을 쓴 존 스튜어트 밀을 말한다.

(3) 제2권 「입법시스템의 재구축」의 내용

제2권은 입법시스템을 구축하는 통치기구와 그 동태적 과정으로서 정치과정을 고찰하고, 원리론을 제도적인 구체화의 문제에 입각하여 재검토함과 동시에 입법에 관련된 제도의 현실적 기능을 해명함을 기획의도로 하고 있다.

제2권은 Ⅰ부 통치구조로서의 입법, Ⅱ부 입법프로세스의 동태와 구조, Ⅲ부 국가주권의 상대화와 입법의 3부로 구성되어 있다.

Ⅰ부 「통치구조로서의 입법」은 네 편의 논문으로 "헌법구조에서 입법의 위치와 입법학의 역할", "숙의의 담당자로서의 의회와 재판소", "입법의 「질」과 의회에 의한 장래예측", "재정시스템과 입법"으로 구성되어 있다.

Ⅱ부 「입법프로세스의 동태와 구조」에는 "중참[17]뒤죽박죽국회와 정권의 운영", "일본에 있어서 웨스터민스터모델의 적합성", "입법시스템과 NPO, 싱크탱크"의 세편으로 구성되어 있다.

Ⅲ부 「국가주권의 상대화와 입법」은 "국가의 입법과 자치체 입법-「正統한」자치체입법의 규범이론", "다문화사회의 입법시스템", "법정비지원-입법시스템의 설립-", "글로벌화 가운데의 입법시스템-국내입법과정에서 본 국제법정립과정-"의 네 편의 논문이 수록되어 있다.

(4) 제3권 「입법실천의 변혁」의 내용

제3권은 현대 일본의 실정법분야에서 활발한 구체적인 법개정실천에 입각하여 그것들이 내포하는 공통문제와 분야별 고유한 문제를 해명하고 법개정실천의 개선을 위한 지침을 제시하는 것을 목적으로 한다.

제3권은 4부로 구성되어 있으며, 제1부는 총론, 제2부는 형사입법, 제3부는 민사입법, 제4부는 사회경제입법으로 편재되어 있다.

제1부 총론은 "「보다 좋은 입법」에의 프로젝트-Hart and Sacks[18]〈The Legal Process〉再讀", "입법에서 법·정책·정치의 교착과 그 「질」을 둘러싼 대응의 본질", "책임프로세스에서의 입법자"로 편재되어 있다.

---

17) 중참이란 중의원·참의원으로 일본 국회의 양원제를 의미한다.
18) Hart and Sacks는 미국에서 법학적 입법학으로서의 Legisprudence의 완성자로 불리운다.

제2부 형사입법은 "최근 형사입법의 활성화와 그 평가", "입법화시대에 있어서 형법학", "재판원제도의 입법학적 의의"로 구성되어 있으며, 제3부 민사입법은 "민법(채권법) 개정과정과 입법과정의 이상형 – 입법철학의 관점에서 – ", "가족제도개혁에서 입법의 위치"로 구성되어 있다.

제4부 사회경제입법은 "회사법개정의 力學", "최근 노동법에서 입법학적 문제", "노동입법과 3자구성원칙"으로 편재되어 있다.

(5) 시사점

이 문헌들의 모든 내용을 소개하지는 못했지만, 그 기획의도나 구성을 보면 매우 방대하면서도 질서정연한다는 느낌을 지울 수 없다. 특히 입법학이 학제적 연구여야 한다는 점은 이 책의 구성에서도 알 수 있다.

井上 교수의 현상진단 가운데 "해석론에 대치되는 입법론은 개별적으로 전개되고 입법론의 지침인 입법정책론은 존재해 왔으나 통치구조를 포함한 입법시스템 전반을 비판적으로 재검토하고자 하는 문제의식이 부재하다"는 지적은 우리 법학계에도 통렬한 비판으로 받아들여야 할 것으로 보인다. 이 점이 우리가 입법학을 탐구해야 하는 지향점일 수 있다는 점을 시사점으로 재차 정리하고자 한다.

4. 2014년 일본 법철학학회 편 입법의 법철학–입법학의 재정립–

(1) 2014년 일본 법철학자대회의 기획의도와 배경

이 논집은 2014년 일본 법철학자대회의 결과물이다. 일본의 학회들은 연 1회 모든 학자들이 모이는 학술대회를 통해서 그 해의 연구성과들을 집대성한다. 따라서 일본법철학학회가 "입법학의 재정립"이라는 주제로 법철학자대회를 개최했다는 것은 매우 의미심장한 사건으로 보여진다. 이 2014년 일본법철학자대회의 논의 결과는 "입법의 법철학 – 입법학의 재정립 – (법철학연보)"에 수록되어 있으며, 그 내용은 다음과 같다.19)

---

19) 日本法哲学会編, 立法の法哲学-立法学の再定立-, 法哲学年報(2014), 有斐閣

입법의 법철학 – 입법학의 재정립
의회주권의 재생 – 규범적 실증주의의 입법이론
법의 권위를 입법의 권위로 해소하는 것의 어리석음에 대하여
통치에 있어서 입법의 위치 – 공법학의 관점에서
포스트행정국가시대의 입법이학(立法理學)의 가능성
개발에 있어서 좋은 통치와 입법의 과제
입법과 사법의 관계를 파악하기 위한 시각
입법의 품질보증과 민주적 정통성
입법의 질을 둘러싼 정치와 법 – 그 현상과 과제 –
입법의 철학으로서 법철학

일본 법철학자대회에서 입법학의 재정립을 주제로 논의하게 된 배경은 다음과 같다.

입법현상의 변용, 즉 입법의 양적인 증가와 질적 변화, 입법과정에서의 전문가 역할 변화 등 입법과정, 통치기반의 대폭 변동 등이 나타난다는 현상진단이다. 여기서 입법의 증가는 형사법, 민사법, 행정법 등 각 영역에서 중요하고 근본적인 개정이 이루어지고 ○○기본법이라는 유형의 입법이 증가한다는 것이고 전문가로서의 법제심의회 역할의 약화 사례에서 알 수 있듯이 입법과정, 통치기반에서의 변화가 나타난다는 인식이 깔려 있다.

따라서 규범이론으로서의 입법학, 입법의 법철학으로서의 입법학의 가능성을 이론적·실천적 측면에서 탐구하고 법철학이 다룰 문제들을 검토한 후 입법의 철학으로서의 입법학의 구축을 위하여 법철학이 할 수 있는 역할을 제시하고자 함이 법철학자대회의 목표임을 밝히고 있다.

(2) 주요한 쟁점과 입법학의 과제

일본법철학자대회에서 논의된 주요 내용을 정리하는 것은 매우 어려운 일이기 때문에 여기서는 논의과정을 탐독하면서 나온 질문들을 제시하는 것으로 그 내용의 개요를 대신하고자 한다. 이러한 질문들은 결국 입법학이 풀어나가야 할 과제들이기 때문이다.

첫 번째 질문은 법의 권위는 어디에서 발생하는가, 입법의 권위와 법의 권위는 구별되며 독립적인 것인가 하는 것이다. 이 질문은 법학과 입법학의 대상에 대한 것으로 이해할 수 있다. 즉 입법학의 대상인 "입법"이란 무엇인가가 밝혀야 한다. 이와 관련해서는 규범적 법실증주의에 대한 논의가 참고된다.

두 번째 질문은 무엇이 법인가와 법률을 제정하는 행위, 즉 입법은 구별되어야 하지 않을까 하는 것이다. 법학의 주된 관심사는 있는 법에 대한 해석이라면 법을 창조하는 행위인 입법은 좀더 다른 관점에서 접근해야 한다는 것이다. 그렇다면 입법학의 접근방법은 통상의 법학과는 다른 것인가를 규명해야 할 것이다.

세 번째 질문은 입법의 질, 즉 좋은 입법이란 무엇인가 라는 것이다. 좋은 입법에 대한 규범적 원칙, 기준에 대해서 입법학은 관심을 가져야 할 것이다. 이와 관련해서는 "개발에 있어서 좋은 통치와 입법의 과제 – 정통성과 정당성의 상호보완작용에 주목해서 –"/"입법의 품질보증과 민주적 정통성"이라는 논제가 참고가 된다.

네 번째 질문은 입법을 헌법가치의 실현으로 자리매김할 수 있는가, 아니면 「입법의 틀을 한계지우는 조건 프로그램으로서의 헌법규범」으로 보는 것이 타당한가? 라는 것이다. 즉, 최고규범인 헌법과 입법이라는 국가작용 간의 관계에 대한 관점의 정립이 요청된다. 흔히 사법적 판단에서 이야기하는 "입법재량"에 대한 규범적 판단이나 입법자의 판단 자체가 내재하고 있는 헌법적 정합성(비례원칙, 판단과정통제, 기존제도와의 정합성 등)에 주목하여 입법판단과정을 구조화하고 투명성을 높이는 접근방식이 중요하다. 나아가 입법자에게 "설명"하도록 함으로써 "답책성" 및 합리성(reason – giving이라는 의미의)을 담보하도록 하는 것이 기대된다.

다섯 번째 질문은 복잡한 행정과정을 입법으로 통제할 수 있는가 라는 것이다. 즉, 행정과정에서 발생하는 구체적 사실관계에서 "법"을 발견하고 이를 단계적으로 규범화하는 것이 "입법"의 범위에 있는가 또는 있어야 하는가 라는 질문이다. 이 경우 행정과정의 투명성과 개방성, 시민참가와의 관계는 입법과정에서 어떤 의미를 가지는가도 입법학의 규명 대상일 것이다. 이와 관련해서는 "통치에 있어서 입법의 위치 – 공법학의 관점에서 –"라는 논제가 참고가 된다.

여섯 번째 질문은 법질서의 글로벌화와 입법에 관한 것이다. 국내입법과정이 글로벌화하는 법규범형성/정책실현과정과 결합되어지는 현상이 확대되고 있는 바,

이러한 현상을 민주적 정당성에 기초한 입법부가 법정립작용을 한다는 전통적인 입법이론으로 포섭하기 어렵다. 예를 들어, 글로벌 규범형성과정에는 행정부가 참여하고 있으며, 입법부는 사후적인 동의나 승인과 같이 국내입법으로 이를 수용하는 역할을 하고 있기 때문이다.

일곱 번째 질문은 규제, 거버넌스 등 사회경제적 현상을 표현하는 용어들이 규범화되고 있는 현상에 대해서 어떻게 이해할 것인가? 라는 것이다. 즉, 입법과정은 항상 규범적이지 않기 때문에 입법과정에서 등장하는 용어들에 규범적 개념을 부여하는 것에 대해서 전통적인 법학에서는 이를 어떻게 수용할 것인가 하는 과제이다.

III. 결론에 대신하여

일본법학계 특히 법철학에서 "입법학의 재정립", "입법학의 재편"이라는 키워드를 논제로 들고 나온 것은 여러 가지 배경이 있겠지만, 이를 통치작용의 재편이라는 관점에서 다루고 있다는 점은 매우 시사적이라 할 것이다. 국가가 통치주체로서 입법, 사법, 행정으로 구분되는 이른바 통치작용을 상호견제와 균형이라는 기본원칙에 따라 조화시켜 놓은 전통적인 방식에서 글로벌규범 즉 국제규범의 등장이나 국가내부의 통치질서의 재배분으로 볼 수 있는 자치와 분권 등 통치작용을 둘러싼 생태계가 변화를 겪고 있는 것이 현실이다.

이러한 현실에서 행정작용이나 사법작용은 그 역할과 효과에 대해서는 종합적인 논의를 거쳐 제도적 변화를 거치고 있으나 "입법"에 대해서는 그 변화과정에 대해서 종합적이고 철학적인 논의가 거의 이루어지지 않았던 것 또한 사실일 것이다.

일본의 최근 입법학의 재정립 논의는 입법이 사회변혁의 주요한 작용이라는 점에 착안하고 있으며, 따라서 현재의 입법과정론, 입법기술론과 같은 입법학의 한계를 극복하고자 하려는 노력의 일환으로 보여진다. 이러한 노력은 결국 통치작용 간의 관계와 통치작용의 재편이라는 거시적 목표를 가지고 있다는 점은 시사하는 바가 매우 크다고 보여진다.

우리의 경우에는 입법학이라고 할 만한 학문체계가 정립되어 있지 않고, 그 맹아만이 존재할 뿐이다. 따라서 비교입법학이라는 관점에서의 논의를 통해서 우리의 통치구조에 적합한 입법학의 정립이라는 거시적 목표가 요청된다고 생각한다.

향후 학문적 체계로서의 입법학에 대한 활발한 논의가 이루어지길 바라면서 결론에 대신하고자 한다.

주요 참고문헌

Hans Christian Röhl, 細分化・グローバル化する国家における法律と立法者, 新世代法政策学研究第7号(2010.7.)

大島稔彦, 立法学-理論と実務, 第一法規(2013)

藤谷武史, 特集にあたって, 新世代法政策学研究第7号(2010.7.)

西原博史編, 立法システムの再構築『立法学のフロンティア 2』(ナカニシャ出版, 2014)

原田大樹, 立法者制御の法理論-政策決定の「質」向上のための一試論, 新世代法政策学研究第7号(2010.7.)

日本法哲学会編, 立法の法哲学-立法学の再定立-, 法哲学年報(2014), 有斐閣

井上達夫編, 立法学の哲学的再編『立法学のフロンティア 1』(ナカニシャ出版, 2014)

井田良・松原芳博編, 立法実践の変革『立法学のフロンティア 3』(ナカニシャ出版, 2014)

中島 誠, 立法学〔第3版〕-序論·立法過程論, 法律文化社(2014)

영국의 입법학 동향

김연식 (성신여자대학교)

Ⅰ. 입법부에 관한 연구로서 입법학

1. 입법부와 입법학의 과제

우리나라뿐만 아니라 영국 정치학이나 법학에서 입법학이 진지하게 논의된 지는 오래되지 않았다. 사실 입법학의 의미가 무엇인지에 대하여는 여러 가지 견해가 있으며 그에 따라 입법학의 대상과 범위 그리고 기원과 역사는 다양하게 서술될 수 있다. 그러나, 어떠한 방식으로 보더라도 그 용어 자체만을 놓고 볼 때 입법학은 입법에 관한 학문이라는 점을 부정하기 힘들다. 오늘날 입법이 입법부의 주된 기능이라는 점에서 입법학은 입법부와 떨어져서 이야기할 수는 없다. 입법부(legislature)는 국가나 지방을 비롯하여 정치 체계가 있는 곳이라면 어느 곳에서나 입법부(legislature)가 존재한다. 아주 넓은 의미에서 입법부는 법을 형성하는 조치를 승인하도록 만들어진 기관이라고 정의할 수 있으며, 이러한 정의에 따르면 법을 만드는 일이 입법부의 주요 기능이다.

하지만 입법부의 기능은 입법에 한정되지 않는다. 역사적으로 보면, 오히려 입법 기능은 근대 민주주의의 발전과 함께 입법부에 할당된 기능이며 근대 입법부의 직계 조상이라고 볼 수 있는 조직은 오늘날 입법 이외에 입법부에 부여되는 여러 가지 활동을 자신의 주된 역할로 받아들였다. 영국 의회의 어원은 이러한 흔적을 보여준다. 입법부는 나라별로 'Assembly', 'Diet', 'Congress', 'Parliament' 등으로 다양하게 불리는데 이 중 영국에서 의회를 의미하는 parliament는 프랑스어 parlement

에서 유래한다. parliement는 12세기에 프랑스 국왕이나 그의 대리인이 신하들에게 하교(下敎)하고 그들의 애로사항을 듣거나 정책을 설명하는 회합이나 궁정(court)를 의미하였다. 이후 13세기부터 국왕과 영주(representatives of the estates) 사이의 회합인 11세기의 Curia Regis(왕정청(王政廳))에서 유래하는 모임을 parliamentum으로 부르면서 오늘에 이르렀다. 이와 같은 논의에서 알 수 있듯이 영국에서 의회에 관한 연구는 단순히 입법에만 한정되지 않는다. 영국 헌법의 고전이라고 할 수 있는 배젓(Bagehot)의 영국 헌법(The English Constitution)은 의회 기능을 설명하면서 의견 표명, 교화, 정보 전달 그리고 무엇보다 정부 구성과 같은 기능에 관심을 두었다. 의회의 입법 기능은 행정부와 의회, 그리고 의회 내부의 커뮤니케이션을 통해 원활하게 수행되는 것으로 보았다.

이러한 맥락에서 일반적으로 the legislative studies, the studies of legislatures라고 불리는 영국 입법학은 다음과 같은 본질적인 문제를 다룬다. 등족(等族)의 회합으로 시작한 중세 정치 조직이 근대 민주주의가 확립된 이후에 어떻게 살아남게 되었으며 그것이 과거와 어느 부분에서 근본적인 차이점을 가지는가? 앞으로 민주주의의 구조 변동에도 불구하고 앞으로 의회는 어떤 방식으로 살아남을 것인가? 더 궁극적인 과제는 비교법(정치)적인 관점에서 입법부의 조직과 절차와 같은 제도적 차이가 어떻게 입법부 기능의 차별점을 낳는지, 즉 제도와 입법 기능의 인과적 관계를 탐구하는 것이다. 이러한 문제의식에 기초한 입법학은 입법부의 여러 기능과 활동을 고찰 대상으로 하는 학문이다. 아래에서 살펴보겠지만 영국 입법학 주류는 입법부 전체를 고찰 대상으로 삼고 있으며, 특히 제2차 대전 이후에는 미국 정치학의 절대적 영향 아래에 있는 것으로 보인다.[1] 2차 대전 이후 미국이 주도하는 정치학계를 중심으로 입법학이 발달하였고 그 후 약 반세기 동안 입법학은 정치학의 주요 하부 분야의 하나가 되었다.[2]

---

1) 이하 정치학에서 입법학의 내용에 대하여는 Shane Martin·Thomas Saalfeld·Kaare Strøm, "Introduction", Shane Martin·Thomas Saalfeld·Kaare Strøm(편), *The Oxford handbook of legislative studies* (Oxford University Press, 2014) 참조.
2) 유수의 정치학 학회는 하부 섹션에 입법학 관련 섹션이 있다(예: the American Political Science Association, the [British] Political Studies Association, the International Political Science

2. 입법학의 이론적 발전 과정

입법에 대한 고찰이라는 측면에서 입법학은 근대 정치학이 있기 이전부터 있었다. 주로 근대 정치학이 학문 체계로 자리 잡기 이전에는 철학자, 역사학자 그리고 법학자가 입법학에 관한 논의를 주도하였다. 고대 철학자들은 입법부 자체를 직접 다루지 않고 법에 관한 논의를 하면서 입법부를 다루었다. 근대 민주주의가 확립하는 과정에서 입법학에서는 권력 분립과 관련하여 의회의 지위가 논의되었다. 미국과 프랑스에서 시작된 입헌주의와 법실증주의의 영향으로 법학자들이 법적 측면에서 입법을 다루기 시작하였다. 이와 함께 입법 실무에서 입법의 양과 복잡성이 증가하면서 미국에서는 입법 과정을 절차화하는 작업을 수행하였다. 특히 미국에서는 의회 의원이나 실무진이 의회 의사 절차를 제도화하는 지침서 등을 출간하였는데 이러한 지침서는 이후 영국의 의사 절차 형성에도 무시하지 못할 영향을 끼쳤다.3) 영국을 비롯한 유럽 의회에는 여전히 고전적인 관행과 상징적 절차들이 계속 입법 실무를 지배하고 있었다.4) 미국에서 진행된 의회 절차 관련 논의는 영국 의회 절차를 근대화하는 데 의미 있는 영향을 끼쳤다. 아래에서 살펴보듯이, 영국 입법학의 이론적 경향은 같은 언어권에 속한 미국의 제도주의 이론의 부침에 민감하게 반응하는 경향을 보인다. 단순하게 설명하면 입법학 이론은 19세기에서 20세기의 구제도주의에서 행태주의(1950-1960)로 넘어갔으며 다시 1980년대 신제도주의의 영향을 받았다.

(1) 구제도주의(19세기에서 20세기 초반)

먼저, 19세기에서 20세기 초반까지 유행했던 다양한 제도주의(institutionalism)

Association, or the European Consortium for Political Research). 또한 20세 후반부터 의회 정치에 관한 저널이 소속 창간되기도 하였다(예: Parliamentary Affairs [since 1947], the Zeitschrift für Parlamentsfragen [since 1969], Legislative Studies Quarterly [since 1976], the Australasian Parliamentary Review [since 1986], the Journal of Legislative Studies [since 1995]).

3) 예를 들면 Thomas Jefferson, "A Manual of Parliamentary Practice for the Use of the Senate of the United States", 1801; John Hatsell, *Precedents of Proceedings in the House of Commons with Observations* (London: Printed for L. Hansard and Sons, 1818) 등이 있다.

4) 이와 관련하여 History of Parliament Trust in the United Kingdom (established in 1940) 등을 참고.

를 단 하나로 묶어서 파악하기 힘들지만 제도주의는 공통으로 제도가 인간에 직접
영향을 미친다는 전제에 기초해 있다. 제도와 그 제도에 있는 기관에 대한 이해에 바
탕을 둬서 이 제도 아래에서 개인이 어떻게 영향을 받는지를 이해하고자 하였다. 그
래서 제도에 대한 상세한 기술과 제도의 역사적 기초를 강조하였다. 입법학 차원에
서 구제도주의는 주로 정부 제도, 헌법, 그리고 헌법사 등에 초점을 맞추었다. 이 시
기 연구는 행태를 규정하는 거시적인 제도 분석과 기술에 초점을 맞춘 제도 분석에
중점을 두었기 때문에 개인의 개별적 행태에는 관심이 없었다. 제도가 개별 행태를
조정한다는 가정 아래에 있었기 때문에 의회 내 개별적 의원의 행위를 통제하기 위
한 형식적 제도 개선이 중요한 의미를 가졌다.

(2) 행태주의(1950년대부터 1980년대)

지성사적 측면에서 보면 1950년대에서 1960년대에는 행위의 거시적 측면에서
미시적 측면으로 급전환한 시기였다. 입법학 연구 초점도 입법자와 그들의 개인적
인식과 행태에 관심을 기울이기 시작하였고 제도에 관한 관심은 점차 줄어들었다.
이를 계기로 입법학 연구는 심층 인터뷰와 참여적 관찰 방법과 같은 미시적 차원의
연구 방법론을 도입함으로써 의미 있는 시사점을 발굴해 내었다. 물론 이러한 질적
또는 양적 연구가 가능해진 배경에는 각국 의회의 정보 공개와 온라인 데이터베이
스 접근성 향상같은 제도적·기술적 진보가 있었다.

하지만 이러한 미시적 행태 연구는 지역을 넘어서 보편적으로 적용되는 일반성
을 획득하지 못하였다는 한계가 있었다. 행태주의적 연구는 제도를 일종의 블랙박
스와 같은 것으로 보고 투입과 산출의 관계에만 집중하였기 때문에 명확한 인과적
추론이 불가능했다.

(3) 신제도주의(1980년대부터 현재)

이러한 상황에서 1980년대부터 신제도주의적 접근이 유행하였다. 신제도주의
는 단순히 구조주의나 체계이론의 부활은 아니었다. 1950년부터 30년 이상 입법자
의 행태와 태도에 대하여 진행한 경험적 연구의 축적물에 기초하여 신제도주의는
개별 행태와 제도의 관계에 새로운 관점을 제시하였다. 신제도주의는 입법자가 자
신이 처한 개별적 정치 환경으로 놓여있는 거시적 차원의 제한조건과 인센티브를

어떻게 인지하고 이에 대응하는지에 초점을 맞추고 있다. 신제도주의는 다시 합리적 선택이론과 사회학적 규범이론으로 크게 나눌 수 있다. 이 둘은 개인의 차원의 행태를 설명하는데 전제하는 기본적인 가정과 설명 전략에서 차이가 난다.

먼저 합리적 선택이론은 1960년대 이후 등장한 수리 모델의 영향을 받는다. 행태주의 연구를 통해 개별 입법자는 전략적이고 계산적인 고려를 통해 합리적 선택을 한다는 점을 밝혀내었다. 게임 이론 접근법에 따르면 개별 입법자들은 일련의 규칙 모델 안에서 자기의 목적을 달성하기 위해 최적의 선택을 한다. 합리적 선택이론에 기초한 신제도주의의 이론들은 투표 절차와 기타 규칙을 강조하면서 일반적인 직관에 반하여 도출되는 입법 결과를 수리 모델에 따라 설명하고자 한다. 실험 가설을 끌어내고 관찰 가능한 행위를 설명하기 위해 행위자들의 동기와 선호에 관한 행위 공리와 게임 이론 논리 등을 사용한다. 이러한 방법론이 가지는 가장 주목할 만한 장점은 국가별로 다양한 입법부의 활동을 비교할 수 있는 보편적 모델을 제시할 수 있다는 점이다.

한편, 신제도주의 내에서 합리적 선택이론의 경쟁자가 사회학적 규범 이론이다. 이에 따르면 입법자와 기타 정치 행위자는 전략적 고려에 따라 일정한 목적을 위해 합리화된 행태를 보이지만 전략적 고려에서 정치 행위자의 수익·비용의 계산은 공동체에 보편적으로 받아들여지는 사회적 규범에 영향을 받는다. 따라서 제도의 사회학적·역사적 분석과 합리적 선택 이론을 접목하는 것이 오늘날 입법학 방법론의 대세라고 보인다. 이러한 분석은 입법부의 제도와 그 제도 안에서 개별 의원의 역할 변화에 대한 장기적 관점을 이해하는 데 도움이 된다.

II. 입법의 질에 관한 연구로서 입법학

1. 실무적 요청에 대한 대응으로서 법령안 입안(drafting legislation) 방법론

입법학에서 법률안 작성 또는 입법 방법론에 관한 연구는 상대적으로 최근에 주목을 받고 있다. 앞서 살펴본 바와 같이 정치학에서 입법학은 법률을 입법 활동의

결과물로 보고 있어서, 연구의 주된 대상을 입법안의 통과 여부, 특히 개별 의원들의 투표 행위에 한정하였다. 그 과정에서 입법을 내용을 어떻게 채워 넣어야 입법의 질 (quality in legislation)을 확보할 수 있는지에 관한 연구는 활발하게 진행되지 않았다. 법률안을 작성하는 법률안 입안은 기술적이고 실무적인 분야로 주로 입법 실무를 담당하는 실무가가 담당하였다.

하지만, 영국에서 입법 방법론에 대한 연구는 오래된 역사가 있다. 밴덤(Jeremy Bentham)은 예측 가능성이 떨어지는 것을 물론이고 사회의 변화에 따른 법의 개혁에 있어서 보수적일 수밖에 없는 사법부 중심의 판례법을 비판함으로써 의회주의 아래에서 입법부 중심의 제정법이 강화되어야 한다고 주장하였다. 그는 민주주의의 확대에 따라 부상하는 입법부의 입법 기능에 주목하였다. 그는 방법론의 측면에서 수범자가 이해하기 쉬운 법전 편찬을 주장하였으며, 그의 논의는 미국 restatement 운동에 지대한 영향을 끼쳤다.

벤담 이후에 학문적으로 입법 방법론에 대한 문제를 진지하게 연구한 학자가 많은 것은 아니지만, 정치와 실무 영역에서 좋은 입법, 즉 입법의 질에 대한 문제는 계속 논란거리였다. 영국에서는 19세기 후반을 넘어가면서 사회 개혁을 위한 다양한 입법 조치가 요구되고 각종 법에 대하여도 체계적 정비를 필요로 하게 되었다. 영국 법 체계는 당면 과제로 행정권 확대·강화에 따른 위임입법의 확장과 난립을 해소해야 했다.

특히, 2010년 영국의 보수당과 자유당의 연립 내각 구성된 이후에 정부는 전직 내각 인사로 구성된 선진 정부 제안에 관한 위원회(Executive Committee of the Better Government Initiative) 설치하고 의회와 행정부의 개혁(Good Government: Reforming Parliament and the Executive)이라는 보고서를 발간하였다. 이 보고서는 입법이 양적으로 증대하면서 의회가 심의할 수 있는 한도를 넘고 있으며 이 때문에 입법의 질적 저하가 발생하고 있다는 점을 지적하였다. 이러한 진단에 기초하여 좋은 입법의 원칙을 제시하고 정부 발의 법안을 준비하는 데 필요한 요건과 기준을 제시하였다. 이와 더불어 입법 영향평가(impact assessment)를 도입하고 무분별한 위임 입법의 통제 방안을 마련할 것을 주문하였다.

위에서 살펴보는 바와 같이 입법의 질에 관한 논의는 실무 분야에서 먼저 제기되었다. 특히, 정치권과 정부 당국은 규제 개혁과 관련하여 규제의 질을 확보하기 위해 입법의 질을 어떻게 개선할 것인지에 관심을 가졌다. 하지만, 정치권과 전문가 위원회는 구체적이고 세부적인 입법 기술보다는 입법 방향에 관한 원칙만을 제시하였다. 실무적인 쟁점 특히 법안 마련 지침 등은 Office of the Parliamentary Counsel와 같은 기관에서 입법 실무를 담당하는 사람들이 대응했다.

참고로 영국의 Parliamentary Counsel Office는 총리 소속 기관으로 정부제출 법률안(의원내각제인 영국에서 법률안은 대부분 정부 제출 법안임)의 기술적인 형식과 표현에 관한 실무적인 작업을 책임을 지고 있다. 자료에 따르면 약 80여 명(그중 절반 이상은 변호사)의 인원이 1년에 28개 내지 30개의 법률안을 맡아서 처리하고 있다. 영국에서는 법안을 마련하는 주무부서가 Parliamentary Counsel Office에 입법 자료에 관한 정보를 담고 있는 지침(Instruction)을 보내 주는데, 이 지침에는 입안 배경, 입법목적, 입법목적 달성을 위한 수단, 입법의 법적 · 사회적 · 행정적인 영향과 예상되는 문제점 등을 법률안 작성에 필요한 정보를 담고 있다. 이 자료에 기반해서 Parliamentary Counsel Office가 초안을 작성하여 문서화하는데, 이 과정에서 부처별로 상충하는 견해가 발생하면 총리비서실(The Cabinet Office) 산하 입법위원회(Parliamentary Business and Legislation)에서 조정된다.

2. 법령안 입안(drafting legislation) 방법론에 대한 학문적 접근

영국에서 법률안 작성에 관한 문제를 학문적으로 접근하기 시작한 것은 그리 오래되지 않았다. 법학에서도 법령안 작성은 학문적 차원보다는 기술적 차원에서 논의되었다. 1970년대에 발간된 Thornton의 『Legislative Drafting』은 법령작성방법론을 다루고 있는 고전 중의 하나이며 그 이후에서 지속해서 법령작성방법론에 대한 저술이 발간되었다. 하지만, 이런 문헌들은 주로 학문적 검토보다는 실무 가이드라인의 성격이 짙다.

영국에서 법령안 입안 작업이 법학의 학문 분과로 자리 잡지 못한 이유를 여러 가지 측면에서 찾아볼 수 있다. 어떤 학자는 법령 작성에 관한 논의에 내재해 있는 제국주의적 시각을 지적하기도 한다. 영국은 과거 식민지국가에 법령 작성 표준 지침을 만드는 데 많은 노력을 기울였다. 영국은 입법 근대화라는 미명 아래에 식민지

토착법을 모국인 영국법 아래에 표준화하고 통일화하고자 하였다. 그런데 흥미로운 사실은 영국 입법 절차와 관련해서는 세밀한 입법 표준 지침이 없다는 점이다. 법치주의와 민주주의가 충분히 발달한 자국은 이러한 가이드라인이 없어도 양질의 입법이 가능하다는 일종의 자만심과 차별적 정서가 깔려있다고 볼 수 있다. 이러한 현상은 유럽연합 차원에서도 발견된다. 기존의 유럽연합 회원국은 법령 작성 가이드라인이 없었음에도 신규 유럽 회원국에게만 입법 가이드라인을 만들 것을 강력하게 주장하고 있다.

이와 더불어 가이드라인 자체가 실무에서 중요한 역할을 하지 못한다는 인식도 팽배했다. 실제로 입법 실무에서 다루어야 하는 법률안은 매우 복잡하고 상황마다 다른 판단을 해야 하기 때문에 일반화하고 표준화하기 힘들다. 따라서 상황에 맞게 적절한 판단을 해야 하며 이것은 소위 '실무적 감각'으로 체화할 수밖에 없는 기술이다. 그래서 법률 입안은 도제식 방식으로 경험 많은 변호사의 노하우를 통해 전수되는 기술과 같은 것으로 여겨졌다.

III. 법이론의 하나로서 영국 입법학의 과제와 방향

입법을 둘러싼 상황이 변화하면서 법 제정에 관한 문제는 단순히 기술이 아니라 이론적 차원에서 논의해야 하는 주제로 변하고 있으며, 법학 내에 중요한 하부 분과로 자리 잡고 있다. 입법을 통한 규제가 규제 개혁을 둘러싼 주요 쟁점 중의 하나가 되고, 입법이 추구해야 하는 원칙과 방향 그리고 궁극적으로 입법의 질을 판단하는 기준이 필요해졌다. 법안 작성의 원칙들이 입법의 질이라는 차원에서 그리고 궁극적으로 좋은 규제라는 목표 아래에 재조정 되어야 할 필요성이 커졌다. 예를 들어서 명확성과 정확성이 충돌하면 어떠한 원칙을 우선에 두어야 하는지에 관한 문제들은 단순히 기술적으로 판단할 문제가 아니라 헌법과 법이론 그리고 규제에 대한 학제간의 연구를 통해서만 명확해진다.[5]

---

5) 영국 법령안 입안 방법론에 관한 내용은 Helen Xanthaki, Drafting Legislation: Art and Technology of Rules for Regulation (Hart Publishing, 2014) 참조.

주요 참고문헌

Helen Xanthaki, Drafting Legislation: Art and Technology of Rules for Regulation (Hart Publishing, 2014).

Shane Martin·Thomas Saalfeld·Kaare Strøm, The Oxford Handbook of Legislative Studies(Oxford University Press, 2014).

Constantin Stefanou·Helen Xanthaki, Drafting Legislation: A Modern Approach(Ashgate Pub., 2008).

독일의 입법과 입법학

이보연 (건국대학교)

I. 들어가는 말

입헌민주주의 국가에서 법은 정부의 가장 중요하고 핵심적인 수단이다. '이상적인 법'이란 존재하지 않지만,[1] 규율이 필요한 분야에 적절한 입법을 하고 법의 흠결을 치유하는 '좋은 법' 또는 '상대적으로 좋은 법'은 가능하다.[2] 입법학은 어떻게 하면 '좋은 법'을 만들 수 있을 것인지 다차원적으로 연구하는, 이론적이면서 동시에 실무적인 학문이다. 입법학은 법의 생성, 작성, 영향과 관련된 모든 이론으로 이해되어야 한다.[3] 법학의 한 분야로 언급되곤 하지만, 여러 영역을 넘나드는 학제 간 연구로 보아야 한다.[4] 이 글에서는 독일에서 입법학 연구가 어떻게 전개되었는지 간략히 살펴보고, 입법은 어떠한 과정을 거치는지, 입법영향평가제도는 어떻게 발전되었고 어떠한 방식으로 운용되고 있는지 소개한다.

---

1) Ulrich Karpen, "Comparative Law: Perspectives of Legislation", *Legisprudence* 6(2), 2012, 151면.

2) Ulrich Karpen, "Introduction" in Ulrich Karpen and Helen Xanthaki (eds), Legislation in Europe: A Comprehensive Guide for Scholars and Practitioners (Oxford, Hart Publishing, 2017), 4면.

3) Ulrich Karpen, *Gesetzgebungslehre – neu evaluiert – Legistics – freshly evaluated* (Nomos, 2008) 참조.

4) 같은 의견으로 Klaus Meßerschmidt, "Gesetzgebungslehre zwischen Wissenschaft und Politik: Entwicklungstendenzen der Legisprudenz – Teil 1", *Zeitschrift für das Juristische Studium* 2/2008, 112면; 최윤철, "독일 입법학 연구의 현황과 전망", 「입법학연구」 제3집, 2006, 34면.

Ⅱ. 입법학 연구의 전개

1. 입법학 연구의 전개

독일에서 입법학(Gesetzgebungslehre)[5]에 대한 관심은 18세기 말부터 일기 시작해 19세기 말 '대법전화 시대'에 활발한 논의와 연구로 이어졌다.[6] 그러한 관심은 제1차 세계대전이 끝난 뒤 급격히 쇠퇴했다. 법학연구의 대상을 제정법에 국한하는 법실증주의가 지배하면서 사실관계에 대한 분석, 입법의 결정과정 등을 주로 연구하는 입법학은 정치학이나 사회학의 영역으로 밀려나게 되었다.[7] 제2차 세계대전을 거치면서 법실증주의의 부정적 영향을 깨달은 법학자들은 '좋은 법'의 획득이 중요함을 인식하면서 입법학에 다시 관심을 돌리게 되었다.[8] 특히 1950년 독일 연방헌법재판소가 설치되면서 헌법이라는 잣대로 입법을 평가하게 됐다.[9] 1960년대에는 법학적 현실주의의 영향 아래, 당위와 현실의 비교를 통한 법의 개량에 천착했다.[10]

1970년대는 입법학의 르네상스라 할 수 있다. 입법에 관한 연구는 독일, 스위스, 오스트리아 등 독일어권 국가에서 중점적으로 이루어졌고, 이들 국가에서 입법학회가 창립되었다. 입법학회를 중심으로 입법학의 이론이 구축되고 입법실무와 협동연구가 이루어지면서 입법학회는 입법학이 법학의 독자적인 연구분야로 자리매김하는 데 크게 기여했다.[11] 대학과 연구소에서는 입법학에 관한 연구와 강의가 활발히 이루어졌다. 마이호퍼(W. Maihofer) 교수와 쉘스키(Schelsky) 교수의 '학제간 연구를 위한 빌레펠트연구소', 아이헨베르거(K. Eichenberger) 교수의 바젤대학, 욀링어(T. Öhlinger) 교수의 빈대학, 슈나이더(H. Schneider) 교수의 하이델베르크대학, 클뢰퍼(M. Kloepfer) 교수의 훔볼트대학, 뤼케(J. Lücke) 교수와 카르펜(U.

---

5) Gesetzgebungslehre와 같은 개념으로 Gesetzgebungstheorie와 Geseztgebungswissenschaft, Legisprudenz 등이 쓰인다.
6) 최윤철, 앞의 글, 35면; 최윤철, "독일 입법학계의 최근 연구의 동향", 「법제」 2003. 5., 85-84면.
7) 최윤철, 앞의 글(n 4), 35면.
8) 위의 글.
9) 최윤철, 위의 글(n 6), 86면.
10) 위의 글.
11) 최윤철, 앞의 글(n 4), 35면.

Karpen) 교수의 함부르크대학이 주된 역할을 했다.[12] 슈파이어(Speyer) 행정전문학교의 뵈렛(C. Böhret) 교수는 연방정부의 과제를 다수 수행했다.

2. 관련 학회

독일에서 입법에 관한 체계적인 연구는 독일입법학회(Deutsche Gesellschaft für Gesetzgebung, "DGG") 창설을 기점으로 학계와 입법기관 사이에 긴밀한 협조가 이루어지면서부터 가능해졌다.[13] 1987년 함부르크대학의 카르펜 교수를 주축으로 50여 명의 유명 정치인, 공무원, 교수 등이 독일입법학회 설립에 참여했다.[14] 독일입법학회는 입법에 관한 대표적 학술지 'Zeitschrift für Gesetzgebung(ZG)'을 분기마다 발간하고 있다.[15] 1991년에는 유럽입법학회(European Association of Legislation, "EAL")의 창립을 주도했다. 이는 1990년대 냉전체제가 붕괴함에 따라 민주적 입법 절차로 변화하려는 동유럽 국가들의 욕구에 부응하는 것이었고, 유럽통합의 기운이 증대되면서 공동연구의 필요성이 커진 데 따른 것이었다.[16] 2008년 유럽입법학회는 세계입법학회(International Association of Legislation, "IAL")로 확대·개편되었다.[17]

Ⅲ. 입법 절차

1. 개관

독일은 연방제 국가로, 연방제는 정부 형태와 입법권에 큰 영향을 미친다. 연방의회(Bundestag)는 연방참사원(Bundesrat)과 협력해 입법권을 행사한다. 연방참사원은 주정부를 대표하는 구성원들로 구성되며, 통상적 의미의 상원으로 보기 어렵다. 대통령은 형식적 국가원수이며, 실질적 행정권은 연방총리와 연방장관으로 구성된

---

12) 최윤철, 앞의 글(n 6), 87면.
13) 위의 글, 84면.
14) 위의 글, 87면; 독일입법학회, "Über Uns", www.dggev.de/ueber-uns/ (검색일자: 2022. 5. 27).
15) 위의 자료.
16) 최윤철, 앞의 글(n 6), 87면.
17) 독일입법학회, 앞의 자료.

연방정부(Bundesregierung)가 가지는 의원내각제 국가다.

독일 기본법(Grundgesetz)은 연방과 주 사이의 입법권을 구분하고 있다. 기본법 제30조는 "국가권능 행사와 국가과제 수행은 기본법에서 달리 정하지 않는 한 주의 소관사항이다"라고 규정하고, 제70조 제1항은 "기본법이 연방에 입법권을 수여하지 않는 한 주가 입법권을 가진다"고 명시하고 있다. 그러나 이들 조항에도 불구하고, 실질적으로 연방의 입법권이 주의 입법권보다 훨씬 크다.[18] "주는 기본법이 별도로 규정하거나 허용하는 경우를 제외하고는, 고유사무로서 연방법률을 집행한다"고 규정한 기본법 제83조는 '행정적 연방주의'가 표현된 조항이다.[19] 연방은 주로 입법영역에서 책임을 지며, 주정부는 주로 행정을 맡는다. 기본법은 연방의 전속적 입법영역과 연방과 주의 경합적 입법영역을 구분하고 있다(제70조 제2항). 외교, 국방, 시민권, 통화, 세관, 무역, 항공 및 철도 교통 등 영역에서는 연방이 전속적 입법권을 행사하며(기본법 제73조), 경합적 입법권 영역에 관해서는 기본법 제72조 및 제74조가 규정하고 있다.[20]

연방의회는 국민이 직접 선출하는 유일한 헌법기관이다. 연방의회는 598명에 초과의석을 더한 수의 의원(Abgeordnete)으로 구성된다. 연방참사원은 각 주의 이익을 대변하는 기관으로 주정부가 임면하는 구성원(Mitglieder)으로 이루어진다. 연방참사원은 국민을 직접 대표하지 않기 때문에 입법 절차에서 연방의회와 같은 비중과 권한을 갖지 못한다.[21] 주정부는 연방참사원을 통해 입법과 연방의 행정, EU 관련 사안에 참여한다(기본법 제50조). 각 주의 의결권은 인구수에 따라 차등적으로 부여되며, 현재 연방참사원은 69인의 구성원으로 이루어져 있다.

16개 주(Länder)는 국가 권능의 상당한 부분을 행사한다. 주마다 개별적인 헌법을 가지지만, "각 주의 헌법질서는 기본법상의 공화주의적, 민주적, 사회적 법치국

---

18) Arthur B. Gunlicks, *The Länder and German Federalism* (Manchester University Press, 2003), 56면.

19) 위의 책.

20) 독일은 2006년 헌법 개정을 통해 경합적 입법영역을 조정하고, 연방참사원의 동의가 필요한 법률 영역의 범위를 줄였다.

21) BVerfGE 제37권, 1974, (363면 아래) 380면; 차진아, "독일의 입법 절차에 관한 비교법적 고찰", 「의정연구」 제14권 제1호, 2002, 156면에서 인용.

가의 원칙에 부합하여야 한다."(기본법 제28조 제1항) 주는 단원제 의회와 정부를 가지며, 문화·교육·경찰·자치법규에서 핵심적인 기능을 수행한다.

2. 법률안 제출

법률안 제출권은 연방정부와 연방의회 의원, 연방참사원이 가진다(기본법 제76조 제1항). 그러나 연방법률에 대한 의결권은 연방의회만이 가진다(기본법 제77조 제1항). 입법 절차의 법적 근거는 기본법과 연방의회 의사규칙(Geschäftsordnung des Deutschen Bundestages, "GOBT")에 두고 있다.

의원내각제 국가의 특성상 연방의회보다 연방정부에서 발의된 법률안의 비중이 높다.[22] 지난 18대(2013–2017) 연방의회에서 통과된 법률안의 90% 가까이는 연방정부에서 발의된 것이었다. 법률 제·개정의 필요성이 있을 경우, 주무부처가 법률안의 초안을 작성하고, 법률초안에 대한 내각회의를 거쳐 입안된 법률안은 연방참사원으로 송부된다. 연방참사원은 송부된 법률안에 대해 원칙적으로 6주 이내에 입장(Stellungnahme)을 표명할 권한을 가진다. 연방참사원의 입장표명에 대해 주무부처는 필요시 응답(Gegenäußerung)을 표명하게 된다. 연방정부의 법률안은 제안이유서, 연방참사원의 의견서, 연방정부의 응답서, 규범통제위원회의 의견서와 함께 연방의회에 제출된다.

연방참사원이 발의한 법률안도 정부 발의 법률안과 비슷한 절차를 거쳐 연방의회에 제출된다. 개별주는 연방법률에 관한 법률안 제출권이 없으며, 연방참사원을 통해 법률안이 발의되어야 한다. 구성원 과반수의 동의를 얻은 연방참사원의 법률안은 연방정부에 송부되고, 원칙적으로 6주 이내에 연방정부의 의견서와 함께 연방의회에 제출되게 된다.

연방의회 의원이 법률안을 발의할 경우, 교섭단체 또는 교섭단체 구성에 필요

---

22) 연방의회 통계(Statistik zur Gesetzgebung, 2018년 3월 5일 기준)에 따르면, 18대 기간 (2013~2017년) 동안 연방의회에 제출된 법률안 731건 중 526건(72%)은 연방정부에서, 148건 (20.2%)은 연방의회에서, 57건(7.8%)은 연방참사원에서 발의되었다. 같은 기간 연방의회에서 통과된 법률안 555건 중 정부가 발의한 법률안은 488건으로, 전체 통과 법률안의 87.9%를 차지했다. 연방의회에서 발의한 법률안은 52건으로 9.4%, 연방참사원에서 발의한 법률안은 10건으로 1.8%에 그쳤다.

한 의원수인 연방의회 재적의원 5% 이상 의원이 법률안을 제출할 수 있다(GOBT 제
76조 제1항). 한국과 달리 연방의회의 위원회는 독자적인 법률안 제출권이 없다. 연
방의회 의원이 발의한 법률안은 연방정부 발의 법률안과 달리 연방참사원에 송부할
필요가 없다.

3. 연방의회의 심의 및 의결

(1) 3독회

연방의회의 법률안 심의는 3독회를 거쳐야 한다(GOBT 제78조 제1항). 제1독회
는 법률안을 상임위원회에 회부하기 위해 열리며, 원칙적으로 토론 없이 진행된다.
연방의회의 소관 상임위원회는 제1독회와 제2독회 사이에 법률안을 심의한다. 상임
위 회의에는 연방참사원과 연방정부의 구성원도 참여한다(기본법 제43조). 독일 기
본법은 연방의회와 위원회를 구별하면서, 연방의회의 의사는 공개된다고 규정하고
있다(제42조 제1항). 위원회의 회의는 원칙적으로 비공개되며(GOBT 제69조 제1항),
비공개회의에 대해서도 원칙적으로 회의록은 공개된다(GOBT 제73조 제2항).

제2독회는 상임위원회 위원장이 법률안 심의결과에 대해 보고하면서 시작된
다. 상임위원회가 원 법률안에 대해 수정을 제안하면 원안은 폐기되며 수정된 법률
안이 본회의의 심의·의결 대상이 된다. 일반토의를 거쳐 법률안에 대한 표결이 이
루어진다. 법률안의 개별규정에 대해 개별적으로 표결하거나 법률안 전체에 대해
표결하는 것도 가능하다. 법률안의 모든 부분이 부결되면 법률안은 부결되며 모든
심의절차는 중단된다.

제3독회에서는 법률안에 대한 수정제안이나 일반토의가 제한된다. 교섭단체
또는 재적위원 5%만이 법률안에 대해 수정제안할 수 있으며, 제2독회에서 의결된
규정에 대해서만 심의가 가능하다. 또한 교섭단체 또는 재적위원 5%의 요구가 있을
경우에만 일반토의가 시행된다. 통상 제3독회 이후 법률안에 대한 최종투표가 시행
되는데, 법률안 의결을 위해서는 원칙적으로 출석위원 투표수의 과반수 찬성이 필
요하다(기본법 제42조 제2항, 제77조 제1항). 의사정족수에 관해서는 재적위원 과반수
출석으로 의결할 수 있다고 규정한다(GOBT 제45조 제1항).

(2) 연방참사원 의결

연방의회에서 가결된 법률안은 지체없이 연방참사원에 송부된다(기본법 제77조 제1항). 연방참사원은 연방의회에 의해 의결된 법률안에 대해 동의권 또는 이의권을 통해 입법 절차에 참여한다. 연방의회가 의결한 법률안은 (i) 연방참사원 동의시, (ii) 송부 후 3주 이내에 조정위원회(Vermittlungsausschuss) 소집을 요구하지 않을 때, (iii) 조정위원회의 조정절차 종결 뒤 2주 내에 이의를 제기하지 않거나 이의 철회 시, 또는 연방의회가 그 이의를 기각할 때 성립한다(기본법 제77조 제4항). 연방참사원에 송부된 법률안은 위원회 심의를 거쳐 연방참사원 회의에서 표결하게 된다. 가결에는 과반수 찬성이 필요하다. 연방참사원의 구성원은 자신을 파견한 주정부의 위임과 지시에 구속되며, 각 주의 의결권은 통일적으로 행사되어야 한다.

연방법률은 법률의 성립에 연방참사원이 이의를 제기할 수 있는 법률(Einspruchsgesetz)과 동의를 요하는 법률(Zustimmungsgesetz)로 나뉜다.[23] '이의법률'에 대해서 연방참사원이 이의를 제기할 경우 송부 후 3주 이내에 조정위원회 소집을 요구해야 한다. 연방의회는 연방참사원이 1) 단순다수로 이의제기하면 연방의회 의원의 과반수 의결, 2) 3분의 2 이상의 가중다수로써 이의제기하면, 출석의원 3분의 2 이상 및 재적의원 과반수 의결로 이의를 기각할 수 있다(기본법 제77조 제4항).

'동의법률'의 경우, 연방참사원이 명시적으로 동의하지 않으면 법률로 성립할 수 없다. 연방참사원은 주의 책임과 직접적으로 연관된 분야, 즉 교육, 경찰행정, 주 및 지방 재정, 국토의 이용, 교통문제, 주의 경계, 국가 긴급사태에 관한 법률안, 헌법 수정안 등에 대해 동의권을 가진다. 동의를 요하는 법률안에 대해서는 연방의회와 연방정부도 조정위원회의 소집을 요구할 수 있다. 실질적으로 연방참사원이 절대적으로 법안에 거부권을 행사하는 경우는 드물며, 법률안 심의 후 정책결정 초기 단계에서 법률안 조정을 요구하거나 조정위원회를 통해 의견을 조율하게 된다.

조정위원회는 연방의회와 연방참사원 간 이견을 조정해 합의안을 도출하는 '제도화된 합의 절차'다. 조정위원회는 연방의회와 연방참사원에서 선출된 각 16인의 대표로 구성된다(기본법 제77조 제2항). 연방의회와 연방참사원 간 타협을 이끌어내

---

23) 편의상 '이의법률'과 '동의법률'로 부르겠다.

기 위해 조정위원회에 파견되는 연방참사원의 구성원은 지시에 구속되지 않는다(기본법 제77조 제2항). 회의는 비공개로 진행된다. 조정위원회의 합의안은 연방의회와 연방참사원에 송부되어 표결을 거치게 된다. 연방의회는 합의안 일체에 대해 새로 의결해야 하며(소위 '제4독회'), 토론은 허용되지 않는다. 연방참사원은 새 합의안에 대해 동의나 이의 여부를 의결한다. 성립된 법률은 연방총리와 소관부처 장관의 부서 후 연방대통령이 서명하고 연방법률관보(Bundesgesetzsblatt, "BGBl")에 공포함으로써 효력이 발생한다.

Ⅳ. 입법영향평가

1. 입법영향평가의 의의

입법영향평가(Gesetzesfolgenabschätzung, "GFA")란 법의 효과에 대한 체계적 평가를 의미한다. 입법영향평가는 법규의 필요성, 그 법규의 효과(Wirksamkeit), 좁은 의미에서 효과를 넘어서는 결과(Folgen)를 다차원적으로 이해하고 평가하는 학제 간 연구방법으로 이해할 수 있다.[24] 입법평가의 목적은 '좋은 법', '더 나은 법'을 만들기 위함이다. 법규의 도입으로 초래될 수 있는 결과에 관한 정보를 확대함으로써 정책결정자들이 합리적인 결정을 할 수 있도록 돕기 위한 것이다. OECD는 Regulatory Impact Assessment, EU는 Impact Assessment, 한국은 규제영향평가(Regulatory Impact Analysis)란 용어를 사용하고 있다.[25] 법치주의 국가에서 정책이나 규제는 법규를 통해 이뤄진다는 점에서 용어를 엄밀히 구별할 실익은 적다고 생각한다.

2. 입법영향평가제도의 전개

독일은 1958년 연방정부공통직무규칙(Gemeinsame Geschäftsordnung der Bundesministerien, "GGO")을 제정해 입법과정에서의 각 부처 간 협력을 규정했다.

---

24) Wolfgang Kahl, "§13 Gesetzesfolgenabschätzung und Nachhaltigkeitsprüng" in Winfried Kluth und Günter Krings (Hrgs.), Gesetzgebung (C.F.Müller, 2013), 311면.

25) 독일의 정부나 학계에서는 GFA를 영어로 번역할 경우 대체로 RIA(Regulatory Impact Assessment)란 용어를 쓰고 있다.

입법평가에 관한 논의가 본격적으로 이루어진 것은 1970년대부터다. 행정 비대화로 인한 법률의 홍수와 관료주의, 공공부문의 급격한 팽창에 따른 재정 비효율을 타파하기 위해 행정개혁을 단행해야 한다는 요구가 커졌다.26) 1984년에는 연방정부 법률안에 반드시 첨부되어야 하는 청색심사표(Blauen Prüffragen)가 도입되었으나, 통제장치와 제도적 뒷받침 부족으로 그리 큰 영향력을 발휘하지 못했다.27)

1995년부터 독일 연방정부는 '감량국가(Schlanker Staat)'를 내세워 행정개혁을 추진하기 시작했다.28) 1996년에는 연방정부공통직무규칙을 개정해 연방부처가 의무적으로 입법영향평가를 실시하도록 했다. 1999년 12월부터 '현대국가─현대행정(Moderner Staat─ Moderne Verwaltung)'이라는 강령을 내걸고 법률의 양적 감량과 질적 개선에 나섰다. 2000년 6월 연방정부는 연방정부공통직무규칙을 개정해 제44조에 입법영향평가에 관한 명문규정을 삽입했다. 체계화된 입법을 위한 구체적 방안을 담고 있는 '입법영향평가를 위한 지침(Leitfanden zur Gesetzesfolgenabschätzung)'29)과 '입법영향평가를 위한 안내서(Handbuch Gesetzesfolgenabschätzung)'30)는 '현대국가─ 현대행정'의 일환으로 연방내무부 지원에 따라 제작되었다. 연방내무부가 제작한 '입법영향평가를 위한 실무지침(Arbeitshilfe zur Gesetzesfolgenabschätzung)'은 연방부처들이 연방정부공통직무규칙 제44조에 따라 입법영향평가를 실시하는 데 실질적인 지침서로서 마련되었다.

독일 연방정부는 2006년부터 '관료주의 철폐와 더 나은 입법(Burokratieabbau und besserer Rechtsetzung)' 프로그램에 따라 더 나은 입법을 위한 종합적인 방안을 제시하였다. 같은 해 12월부터는 개정된 연방정부공통직무규칙에 따라 각 정부부처

---

26) 박영도·장병일·안성경, "주요국가의 입법평가 관련 제도(Ⅲ) ─독일의 입법평가제도─", 한국법제연구원, 2007, 13면.

27) Claudio M. Radaelli et al., *How to Learn from the International Experience: Impact Assessment in the Netherlands* (University of Exeter: Centre for European Governance, 2010), 108면.

28) 박영도·장병일·안성경, 앞의 글, 14면.

29) Carl Böhret and Götz Konzendorf, *Leitfaden zur Gesetzesfolgenabschätzung* (Bundesministerium des Innern, 2000).

30) Carl Böhret and Götz Konzendorf, *Handbuch Gesetzesfolgenabschätzung* (Nomos, 2001).

가 표준비용모델(Standard Cost Model, "SCM")에 따라 정보제공 의무로 인해 발생하는 관료비용을 예측하고 이를 법률안에 표시해야 하는 의무를 부담하게 되었다. 2006년 8월 통과된 국가규범통제위원회법(Gesetz zur Einsetzung eines Nationalen Normenkontrollrates, "NKRG")에 따라 국가규범통제위원회가 설립되었다.[31] 2011년 국가규범통제위원회법이 개정되면서 행정 전반의 규제 개선에 두드러진 변화가 초래되었다. 법률안으로 인한 행정비용(Bürokratiekosten) 측정 의무가 이행비용(Erfüllungsaufwand) 측정으로 확대되었고, 이는 규범통제위원회의 검토 대상이 되었다. 2009년 지속가능성평가(Nachhaltigkeitsprüfung)도 입법영향평가의 영역으로 들어왔다.

　연방정부는 2009년 이래 지방정부, 연방통계청, 규범통제위원회와 협력하여 행정적 부담을 줄이기 위한 연구를 지속하고 있다. 2012년 관료비용을 2006년 대비 25%까지 줄이는 효과를 거두면서, 연방통계청(Statistisches Bundesamt, Destatis)은 이 같은 수준이 유지되는지 감시하기 위해 관료비용지수(BKI)를 도입했다.[32] 2013년에는 규제안 평가절차가 시행되었고, 2015년에는 기업의 이행비용을 감소시키기 위한 '원-인, 원-아웃(OIOO)' 룰이 도입되었다.

　입법영향평가와 규범통제위원회의 검토는 연방정부가 제출한 법률안 또는 규제안에만 해당된다. 연방의회나 연방참사원이 제출하는 법률안은 입법영향평가의 대상이 되지 않으나, 대다수의 법률안은 연방정부에서 제출되므로 입법영향평가의 실효성이 낮다고 볼 수는 없다.

---

31) Gesetz zur Einsetzung eines Nationalen Normenkontrollrates vom 14. August 2006 (BGBl. I S.1866)
32) 국가규범통제위원회(National Regulatory Control Council), "Bureaucracy Reduction. Better Regulation. Digital Transformation", Annual Report, 2017, 15면.

3. 연방정부공통직무규칙(GGO)이 요구하는 입법영향평가의 요건

GGO 규정상 입법영향평가의 요건

GGO		제안이유(Begründung)의 구성요소
§ 43(1) no.1		목표 및 규제의 필요성
§ 43(1) no.2		법안의 핵심내용
§ 43(1) no.3		대안
§ 43(2)		입법권
§ 43(1) no.8, 10		EU법 및 국제조약과의 합치여부
§ 43(1) no.5, § 44		입법영향평가
	§ 43(1) no.7	법령과 행정의 간소화
	§ 44(1)	지속가능성 측면
	§ 44(2)	이행비용을 제외한 예산지출
	§ 44(3)	주정부 및 지방자치단체에 대한 예산상 효과
	§ 44(4)	이행비용
	§ 44(5)	산업, 특히 중소기업에 대한 비용 단위가격 및 물가에 대한 영향 소비자에 대한 영향
§ 2		성평등에 미치는 영향
§ 44(7)		일몰규정 및 사후적 입법영향평가

V. 나가는 말

독일에서는 입법이론을 체계적으로 정립하려는 노력이 지속되었다. 학자들의 이론과 입법실무를 연계해 현실에 접목하려는 노력은 적지 않은 성과를 거둔 것으로 평가할 수 있다. 독일의 입법학과 입법과 관련한 문제는 한국에도 상당 부분 소개되었으나, 제도의 단편적인 소개에 그친 감이 없지 않다.

독일은 행정의 간소화와 관료주의 철폐를 내걸고 법규의 양은 줄이면서 질을 높이기 위한 노력을 지속해왔다. 특히 사전적으로 법규의 영향을 평가하는 사전적 입법영향평가제도는 자리를 잡았다고 볼 수 있다. 그러나 법률안 제안이유에 명시된 입법영향평가의 내용을 확인해 보면, 해당 법규 외의 대안은 없는 것으로 상정된 경우가 대부분이라는 점과 고려하면 입법영향평가가 법규의 성립을 정당화하는 수단에 그치는 것은 아닌지 의심이 들기도 한다. 게다가 사전적 입법영향평가는 주로 경제적인 관점과 비용적인 측면에서 법규를 평가한다는 한계가 있다.

사전적 평가만으로는 법규의 도입이 사회에 미치는 실제 영향을 예측하기 어렵다는 점에서 법규 시행 후에 그 효과와 효능을 평가하는 사후적 입법영향평가를 확대할 필요가 있다고 생각한다. 독일에서는 일몰조항과 사후적 입법영향평가의 실시를 예정한 법규가 늘고 있다. 이에 대한 연구를 통해 개별 법률의 사후적 입법영향평가가 어떻게 시행되고, 어떤 결과가 도출되었는지, 그 결과가 법규의 폐지에 영향을 미치는지 확인할 수 있을 것이라 생각한다. 또한 이를 통해 사전적 입법영향평가의 실효성을 확인할 수도 있을 것으로 기대한다.

주요 참고문헌

박영도 · 장병일 · 안성경, "주요국가의 입법평가 관련 제도(Ⅲ) ―독일의 입법평가제도―", 한국법제연구원, 2007

원소연, "입법평가 적용사례 연구 ―독일 연방행정부의 입법평가서를 중심으로―", 한국법제연구원, 2012

차진아, "독일의 입법절차에 관한 비교법적 고찰", 「의정연구」 제14권 제1호, 2002

최윤철, "독일 입법학 연구의 현황과 전망", 「입법학연구」 제3집, 2006

_____, "독일의 입법평가의 현황과 전망", 「입법평가연구」 제12호, 2017

홍일선, "독일의 입법절차 연구", 「중앙법학」 제17집 제2호, 2015

Arthur B. Gunlicks, The Länder and German Federalism (Manchester University Press, 2003)

Bo Yeon Lee, Regulatory Impact Assessment in Germany and Korea: Focusing on Immigration Law (PubliQation, 2019)

Carl Böhret and Götz Konzendorf, Leitfaden zur Gesetzesfolgenabschätzung (Bundesministerium des Innern, 2000)

_____, Handbuch Gesetzesfolgenabschätzung (Nomos, 2001)

Claudio M. Radaelli et al., How to Learn from the International Experience: Impact Assessment in the Netherlands (University of Exeter: Centre for European Governance, 2010)

Klaus Meßerschmidt, "Gesetzgebungslehre zwischen Wissenschaft und Politik: Entwicklungstendenzen der Legisprudenz - Teil 1", ZJS 2/2008

Michael Kloepfer (Ed.), Gesetzgebung als wissenschaftliche Herausforderung (Nomos, 2.Ed. 2018)

Ulrich Karpen, Gesetzgebungslehre ― neu evaluiert ― Legistics ― freshly evaluated (Nomos, 2.Ed. 2008)

_____, "Comparative Law: Perspectives of Legislation", Legisprudence 6(2), 2012

_____, "Rechtssetzungslehre", Juristische Schulung 2016

Ulrich Karpen and Helen Xanthaki (Eds.), Legislation in Europe: A Comprehensive Guide For Scholars and Practitioners Com Edition (Hart Publishing, 2017)

_____, Legislation in Europe: A Country by Country Guide (Hart Publishing, 2020)

Wolfgang Kahl, "§13 Gesetzesfolgenabschätzung und Nachhaltigkeitsprüng" in Winfried Kluth und Günter Krings (Hrgs.), Gesetzgebung (C.F.Müller, 2013)

유럽연합의 입법과 입법학

선지원 (광운대학교)

Freude, schöner Götterfunken,	*환희여, 신들의 아름다운 광채여,*
Tochter aus Elisium,	*낙원에서 온 딸이여,*
Wir betreten feuertrunken,	*우리는 열광에 취하여 들어간다,*
Himmlische, dein Heiligthum.	*천상으로, 그대의 성전으로.*
Deine Zauber binden wieder,	*그대의 마법이 다시금 결합시킨다,*
Was die Mode streng geteilt,	*시대가 가혹하게 갈라놓았던 것을.*
Alle Menschen werden Brüder,	*그리하여 모든 인간이 형제가 된다,*
Wo dein sanfter Flügel weilt.	*그대의 부드러운 날개가 머무르는 곳에서.*

I. 머리말

위의 시구는 프리드리히 실러(Friedrich Schiller)가 1785년에 지은 "Ode an die Freude(환희의 송가)"의 일부를 1808년 스스로 개작한 것이다. 루트비히 판 베토벤 (Ludwig van Beethoven)은 1823년, 이 "환희의 송가"에 곡을 붙여 자신의 교향곡 9번 의 네 번째 악장에 삽입한 바 있다. 유럽 평의회(European Council)는 1972년에 베토 벤이 곡을 붙인 환희의 송가를 자신들의 상징곡으로 선포했으며, 1985년에는 이 노 래를 유럽연합의 회원국 정상회의를 통해 유럽연합 전체의 공식적인 상징곡으로 인 정하였다.[1] 실러가 꿈꾸었던 이상향—모든 인간이 형제가 되는 곳—을 유럽연합 역

---

1) 이에 대해서는 The European anthem | Europäische Union
　　<https://europa.eu/european-union/about-eu/symbols/anthem_de> (2022. 1. 11. 최종 접속)

시 추구하고 있는 것이다. 즉, 유럽연합은 자유, 평화 및 연대를 유럽의 가치로 명시하고 있다.

유럽연합의 입법과 입법학에 대해 살펴볼 때 가장 먼저 고려해야 할 관심사 역시 실러의 시구에 담겨 있는 정신, 즉, 유럽연합이 표명하는 자유, 평화 및 연대라는 유럽의 가치를 어떤 방식으로 관철하고 있는가 하는 점이다. 유럽의 입법의 목적은 유럽연합이 추구하는 가치를 효율적으로 달성하고, 유럽연합의 가치를 직접적인 유럽법뿐만 아니라 회원국의 내국법에 관철하는 것이다.

유럽연합조약(Treaty on European Union) 제2조 제1문은 "인간존엄, 자유, 민주주의, 평등, 법치국가주의 및 소수자에 속하는 개인의 권리를 포함한 인권의 보장"이라는 가치 위에 유럽연합이 설립되었다고 선언하고 있다. 이를 위해 하나의 단일한 공동체를 추구하고 있으며, 단일시장의 구축을 유럽연합의 주된 목적으로 설정하고 있다(유럽연합조약 제3조 제3항 제1문). 유럽연합의 가치와 관련한 각종의 목적을 달성하기 위한 기능의 골자는 유럽연합기능조약(Treaty on the Functioning of the European Union)이 규정하고 있다. 즉, 동 조약을 통해 사람, 재화, 서비스 및 자본의 자유로운 이동(각각 유럽연합기능조약 제21조, 제28조, 제56조 및 제63조)의 원칙을 선언하고 있는 것이다.

이러한 가치를 유럽 전체에서 관철하기 위해서는 유럽연합 내에서의 법질서의 통일성 내지 일관성을 유지하는 일이 필요하다. 따라서 법을 통한 통합(Integration)은 조약들을 비롯하여 하위의 법들을 입법하는 과정에서 나타난다. 유럽연합의 시작(1951년의 ECSC)에서 현재에 이르는 여정은 분열되고(fragmented) 이질적인(heterogeneous) 집단을 제도적으로(institutional) 통합하고자 하는 과정이라고 할 수 있다. Paris 조약(유럽석탄철강공동체 설립조약, 1951)과 Rome 조약(유럽경제공동체 설립조약, 1957)에서의 유럽연합이 새로운 유형의 "국제 기구"의 집합이었다면, 현재의 유럽, 즉, Maastricht 조약 이후의 유럽은 지속적으로 존속해 나가는 하나의 유기체라는 성격을 가진다.[2]

Paris 조약을 통해 유럽석탄철강공동체(ECSC)를 결성한 이후, 유럽은 통합의

---

2) Oppermann/Calssen/Nettesheim, *Europarecht*, 2016, § 9, Rn. 2.

절차 속에서 생겨난 하나의 집단(Korpus)이라는 단일체로 개념지어지게 되었다. 단일체에는 일종의 자치법규가 필요하기 때문에 유럽법은 하나의 단일법으로서 지위를 갖게 되었다. 즉, 유럽법은 국제법의 일부 법질서에 불과한 것이 아니라 국제법 내지 회원국의 국내법과 구별되는 독자성을 가진 자치법으로서 양자의 성격이 혼재하는 것이다. 1957년의 Rome 조약을 통해 유럽이라는 공동체는 법인격을 부여받게 되었고, 그 이후 Maastricht 조약(1992)과 Lisbon 조약(2007)에 따라 유럽연합은 조약을 통해 그 기초를 구성하는 "유럽공동체" 혹은 "유럽연합"이라는 하나의 유기체로 발전되게 되었다. 단일 국가의 기초가 헌법을 통해 구성되듯 유럽연합은 조약들을 단일 국가와 달리 복수의 문서들이 그 근거를 제공하고 있다는 특수성은 있지만, 이렇게 유럽연합은 이미 통합 단체의 유일한 행위 담지자(Träger)로 간주된다. 유럽연합이 발령하는 법규범도 "유럽법"이라는 하나의 법질서의 구성 성분으로서 효력을 갖게 된다.[3)]

단일한 법질서로서의 유기체 내에서 가치를 효율적으로 관철하기 위해 어떤 방식의 입법을 해나갈 것인가, 입법 과정에서의 민주적 정당성의 근원을 어느 곳에 둘 것인가가 유럽연합법 차원에서의 입법학이 가져야 할 관심사일 것이다. 이 글에서는 유럽연합의 주요한 법원(法源)과 정식입법절차에 대해 살펴보고, 위에서 언급한 가치를 관철하기 위해 유럽연합이 입법 절차에서 어떤 노력들을 하는지 알아보고자 한다. 마지막으로 유럽법의 향후 과제와 입법학 관점에서의 탐구 사항에 대해서도 제시한다.

II. 유럽법의 법원(法源)

기본적으로 유럽법은 제1차법(Primärrecht, primary law)과 제2차법(Sekundärrecht, secondary law)으로 구분할 수 있다.

---

3) 유럽법이 독자적인 법질서로서의 성격을 띠고 있다고 선언한 유럽연합사법법원의 판례는 EuGH, 05.02.1963 - 26/62 — Van Gend en Loos / Administratie der Belastingen = NJW 1963, 974. 유럽법의 회원국법에 대한 우위 원칙을 선언한 판례로는 EuGH, 15.07.1964 - 6/64 — Costa / E.N.E.L. = NJW 1964, 2371.

　　제1차법은 유럽연합의 통일적인 기본 질서를 규율하는 법이다. 국제법적으로
는 유럽연합 설립의 근거가 되는 한편, 유럽연합이라는 단일 유기체의 자치법으로
서는 헌법의 기능을 한다고 말할 수 있다. 또한 후술할 유럽연합의 입법기관들이 제
2차법을 발령할 수 있게 하는 근거로서 기능한다. 원칙적으로 회원국들이 합의한 조
약들[4]이 제1차법을 구성하지만 유럽연합사법재판소(EuGH)는 관습법 및 유럽연합
의 일반원칙들을 제1차법으로 원용하기도 한다. 위계상 제2차법에 비해 우위를 가
지며, 이 우위는 일반적인 상위법의 하위법에 대한 우위와 동일하다.[5] 조약의 개정
과 변경은 유럽연합조약 제48조가 규율하는 절차에 따르게 된다.

　　제2차법은 제1차법에 근거하여 제1차법의 범위 내에서 수권받은 유럽연합의
기구들이 발령한 각종의 "법적 행위"를 의미한다(유럽연합조약 제5조 제2항). 제2차법
의 유형은 유럽연합기능조약 제288조가 규정하고 있다. 즉, 규정(Verordnung,
Regulation), 지침(Richtlinie, Directive), 결정(Beschluss, Decision), 및 권고와 의견
(Empfehlung & Stellungsnahme, Recommendation & Opinion)이 제2차법을 이룬다.
입법기관은 제1차법이 특정한 형식을 지정하고 있는 경우(예컨대 유럽연합 기능조약
제115조는 단일시장의 법규범을 지침을 통해 균일화할 것을 명하고 있다) 외에는 이러한
제2차법의 형식 중 무엇을 선택할지에 대해 재량을 가진다. 또한 입법기관들은 경우
에 따라 비정형의 법적 행위를 통해 입법 형식을 보충할 수 있다. 이러한 비정형의
법적 행위들도 제2차법의 내용을 이룬다.

　　먼저 규정은 모든 유럽연합 회원국 내에서 내국법으로 반영할 필요 없이 자동

---

4) 실질적으로 헌법의 기능을 하는 조약은 이미 언급한 "유럽연합조약"과 "유럽연합기능조약"이다.
　　또한 현재 유효한 조약 중 가장 최근의 것은 영국의 유럽연합 탈퇴 효력을 부여하는 조약
　　(Agreement on the withdrawal of the United Kingdom of Great Britain and Northern
　　Ireland from the European Union and the European Atomic Energy Community)이다. 현재
　　발효 중인 조약 현황은 아래 사이트를 참조하라. Treaties currently in force - EUR-Lex
　　<https://eur-lex.europa.eu/collection/eu-law/treaties/treaties-force.html?locale=en>
　　(2022. 1. 11. 최종 접속)

5) 유럽법 전체의 회원국 내국법에 대한 우위는 적용의 우위에 불과하여, 회원국 국내법이 유럽법에
　　저촉될 경우 무효가 되는 것이 아니라, 관련 영역에서 적용이 배제된다. 그러나 제1차법은 제2차
　　법에 대해 효력상의 우위를 가진다. Ruffert, in: Calliess/Ruffert, EUV/AEUV 5. Auflage, 2016,
　　AEUV Art. 1, Rn. 18.

적으로 통일적인 방식으로 효력을 발휘하는 법적 행위이다. 모든 회원국에서 법적 구속력을 가지고 직접 적용된다. 유럽 집행위원회(European Commission, 이하 '집행위원회'라 한다)의 제안을 바탕으로 유럽연합 평의회(Council of the European Union, 이하 '평의회'라 한다)와 유럽 의회(European Parliament)가 각각 또는 공동으로 규정을 발령할 수 있다.

지침은 특정한 목적을 회원국에게 부과하지만, 그 실현 방법에 있어서는 회원국에게 자유를 부여하는 방식이다. 특별한 조치가 없어도 유럽연합 역내에서 직접 효력을 발하는 규정과 달리, 회원국들은 지침이 지시하는 목적의 실현을 위해 필요한 법률상의 조치를 취해야 하며, 그에 대해 집행위원회에 보고해야 한다. 회원국들의 내국법에의 지침 반영은 지침이 정하는 일정한 기간 내에 이루어져야 하며, 그렇지 않을 경우 집행위원회는 해당 회원국을 조약 위반 절차에 회부할 수 있다.[6] 지침 역시 집행위원회의 제안에 따라 평의회와 의회가 각각 또는 공동으로 발령할 수 있다.

결정은 하나 또는 복수의 회원국, 기업 또는 개인에 대한 구속력 있는 법적 행위로서, 관계 당사자에 대한 통지 또는 공고를 통해 효력을 발휘하며, 내국법에 반영할 필요 없이 효력을 발휘한다. 개별 사안에 대한 법적 행위라는 점에서 일반적 규율인 규정이나 지침과 비교할 수 있다. 결정은 평의회가 발령하지만, 유럽연합기능조약 제290조에 따라 집행위원회가 발령 권한을 위임받을 수 있다. 실제로는 대부분의 결정은 집행위원회가 발령하게 된다.

권고 및 의견 역시 형식적인 법적 구속력은 없지만, 넓은 의미에서 유럽연합법의 제2차법의 구성 요소이다. 권고는 특정 기관이 그의 견해를 밝히거나 조치를 제안하는 것으로, 권고의 수령자에게 법적인 의무를 부과하지 않으며, 법적 구속력도 없다. 의견은 유럽연합 기관이 특정 사안과 관련하여 법적 의무의 부과 없이 견해를 밝히는 것이며, 마찬가지로 법적인 구속력이 없다. 평의회, 의회 및 집행위원회가 모두 권고나 의견을 발령할 수 있다. 단, 집행위원회의 권고나 의견은 정식의 입법 절차인 집행위원회의 "제안권"(유럽연합 기능조약 제225조 및 제241조)과 구별해야 할

---

6) 유럽연합기능조약 제258조에 따라 유럽연합 집행위원회는 조약 위반을 이유로 회원국을 유럽연합사법법원에 제소할 수 있다.

것이다. 그밖에 집행위원회 등이 행하는 비정형의 법적 활동들도 제2차법의 내용을
구성한다.

이상에서 설명한 제1차법과 제2차법의 내용을 정리하면 다음과 같다.

제1차법과 제2차법의 내용

제1차법(Primärrecht, primary law)	제2차법(Sekundärrecht, secondary law)
유럽연합조약(EUV, TEU) 유럽연합 기능조약(AEUV, TFEU) 유럽원자력공동체 설립조약(EAG, EAEC) 유럽연합 기본권 의정서 관습법 및 유럽연합의 일반 원칙	규정(Verordnung, Regulation) 지침(Richtlinie, Directive) 결정(Beschluss, Decision) 권고 및 의견(Empfehlung & Stellungsnahme, Recommendation & Opinion) 비정형의(sui generis) 법적 활동

Ⅲ. 유럽법 중 제2차법의 입법기관과 입법 절차

입법학의 차원에서 관심을 가질 수 있는 유럽법 영역은 제2차법 중에서도 규정
과 지침일 것이다. 단일 국가의 법령과 비슷한 성질을 가지면서도, 국가들이 모여 법
적 공동체로서의 유기체를 이루고 있는 유럽연합의 특징이 반영될 수 있는 것들이
기 때문이다. 이하에서 제2차법의 입법기관과 정식의 입법 절차에 대해 살펴본다.

1. 입법 기관들

여느 단일 국가와 마찬가지로 유럽연합의 입법도 특정한 주체의 발의와 주권자
의 대표들에 의한 의결을 통해 이루어진다. 즉, 집행위원회가 법안의 발의권을 가지
며, 이를 의회와 평의회가 심의하여 의결하는 구조로 입법이 이루어진다. 따라서 유
럽연합의 기관들 중 입법에 관여하는 기관은 유럽 의회와 평의회 및 집행위원회이다.

유럽 의회는 주민이 직접 선출한 대표로 구성된 입법기관이다. 평의회와 공동
으로 유럽연합의 입법자 역할을 할 뿐만 아니라, 예산에 관한 권한 역시 평의회와 공
유하고 있으며, 유럽연합의 전체 예산을 채택하거나 거부하는 최종 권한을 행사한
다. 유럽연합 집행위원회의 위원장을 임명하고, 집행위원회를 포함한 모든 유럽연

합 기관에 대한 민주적 통제를 행사한다. 의회의 구성원은 유럽 시민이 직접 선출한 751명의 의원들이다.

유럽연합 평의회는 의회와 더불어 입법과 예산 통제의 기능을 하는 기관이다. 업무 영역에 따라 회원국의 장관으로 구성된다(때문에 "장관협의회" 또는 "각료이사회"라 불리기도 한다). 광범위한 경제 및 사회 정책에 관한 기본 방향을 합의하고, 공동의 외교 및 안보 정책(GASP)에 대한 기본 정책방향을 마련하는 것이 평의회의 주요 임무이다. 유럽연합이 당사자가 되는 국제 조약을 체결하는 주체가 되기도 한다. 이 평의회와 구별해야 할 기관이 "유럽 평의회(European Council)"이다. 유럽 평의회는 회원국의 정상들이 모인 기관으로서 사실상 "정상회담"의 기능을 한다. 유럽연합의 발전에 필요한 추진력을 부여하고 정책의 일반적인 목표와 우선순위를 설정하는 기능을 하지만, 입법권을 가지고 있지 않다.

입법 과정에서 사실상 가장 중요한 기능을 하는 기관은 집행위원회이다. 사실상 단일 국가의 정부 기능을 하는 집행위원회는 법안의 제안권을 가진 유일한 기관으로서 새로운 법안에 대한 제안을 의회와 평의회에 제출한다. 유럽연합의 정책을 실행하고 예산을 관리하며, 유럽법을 유지하는 기능 또한 담당한다(이른바 "조약의 수호자"로서의 기능). 유럽연합이 당사자가 되는 국제 조약에 대해 협상 업무를 맡으며, 회원국당 1인씩의 위원을 두게 된다.

2. 입법 절차

제2차법인 규정, 지침 및 결정에 대한 정식의 입법 절차는 집행위원회의 제안을 통해 개시된다. 유럽연합조약 또는 유럽연합기능조약이 특별 규정을 두고 있는 경우 특별입법절차(Konsultation)를 통한 입법이 가능하지만, 이 글에서는 정식 입법 절차를 중심으로 논의를 진행하기로 한다.

제1단계인 집행위원회의 제안은 집행위원회의 결정으로 입법제안서를 유럽 의회 및 평의회에 제출하는 형식으로 이루어진다. 물론 유럽 내의 각 기관, 유럽 의회 및 평의회, 시민단체, 회원국 정부 등이 집행위원회에 법안을 제안할 것을 요청할 수 있지만, 형식적인 입법 제안권은 집행위원회만 가지고 있다. 집행위원회는 법안 제안 이전에 광범위한 의견 수렴(녹서 및 백서)을 비롯하여 후술하는 입법영향평가 등을 시행하여 법안의 타당성을 검증한다. 집행위원회의 제안은 의회와 평의회의 "독회(Lesung, reading)"라는 절차로 이어진다.

입법의 제2단계는 의회의 제1차 독회이다. 조약상 제1차 독회를 위해 규정된 기한은 없지만, 실제로는 평균적으로 8개월 가량이 소요된다. 유럽의회 의장은 집행위원회의 제안을 특정 위원회에 배당하며, 이 위원회는 집행위원회의 제안을 수정할 권한을 가진다. 담당 위원회는 보고서와 수정제안서를 총회에 제출하며, 총회가 이에 대해 의결한다. 이때 유럽의회조사처(European Parliamentary Research Service, "EPRS")가 집행위원회의 영향평가서를 분석한 결과보고서를 담당 위원회에 제출한다. 보통은 집행위원회가 제안을 위해 이미 수행한 영향평가서를 검토하는 방식으로 의회 차원의 영향평가가 이루어지지만, 담당 위원회는 필요시 별도의 영향평가를 EPRS에 요청할 수 있다. 의회는 원안 혹은 수정안을 수용하거나, 집행위원회의 제안을 기각하거나 환송하는 의결을 할 수 있으며, 이 결정은 평의회로 송부된다.

입법의 제3단계는 평의회의 제1차 독회이다. 평의회는 의회의 결정에 대해 심의하여, 의회의 결정을 수용하거나 변경할 수 있다. 제3단계에서 가능한 시나리오는 세 가지일 것이다. 먼저 의회와 평의회가 집행위원회의 제안에 변경 없이 동의한 경우에는 법안이 통과되어 공포 절차에 들어가게 된다. 두 번째로 의회의 변경안에 대해 평의회가 동의한 경우에도 법안이 의결되며, 공포 절차가 개시된다.[7] 그밖의 경우에는 평의회의 견해를 의회에 제출하게 되며, 후속 입법 절차(의회의 제2차 독회)를 진행하게 된다.

입법의 제4단계는 의회의 제2차 독회이다. 기간 제한이 없던 앞의 단계와 달리 의회는 평의회의 견해를 3개월 안에 심의해야 한다. 의회가 평의회의 견해에 동의하거나, 3개월 안에 아무 결정도 내리지 않을 경우, 의장은 평의회의 견해에 동의함을 선포한다. 의회의 다수가 평의회의 견해에 반대할 경우 법안은 종국적으로 폐기된다. 의회가 평의회의 견해에 대해 수정안을 제시할 경우, 다시 후속절차(평의회의 제2차 독회)를 진행한다.

---

7) 지난 2014년에서 2019년 사이 의결된 법안 중 89%가 제3단계 이전에 확정되었다. 입법 통계와 관련한 자료는 다음 사이트를 참조하라. Legal acts — statistics - EUR-Lex
  <https://eur-lex.europa.eu/statistics/2020/legislative-acts-statistics.html> (2022. 1. 11. 최종 접속)

입법의 제5단계는 평의회의 제2차 독회이다. 평의회는 의회의 수정안을 3개월 안에 심의해야 한다. 평의회가 의회의 수정안에 동의할 경우에는 법안이 확정된다. 그러나 집행위원회가 의회의 수정안에 대해 반대 의견을 제시한 경우에는 수정안 동의를 위해 평의회의 만장일치가 필요하다. 평의회가 3개월 안에 수정안에 대한 동의 의사를 밝히지 않는 경우에는 평의회 의장이 6주 내로 해당 사안을 의회와 평의회가 합동으로 구성하는 조정위원회에 회부해야 한다.

입법의 제6단계인 조정위원회에는 의회와 평의회 대표가 동수로 참여하여, 해당 법안에 대한 합의를 시도한다. 여기서 합의에 이르지 못할 경우 법안은 폐기되며, 공동의 법안에 대해 합의하는 경우 의회와 평의회는 각각 제3차 독회를 갖게 된다.

마지막 입법 단계인 제7단계는 의회와 평의회의 제3차 독회로 구성된다. 제6단계의 조정위원회가 도출한 공동안에 대해 의회와 평의회는 각각 의결하게 되며, 의회는 이에 대해 다시 수정안을 만들지 못한다. 의회와 평의회가 공동안에 대해 의결한 경우에 법안이 확정되어 공포된다.

3. 입법에 대한 영향평가

이미 언급한 대로 유럽연합에서의 입법과 입법학의 최대 관심사는 유럽연합의 존재의의에 해당하는 가치들을 입법을 통해 관철하는 것이다. 때문에 유럽연합은 일찍부터 타당하고 비례적인 유럽법 입법을 담보하기 위한 수단으로 "영향평가 (Impact assessment)"라는 수단을 활용해 왔다.

집행위원회에서의 법안 제안 이전 단계에서부터 심화된 영향평가가 이루어진다. 유럽연합 내 기관들 간의 "기관 간 협의"에 따라 2016년 4월 이후부터 유럽법의 입법 절차에 대해 영향평가를 실시하고 있으며, 그 중심은 집행위원회의 영향평가라고 할 수 있다. 집행위원회의 영향평가는 입법안뿐만 아니라 일반적인 정책안(재정프로그램 또는 권고안)과 기타의 법적 행위들 전반에 대해 이루어진다. 집행위원회는 독립위원회인 규제통제위원회(Regulatory Scrutiny Board)를 설치하고, 이 위원회로 하여금 영향평가를 실시하도록 하고 있다. 집행위원회가 실시하는 영향평가는 "더 나은 규제(Better regulation)를 위한 의제"라는 제목으로 유럽 내에서의 펼치고 있는 입법 절차 개선을 위한 정책의 일환이기도 하다. 최근에는 입법에 대한 영향평가의 방법론과 관련하여 지침격인 "더 나은 규제를 위한 가이드라인 - 영향평가(Better regulation guidelines - Impact assessment)"8)라는 문서를 발간한 바 있다. 이 문서에서 제시하는 영향평가에서 필수적으로 검토해야 하는 사항들은 다음과 같다.

영향평가에서 이루어져야 하는 질문들
1) 문제점은 무엇이며 그것이 왜 문제가 되고 있는가?
2) 왜 유럽법이 필요한가?
3) 무엇을 달성하여야 하는가?
4) 목표를 달성하기 위한 다양한 선택지는 무엇인가?
5) 경제적, 사회적, 환경상의 영향은 무엇이며 누가 영향을 받게 되는가?
6) 서로 다른 옵션을 어떻게 비교할 것인가(효과, 효율성 및 일관성)?
7) 모니터링 및 이어지는 사후(retrospective) 검증을 어떻게 구성할 것인가?

한편 집행위원회의 제안을 심의하는 과정에서 유럽 의회 역시 일단의 입법평가를 수행한다. 이미 언급한 대로 의회 내의 EPRS는 집행위원회의 입법영향평가 보고서를 분석하는 방식으로 영향평가를 1차적으로 실행한다. 다만 의회 내 소관 위원회의 요청이 있을 경우 별도의 영향평가를 수행한다. 이때 EPRS가 수행하는 영향평가 역시 집행위원회가 발간한 가이드라인에 따라 이루어지는 것이 보통이므로 어느 정도 실효성이 있을지는 의문이다. 의회가 입법 대안을 제시할 경우에도 위원회의 요청이 있을 경우 수정안에 대해 입법평가를 실행한다.

---

8) 이 가이드라인을 비롯한 집행위원회의 입법 관련 가이드라인들은 다음 사이트에서 다운로드받을 수 있다. Bessere Rechtsetzung: Leitlinien und Instrumentarium | EU - Kommission <https://ec. europa.eu/info/law/law - making - process/planning - and - proposing - law/better - regula tion - why - and - how/better - regulation - guidelines - and - toolbox_de> (2022. 1. 11. 최종 접속)

Ⅳ. 유럽연합에서의 입법 연구의 쟁점과 입법의 미래

유럽연합의 입법과 관련하여 가장 눈에 띄는 비판은 민주적 정당성의 결핍에 대한 문제 제기이다. 먼저 유럽 의회가 유럽 시민을 제대로 대표하고 있는지에 대한 문제 제기가 존재한다. 유럽연합이 유기체로서 법적인 단일체임에도 불구하고, 국가들의 연합체라는 한계가 분명히 존재하는 한 단일 국가에서의 의회가 가지는 민주적 정당성을 유럽 의회가 실질적으로 가지기 힘들다는 것이다. 이를 극복하기 위해 유럽 내에서 의회의 위상을 보다 강화하고, 회원국이 아닌 (즉, 평의회가 아닌) 의회가 하나의 단일한 법 공동체인 유럽연합의 민주적 정당성을 담보해야 한다는 주장은 과거부터 이어져 왔다.[9] 입법 과정에서 집행위원회가 법안 제안권을 독점하고 시민의 접근이 어려운 의회와 평의회의 독회를 통해 폐쇄적으로 심의가 이루어지고 있다는 점에 대한 문제 제기도 존재한다.[10]

또한 현재의 유럽연합은 법치주의의 붕괴라는 비판에도 직면해 있다. 특히 최근의 금융위기 및 난민문제와 관련하여 법치주의에 기반하지 않은 권력적 조치들이 이루어졌다는 지적이 있다. 예컨대 유럽연합기능조약 제125조는 유럽연합이 회원국에 대해 재정적인 보증을 포함한 구제조치를 하지 않는다고 규정하고 있으나, 금융위기 속에서 이 규정이 무력해져 갔다는 것이다. 이를 극복하기 위해 유럽 조약의 헌법화를 통한 공고한 "헌법적 공동체"를 형성하고, 법의 지배를 확립할 필요가 있으며, 오히려 이렇게 법치주의를 강화하는 것이 위기 상황에서 더욱 유효한 해법이라는 견해도 있다.[11]

유럽연합은 입법에 있어 민주적 정당성과 법치주의를 수호하기 위해 입법과 집행에 있어 의회의 결정권과 통제권을 꾸준히 강화시켜 왔다. 2008년 이후의 금융위

---

9) 예컨대 Heitsch, EuR 2001, 809 (817). 이러한 주장과 별개로, 개별 조약들에 근거한 연합체이던 시절의 유럽연합에 비해, 법적 단일 공동체가 된 지금의 유럽연합에서 의회의 역할과 지위가 훨씬 강화된 것은 사실이지만, 정치 현실상 유럽 시민을 직접 대표하는 의회보다 회원국들을 대표하는 평의회의 정치적 영향력이 여전히 우위에 있는 것으로 보인다.

10) Finck, The Sharing Economy and the EU, in: Davidson/Finck/Infranca, *The Cambridge Handbook of the Law of the Sharing Economy*, 2018, p. 266.

11) Mayer, NJW 2017, 3631 (3634).

기, 난민 위기 및 브렉시트 문제를 겪으며, 유럽연합은 다시 집행위원회 주도의 효율적이고 빠른 문제 해결 방식을 선호하게 된 것으로 보인다. 이는 특히 2014년에서 2019년 사이 집행위원회를 이끌었던 Jean-Claude Juncker 위원장 시기의 집행위원회에 대해 두드러지게 제기되는 비판이다. 이 시기에 조약에 따른 수권이 결여된 채로 집행위원회 혹은 유럽중앙은행의 독자적인 정책을 집행해 왔다는 것이다. 민주적인 절차에 따른 의사결정보다는 전문성을 갖춘 관료들(Technocracy)에 의한 의사결정을 선호했다는 비판도 제기된다. 지금까지의 문제들과 비교도 되지 않는 COVID-19라는 전대미문의 난제 앞에서 유럽연합이 과연 입법 절차의 민주적 정당성을 추구하는 방향으로 회귀할 수 있을 것인가의 물음이 유럽연합에서의 입법의 미래를 관측할 때 가장 주목해야 할 문제로 보인다.

　유럽연합이라는 독특한 집단의 정체성을 지키고, 유럽이 지향하는 가치를 수호하는 방향으로 입법의 발전이 이루어질 것으로 보이며, 입법학 역시 그 방법론을 탐구하는 방향으로 발달할 것으로 예상된다. 위에서 언급한 민주주의와 법치주의 관점의 비판을 극복하고 유럽의 가치를 반영할 수 있는 입법 구조를 유지하기 위한 대책을 여러 방향에서 생각해 볼 수 있을 것이다.

　의회 내 전문 연구기관들의 기능과 역할을 강화하고 의회의 민주적 통제를 보다 확대하려는 시도가 일차적으로 있을 것이다. 민주주의 관점에서는 가장 바람직한 방식이 될 것이다. 반면 오히려 집행위원회에서의 영향평가 강화를 통한 전문관료에 의한 통제를 보다 개선하는 방식이 활용될 가능성도 있어 보인다. 특히 인공지능과 데이터를 비롯한 지능정보기술들이 입법의 대상으로서도, 입법의 수단으로서도 널리 활용될 것으로 보이는 기술의 시대에 전문가인 관료들의 역할이 더욱 확대될 수 있다. 입법 과정에서의 의견수렴절차 내지 참여 절차 확대를 통한 다원주의적·직접 민주적 통제 방식도 도입될 것으로 보인다. 디지털 전환으로 인해 시민의 양적 참여 가능성이 획기적으로 높아진 시대에서, 입법 과정에서도 유럽 시민들의 직접 참여가 "연대"라는 유럽의 가치와 더불어 민주적 정당성을 높일 수 있을 것이기 때문이다.[12]

---

12) 이미 집행위원회 차원에서 다양한 시민 참여의 거버넌스들을 구축하여 활용하고 있다. 대표적으로 "Futurium"이라는 시민 참여 플랫폼이 있다. Futurium | FUTURIUM | European Commission <https://ec.europa.eu/futurium> (2022. 1. 11. 최종 접속)

　　물론 여러 갈래의 방법론들이 어느 정도는 병행될 것이다. 유럽연합이 어떤 수
단을 선택하든 입법학을 바라보고 연구하는 입장에서는 까다롭고 다양한 연구 주제
들에 직면하게 될 것으로 보인다.

주요 참고문헌

Calliess, Christian & Ruffert, Matthias (Hrsg.), EUV/AEUV 5. (Auflage, München, 2016).

Nestor M. Davidson, Michèle Finck, & John J. Infranca, The Cambridge Handbook of the Law of the Sharing Economy(Ed.) (Cambridge University Press, 2018).

Heitsch, Christian, "Die Transparenz der Entscheidungsprozesse als Element demokratischer Legitimation der Europäischen Union", EuR 2001, 809.

Mayer, Franz C, "Die Europäische Union als Rechtsgemeinschaft", NJW 2017, 3631.

Oppermann, Thomas/Calssen, Claus Dieter/Nettesheim, Martin, Europarecht 7. Auflage, München, 2016.

Bessere Rechtsetzung: Leitlinien und Instrumentarium │ EU－Kommission ＜https://ec.europa.eu/info/law/law－making－process/planning－and－proposing－law/better－regulation－why－and－how/better－regulation－guidelines－and－toolbox_de＞ (2022. 1. 11. 최종 접속)

Futurium │ FUTURIUM │ European Commission ＜https://ec.europa.eu/futurium＞ (2022. 1. 11. 최종 접속)

Legal acts ― statistics － EUR－Lex ＜https://eur－lex.europa.eu/statistics/2020/legislative－acts－statistics.html＞ (2022. 1. 11. 최종 접속)

The European anthem │ Europäische Union ＜https://europa.eu/european－union/about－eu/symbols/anthem_de＞ (2022. 1. 11. 최종 접속)

Treaties currently in force － EUR－Lex ＜https://eur－lex.europa.eu/collection/eu－law/treaties/treaties－force.html?locale＝en＞ (2021. 1. 11. 최종 접속)

미국의 입법과 입법학

김나정 (고려대학교)

I. 서론

입법은 법의 시작이며, 명확하고 올바른 입법, 즉 좋은 법을 만드는 것이 중요한 이유는 궁극적으로 법의 적용과 해석의 출발점이라고 할 수 있기 때문이다. 미국 연방헌법 제1조는 연방법의 제정, 개정, 폐지 등의 모든 입법권을 의회에 부여하고 있다. 메디슨, 헤밀턴 등 미국 헌법 기초학자들은 권력분립, 견제와 균형, 연방주의와 같은 미국의 근본적인 국가원칙과 함께 의회를 입법과정에서의 중추적인 역할을 하는 기관으로 정립하였다. 그러나 실제로는 대통령이 행정명령을 발령하기도 하고 집행기관도 규칙제정을 하며, 사법부 역시 판례법을 형성하기도 한다.

정치적·정책적인 판단을 거친 입법이 정당화되기 위해서는 정당성과 합리성이 담보되어야 하며, 이에는 나름의 원칙과 기준이 필요하다. 최근에는 입법의 양적 확대, 행정국가화 현상 등에 따라 입법 그 자체에 대한 이해와 중요성이 날로 커지고 있다. 이하에서는 미국의 입법에 대한 여러 특징과 함께 최근의 동향을 살펴보고, 학문으로서의 입법학이 나아가야 하는 방향에 대해서도 살펴보기로 한다.

II. 미국의 입법

1. 미국의 입법학에 관한 함의

미국의 경우 법률제정이 증가하고, 제정법의 역할이 확대되면서 입법과 입법학에 대한 관심이 높아지게 되었다. 미국의 입법에 관한 연구는 입법 절차를 중심으로 논의되어 왔으며, 특히 정치적 · 정책적 판단과 구별되기 위한 입법의 특징으로 형식적인 입법 절차와 함께 실질적인 입법을 위한 사전심사가 중요한 요소로 자리잡게 되었다.

즉 미국은 입법의 중심기관인 의회와 기본원칙과 입법 절차 등 입법이 이루어지는 과정뿐만 아니라 입법을 통해 실정법을 해석하는 방법 및 그 해석 원칙까지 입법에 관한 논의의 대상으로 삼고 있다. 또한 판례법 국가로서 법원의 판결이 법 제정으로 이어져 확립되는 사례 등을 함께 검토하며, 연구의 대상 역시 보다 종합적이고 입체적이며 다양하다.

다만 여러 논문이 서술하다시피 미국 입법원칙으로서 국내 연구에서 소개되는, 간결성, 명확성, 정당성, 심사기준 등은 입법의 기술적 측면으로 보는 것이 타당할 것으로 보인다. 그렇다면 입법 그리고 그것을 학문으로서 탐구하는 입법학은 무엇을 위해 논의되는 것인가. 이는 곧 입법을 통해 수호하고자 하는 가치 그리고 궁극적으로 지향하는 바를 이루고자 더 나은 방향으로의 입법을 위한 방안을 도출해내는 과정이라고 할 수 있다. 입법의 궁극적 목표는 모든 법치국가가 그러하듯 자유와 평등의 수호라고 할 수 있다.

2. 입법의 범위

미국은 이른바 민주주의의 대표국이라 평가된다. 대의제의 근간이라고 할 수 있는 미국의 정당제도는 민주주의의 뿌리가 되었으며, 대의제하에서 형성된 입법은 사회적으로 합의된 정책 등의 판단을 규범으로 바꾸는 과정이라 할 수 있다. 이렇게 민주성과 정당성이 담보되는 입법 절차를 통해 제정된 법은 정통성과 국민의 지지 기반을 확보하게 된다.[13]

다만 연방헌법은 이러한 입법이 이루어지는 절차를 구체적으로 규율하고 있지는 않다. 단지 입법에 관한 절차적 · 실질적 정당성 확보를 위해 엄격한 삼권분립과 각 권력 간 견제와 균형 속에 의회가 입법의 중추적인 역할을 하도록 하고 있으며, 의회

---

13) 권태웅, "미국의 입법절차와 사법심사", 「법제」 2007년 11월호, 2007, 59-60면.

의 구성방법, 법률의 효력발생 등에 관한 규정을 두고 있을 뿐이다. 입법, 행정, 사법의 삼권을 의회, 대통령, 법원에 각각 부여하여 권력을 배분하고, 이에 따라 입법권은 의회만이 가질 수 있도록 하며 행정부에 대하여는 원칙적으로 의회의 입법과정에 간섭할 수 없도록 하기 위하여 대통령의 법률안 제출권을 인정하지 않는다.[14]

그러나 실질적으로 입법행위는 각 권력기관이 모두 가지고 있다고 볼 수 있다. 국가기관 상호 간의 견제와 균형을 위하여 의회의 입법과정에 대해 행정부의 수반인 대통령의 일정한 관여를 허용하고 있다. 즉 행정명령, 집행기관의 규칙 제정 등의 형태로 행정부도 간접적인 방법으로 입법작용을 하고 있으며, 상하 양원의 의사합치만으로 입법이 마무리되는 것이 아니라 대통령의 승인을 거쳐야만 비로소 법률안이 확정된다. 이러한 대통령의 승인권은 의회의 의사에 반하여 표명할 수 있는 거부권으로도 볼 수 있다.

또한 사법부의 판결도 법 해석을 통한 입법행위로 볼 수 있으므로, 재판절차 역시 입법 절차의 하나로 해석할 수 있다.

3. 미국 의회의 구성

미국은 우리와 달리 연방제를 취하고 있으며, 외교, 군사 등에 대하여는 연방이 우선권을 가지고 내정은 각 주가 관리한다. 따라서 의회도 연방의회와 주의회가 권한을 나누어가지며, 미국 연방의회는 미국 연방정부의 입법부이며 상원과 하원, 양원체제로 구성되어 있다. 대체적으로 시민 대표인 하원과 전체로서의 연방을 대표하는 상원 간에는 의회에서 가장 중요한 입법권에 대해 대등한 권한이 부여된다.

앞서 서술한 바와 같이 연방헌법 제1조에 따라 연방법의 제정, 폐지, 개정 등의 권한을 가지며, 이 외에도 연방 세금의 규모를 결정하고 정부의 예산을 승인한다. 다만 각 주의 대표 2인으로 구성되는 임기 6년의 상원과, 인구비례로 선출하는 임기 2년의 하원이 행하는 입법기능은 상호 독립적인 것으로 인식되어 각기 고유한 위원회와 보조기관들을 갖는다.[15] 또한 상원은 행정부의 결정에 대한 동의 혹은 승인 등의 권

---

14) 유진식 외 3인, "각국의 법률안 제안제도 비교 및 예산수반법령의 입법절차 개선에 관한 연구", 법제처, 2010, 149쪽.

한을 가지며 하원에 대한 견제 역할을 하는 한편, 하원은 국민의 대표성을 갖는 만큼 대통령을 포함한 대다수 공무원에 대한 파면권을 가진다. 반면 세입 징수에 관한 법률안은 하원에서 먼저 제안되어야 하고, 고위직 공무원이나 재판관 지명에 대한 승인권, 조약의 비준 등에 대한 권한은 상원이 가진다.

또한 미국 의회의 주요한 특징 중 하나는 상임위원회 중심주의이다. 양원에 제출된 대부분의 법안들은 위원회에 회부되며, 어떠한 법안이든 상임위원회의 승인 없이는 하원이나 상원 본회의에 상정될 수 없다. 헌법에는 의회 위원회 구성에 대해 구체적으로 명시되어 있지 않으나, 법안의 수가 증가하고 이에 대한 조사 및 권고의 중요성이 함께 증대되면서 오늘날과 같이 위원회의 중요성이 더욱 커지게 되었다.

III. 삼권분립과 입법

1. 의회의 입법

미국의회의 입법 절차는 (ⅰ) 법률안 입안 및 제출, (ⅱ) 상임위원회 회부 및 심의, (ⅲ) 상임위원회 보고, (ⅳ) 본회의 심의, (ⅴ) 법률안의 이송과 공시, (ⅵ) 대통령의 서명 또는 법률안 거부, (ⅶ) 공포 및 효력발생의 순서로 이루어진다.

법률안은 회기 중 언제나 필요하다고 인정되는 경우 제출할 수 있다. 법률안이 제출되면 바로 본회의에 상정되거나 복수의 위원회에 회부되는 일부 경우를 제외하고는 자동으로 관련 상임위원회에 회부된다. 법률안이 본회의에 부의되기 위해서는 청문회와 수정 단계를 거쳐야 한다. 상임위원회에서 심의·의결된 법률안은 본회의에 송부되는데, 이때 의원들이 해당 법률안의 통과를 위한 정보를 취득할 수 있도록 상임위원회의 보고서도 함께 송부된다.

이후 하원과 상원의 본회의 심의를 거치게 되는데, 일반적으로 상원은 하원과 달리 심의·의결 절차가 비공식적이고 비정형적이라 평가된다. 최종적으로 양원의 본회의에서 가결된 법률안은 양원의 의장이 서명하여 관계기관들로부터 접수된 의견 및 종합적인 검토서와 함께 대통령에게 이송된다. 이후 대통령이 법률안에 서명

---

15) 권태웅, 앞의 글, 64-65면.

을 함으로써 법률안은 법률로 확정된다.

이러한 법률안은 실제 제안자에 따라 세부적으로는 정부법률안(정부가 법안을 초안해서 여당의원들을 통하여 제출하는 가장 주요한 입법방법), 위원회법률안(다수의 동종법안을 위원회가 종합하여 제출), 특수이익법률안(농민, 근로노동자 등이 법률가에 부탁하여 법안을 만들어 제출하는 경우), 지방법률안(지방자치정부에 의해서 제출되는 법안으로 주로 연방정부의 허가나 지원을 요구하는 내용이 주를 이룸), 개인법률안 등으로 분류할 수 있다.16)

다만, 전통적으로 미국의 입법과정에서 의회의 소관 상임위원회가 중심적 역할을 하였으나, 1970년대 이후 단일 법률안을 하나의 소관 상임위가 아니라 관련 있는 여러 상임위원회가 함께 검토하거나 순차적으로 회부하는 경우가 증가하였다. 1980년대 이후에는 상임위원회 심의를 건너뛰고 곧바로 본회의 심의로 가거나, 특정 법률안에 대한 대통령의 거부권 행사를 막기 위해 여러 법률안들을 합하여 하나의 법률안으로 만드는 옴니버스 법률안 제출 등도 증가하고 있다.17)

이러한 현상에 대해 복수의 상임위원회에서의 검토는 보다 많은 의원이 대상법령에 대한 관심을 갖게 하며, 이는 곧 보다 다양한 쟁점에 대해 종합적이고 거시적인 관점에서 의견을 개진하고 토론할 수 있도록 한다는 평가가 있다.18)

2. 행정부의 입법

최근의 행정국가화 현상에 따라 보다 전문성을 가진 행정부가 마련하는 법률의 필요성도 증대되고 있다. 행정부는 직접적인 법률안제출권은 없으나 행정부의 의견 제출, 대통령의 서명이나 거부권 행사, 의회소집권 행사 등과 같은 의회입법과정에 대한 참여와 대통령 행정명령의 발령, 행정기관의 규칙제정 등의 형태로 입법과정에 관여한다.

특히 대통령에게 법률안거부권이 인정되는 것은 법률안의 제출과 의결권을 독

---

16) 박균성 외 4인, "입법과정의 선진화와 효율성 제고에 관한 연구", 법제처, 2008, 81쪽.
17) 이희훈, "미국의 법령체계 및 입법절차상 시사점", 「미국헌법연구」 제21권 3호, 2010, 192면.
18) 위의 글, 195면.

점하는 의회가 헌법에 위반되거나 부당한 입법을 추진할 경우, 엄격한 삼권분립 하에서 행정부, 즉 대통령으로 하여금 이를 견제할 필요가 있기 때문이다. 거부권이 행사된 법률안은 대통령의 이의서와 함께 당초 법률안이 제안된 의회로 송부되어 재심의를 받아야 한다. 이 법률안은 표결 처리될 때까지는 언제든지 바로 본회의에서 심의될 수 있는 우선권을 부여받는다.[19]

대통령의 행정명령은 대통령이 행정부를 통치하기 위한 수단인데, 연방헌법 상에는 그 근거가 명시되어 있지는 않다. 또한 대통령 행정명령의 효력발생을 위해 의회의 승인이나 개입이 요구되지는 않으나, 경우에 따라 의회에서 통과된 법률과 동등한 효력을 지니는 경우도 있다. 다만 이것이 권력분립 원칙에 위배될 수도 있다는 우려가 있으나, 외교나 국방, 조약의 이행이나 협상과 같은 일부 정치적 영역에서는 그 필요성이 제한적으로 인정되고 있다.[20] 대신 대통령의 의회법률안 거부권과 마찬가지로 의회 역시 행정부의 입법행위에 대하여 거부권을 행사할 수 있다.

또한 미국은 대통령 행정명령 제12866호에 의하여 연간 1억 달러 이상의 경제효과를 가지는 규제, 공동체에 실질적으로 악영향을 미치는 규제, 다른 행정청에 의해 취해지거나 계획된 조치와 중대한 불일치를 야기하거나 간섭하는 규제, 예산에 미치는 영향을 실질적으로 변경하거나 수령자들의 권리와 의무를 실질적으로 변경하는 규제 등의 주요 행정지침에 대하여는 규제영향분석을 통해 규범심사권을 가지며,[21] 이는 법규성은 없으나 투명성, 책임성 및 다른 규범과의 일치성·합치성을 확보하기 위하여 이루어진 규범체계라고 할 수 있다.

3. 사법부의 입법

미국은 대표적인 판례법 국가로 불리는 만큼 판례의 법적 효력이 인정되고 이미 제정된 법에 대한 해석 역시 변화시킬 여지가 있다. 즉 사법부의 재판 판결이 또 다른 입법작용을 하게 되는 것이다. 이렇게 제정된 법령으로 인해 입법작용이 끝나

---

19) 유진식 외 3인, 『각국의 법률안 제안제도 비교 및 예산수반법령의 입법절차 개선에 관한 연구』(법제처, 2010), 20면.

20) 권태웅, 앞의 글, 73면.

21) 박수헌, "미국의 규제영향분석제도에 관한 고찰", 「입법평가연구」 창간호, 한국법제연구원, 2009, 89면.

는 것이 아니라, 이를 적용하고 해석 및 판단하는 과정에서 입법작용은 다시금 이루어지게 된다.

특히 의회가 제정하는 실정법은 장래효만을 가지나, 법원의 판례를 통해 형성되는 법규범은 소급효가 인정된다. 다만 법적 안정성 확보를 위해 현재 시행중인 여타의 법규범 및 당대의 가치이념 등과 크게 벗어나지 않음과 동시에 입법목적과 선례구속의 원칙을 따르도록 해석될 필요가 있다는 것이 주류적 입장이다.[22]

즉 미국과 같은 판례법 국가에서 구체적 사건마다 실정법을 해석·적용하는 법원의 역할이 중요하므로, 사법부인 법원 역시 미국의 입법과정에서 중요한 주체가 된다고 할 수 있다.

Ⅳ. 미국 입법학의 논의 대상 및 쟁점

1. 미국 입법학의 동향

입법에 대한 독립된 학문으로서의 연구를 입법학이라 한다면, 입법학의 대상은 입법원칙, 입법기술, 입법 절차 등 입법과 관련한 모든 것이 될 수 있다. 또한 입법권을 행사하는 의회 자체에 대한 연구와 입법 절차에 영향을 미치는 정당, 로비스트, 행정부 간의 관계 등도 모두 그 대상이 될 것이다.

학문으로서 입법학은 이러한 입법이론 등의 연구를 통해 보다 더 좋은 법률을 만들 수 있는 방안을 도출해내는 것인데, 입법학 분야에서 국회의원의 연임횟수 제한 문제, 선거자금 문제 등을 다루는 것 역시 의원들의 이러한 행위가 입법활동에 영향을 미친다는 인식에서 기인한 것으로 보인다.[23]

그러나 미국의 법학교육은 아직까지는 판례법을 중심으로 법의 해석이 주류를 이루며, 입법에 대하여는 사회과학적 측면에서 정치의 역할 혹은 입법 절차에 대한 내용이 대부분을 이루는 것으로 보인다.

---

22) 임종훈, "미국의 입법학연구의 동향 : 연구대상과 연구방법을 중심으로", 「입법학연구」 제3권, 한국입법학회, 2006, 22-23면.

23) 위의 글, 19면.

2. 해석 및 적용에 대한 연구

입법은 결국 법의 해석과 적용, 집행에 있어 올바른 판단을 위한 기준을 정립하기 위한 것이 목적이라 할 수 있다. 다만 입법을 통해 만들어진 실정법이 모든 상황을 예측하고 대비하여 규정하는 것은 아니기에, 실정법의 적용을 위한 해석은 매우 중요한 과제가 된다. 이를 위해 법을 해석하고 적용하는 법원의 역할이 중요하고, 모든 입법에 공통된 규칙이 적용되는 것은 아니므로 입법학 차원에서도 법의 해석과 적용은 논의의 대상이 된다.[24]

즉 입법학 역시 입법, 즉 법이 만들어진 이후에도 어떻게 적용되고 어떻게 사회에 영향을 미치는지에 대해 주목할 필요가 있다. 이를 위해 미국의 입법학은 제정법과 판례법을 종합적으로 검토하고, 법이 만들어진 배경과 목적, 입법자의 의도 등을 종합적으로 이해한다. 이 과정에서 입법자의 의도를 파악하는 것은 일관성이 부족하고, 또한 구체적 사실관계가 다른 당해 사건마다 동일한 접근방법을 적용할 수 없기에, 실정법 해석을 위해 미국은 입법목적을 중시하는 방향으로 변화하게 되었다.[25]

다만 그럼에도 불구하고 민주적 정당성이 없는 법원이 법의 해석과 적용을 통해 모든 시민에게 적용 가능한 입법행위를 하는 것에 대해서는 비판이 있다.[26]

3. 직접민주주의적 요소와 입법

미국에서는 국민을 위한 입법을 위해 직접민주주의적 요소의 도입을 주장하던 때가 있었다. 직접민주주의적 방법으로는 현대 국가들이 가장 널리 채택하고 있는 국민투표와 일부 유권자들이 발의한 법률안에 대해 직접 주민투표를 하거나 의회에 회부하여 의회가 일정 기간 내에 가부를 결정하는 국민발안, 유권자들이 선출된 공직자를 임기 중 소환하는 국민소환 등이 있다.

미국의 경우 현재 연방수준에서는 직접 민주주주의적 요소를 찾아보긴 어려우나, 약 절반 정도의 주에서 직접민주주의적 제도인 국민발안이나 국민투표제도를

---

24) 위의 글, 23면.
25) 위의 글, 24면.
26) 위의 글, 27면.

시행하고 있으며 그 운영에 있어서 방식과 정도는 개별 주마다 상이하다.

이러한 직접 민주주의적 요소는 대의제하에서의 입법과의 관계를 판단해야 하는데, 직접민주주의적 요소가 대의제의 대안이 될 수 있을 것인가에 대해서는 엇갈린 평가가 있다. 직접민주주의적 요소로 인해 모두에게 평등하게 적용되어야 할 법문에 대한 전문성 부족이나 모호성의 문제뿐만 아니라, 일부 소규모지만 대단히 응집된 형태의 이익단체에 의한 입법은 오히려 평등을 해치고 공정성을 훼손하는 사례를 유발할 우려가 있다. 또한 이렇게 제정된 법률은 절차적 정당성을 확보했을지라도 민주적 정당성, 내용의 합헌성 및 적합성은 뒷받침될 수 없다.

그럼에도 불구하고 입법과정에 있어서 대의제와 직접민주주의제는 정반대의 속성을 지니기보다는 일정 부분 대의제적 입법의 대안으로서 고려할 가치가 있다. 앞서 서술한 바와 같이 소수자의 보호 등과 같은 특정 영역의 입법에 있어서는 직접민주주의제가 제도적 취약점을 가질 수 있으나, 정부구조, 정치자금규제 등과 같이 공동체구성원 다수의 직접적인 이익과는 다소 거리가 있는 내용에 대한 입법이 이루어질 때는 대의제를 보완할 수 있는 요소가 될 수 있다. 단 직접민주주의적 요소의 남용이나 이로 인해 입법부가 행하는 입법의 기본원칙이 무너지는 경우를 방지할 수 있는 제도적 장치 마련이 전제되어야 할 것이다.[27]

V. 결론

대통령제를 채택한 미국 역시 엄격한 삼권분립 및 견제와 균형 속에 연방과 개별 주 모두 의회가 입법작용의 중심이 되고 있다. 이를 위해 미국의 입법은 의회 내에서 법안에 대한 숙의가 가능하여야 함을 전제하며, 이를 위한 제도적 장치로 양원제도와 상임위원회 제도를 두고 있다. 또한 연방헌법은 입법권을 의회의 권한으로 명문화하고 있으나, 행정부 및 사법부의 입법적 기능 역시 인정되고 있다. 이는 곧 입법이 단순히 법을 만드는 작업뿐만 아니라 법을 적용하고 해석하는 과정까지 모

---

27) 이우영, "직접민주주의제도에 대한 입법학적 관점에서의 분석 : 국민발안(Initiative)제도를 중심으로", 「입법학연구」 제3집, 2006, 118면.

두 아우름을 의미하며, 미국의 입법과 입법학 역시 이러한 과정에서 나타나는 문제점들을 보완하고 해결하기 위한 방향으로 발전되어 왔음을 알 수 있다.

2차 문헌에 의존한 탓에 구체적인 판례와 각 이론을 상세히 살펴볼 수는 없었으나, 연방제 국가인 미국이 취하고 있는 입법과 입법학에 대한 이해는 우리나라 입법과 입법학이 차용 혹은 보완해야 하는 지점이 어디인지에 대한 이해를 시작할 수 있는 기반이 될 것이다.

주요 참고문헌

권태웅, "미국의 입법절차와 사법심사", 「법제」 2007년 11월호, 2007.

박수헌, "미국의 규제영향분석제도에 관한 고찰", 「입법평가연구」 창간호, 한국법제
      연구원, 2009.

유진식 외 3인, 『각국의 법률안 제안제도 비교 및 예산수반법령의 입법절차 개선에
      관한 연구』(법제처, 2010).

이우영, "직접민주주의제도에 대한 입법학적 관점에서의 분석 : 국민발안(Initiative)
      제도를 중심으로", 「입법학연구」 제3집, 2006.

이희훈, "미국의 법령체계 및 입법절차상 시사점", 「미국헌법연구」 제21권 3호, 2010.

임종훈, "미국의 입법학연구의 동향: 연구대상과 연구방법을 중심으로", 「입법학연구」
      제3권, 한국입법학회, 2006.

입/법/의/시/간

제3부

입법과 실천

임대차 3법의 입법과정

김성은 (연세대학교)

Ⅰ. 들어가며

2020년 7월 31일, 이른바 '임대차 3법'이라고 일컬어지는 「주택임대차보호법」의 개정법이 시행되었다. 이 법개정은 여당인 더불어민주당의 주도로 야당인 미래통합당의 강력한 반발 속에, 유례를 찾기 힘들 정도로 급박하게 진행되었다. 제21대 국회가 2020년 5월 30일부터 임기를 시작하자마자, 6월에는 여섯 건의 「주택임대차보호법」 일부개정안이 발의되었고, 7월 29일 국회 법제사법위원회에서는 발의된 「주택임대차보호법」 일부개정안들을 본회의에 부의하지 아니하기로 하고 각 법률안의 내용을 통합·조정하여 위원회 대안으로 제안하기로 의결하였다. 이렇게 국회 법제사법위원회를 통과한 「주택임대차보호법」 개정안은 다음날인 7월 30일 국회 본회의에서 일사천리로 의결되었고, 당일 정부로 이송된 이후 그 다음날인 7월 31일에 공포·시행되었다.

이번 법개정의 핵심은 임차인의 계약갱신요구권과 전월세 상한제의 신설이다. '계약갱신요구권'[1]이란 임차인이 임대차기간 만료 전 임대인에게 계약갱신을 청구하면 임대인은 정당한 갱신거절 사유가 없는 이상 갱신을 거절할 수 없는 권리를 말하고, '전월세 상한제'는 임차인의 계약갱신요구권 행사로 계약이 갱신되는 경우, 증

---

1) '계약갱신청구권'이라고도 하나, 이 글에서는 「주택임대차보호법」의 문구대로 계약갱신요구권이라고 한다.

액 청구할 수 있는 차임을 일정 수준 이하로 제한하는 제도를 말한다.[2] 즉 임차인의 계약갱신요구권을 보장하여 현행 2년에서 4년으로 임대차 보장기간을 연장하고, 계약갱신 시 차임이나 보증금의 증액청구는 약정한 차임이나 보증금의 20분의 1의 금액을 초과하지 못하도록 제한하려는 것이다. 이에 덧붙여 「부동산 거래신고 등에 관한 법률」의 개정법(2020. 8. 18. 일부개정)에 따라 주택임대차계약의 당사자인 임대인과 임차인이 공동으로 보증금 또는 차임 등을 임대차계약의 체결일부터 30일 이내에 관청에 신고하도록 한 '임대차 신고제'까지 포함하여 '임대차 3법'이라 칭한다.

　이번 법개정의 파장은 컸다. 문재인 정부는 2017년 5월 출범 이후 2020년 12월 현재까지 3년 반의 기간 동안 스물네 건의 부동산 정책을 내놓았지만 부동산 시장은 더욱더 불안정해져갔다. 이런 가운데 '임대차 3법'의 개정이 이루어졌고, 문재인 정부와 여당인 더불어민주당의 부인에도 불구하고 개정 '임대차 3법'으로 인하여 주택 임대인과 임차인 간의 갈등은 커지고, 주택 가격과 임대차 보증금, 차임의 상승세는 더욱 가팔라졌다는 평가를 받고 있다. 결국 부동산 시장의 불안정으로 인한 여론의 악화를 견디지 못하고 부동산 정책 주무부처인 건설교통부의 김현미 장관이 2020년 12월 교체되었다.

　이 글에서는 개정 「주택임대차보호법」의 계약갱신요구권과 전월세 상한제를 중심으로 그 입법과정을 고찰한다. 그럼으로써 현재 주택임대시장의 혼란을 해소하는 길을 찾고 좀 더 나은 임대차 관련 법제를 모색하고자 한다.

II. 개정 「주택임대차보호법」의 입법과정

1. 「주택임대차보호법」 제 · 개정 연혁

　「주택임대차보호법」은 1981년 3월에 제정 · 시행되었다. 그 입법목적은 "주택의 임대차에 관하여 민법에 대한 특례를 규정함으로써 무주택국민의 주거생활의 안정을 보장하고 임차인의 불편을 해소함은 물론 그 임차권을 보호하여 안정된 임차

---

　2) 추선희 · 김제완, "개정 주택임대차보호법상 갱신요구권에 관한 몇 가지 쟁점", 「법학논집」 제25권 제1호, 이화여대 법학연구소, 2020.9, 112면.

생활을 영위할 수 있도록 하려는" 것이다. 제정법의 핵심은 (ⅰ) 임차인이 주택의 인도를 받고 주민등록이 된 때로부터 임차권은 제3자에 대하여 효력이 생기도록 하고 (제3조, 대항력), (ⅱ) 임대차기간이 1년미만인 임대차는 기간의 정함이 없는 임대차로 간주하고(제4조, 임대차 기간), (ⅲ) 기간의 정함이 없는 임대차에 있어서 임대인은 계약체결일로부터 6월이 경과한 후에 계약의 해지통고를 할 수 있도록 하고(제5조, 해지의 제한), (ⅳ) 선량한 임차인에 대하여는 임대차기간만료 전 6월 내지 1월 이내에 임대인의 갱신거절통지가 없으면 자동갱신된 것으로 간주하는 것이다(제6조, 계약의 갱신).

이러한 「주택임대차보호법」 제정법의 틀은 기본적으로 현행법까지 이어지고 있으나, 이후 20여 차례의 법개정을 통해 그 구체적인 내용은 변경되었다. 특히 주목할 만한 개정으로는 1989년 12월 임대차기간을 종전의 1년에서 2년으로 변경한 것을 들 수 있다. 당시 이러한 개정은 임차인의 주거생활의 안정을 도모하기 위한 것이었으나, 결과적으로는 이 개정으로 인하여 오히려 임차보증금이 더욱 폭발적으로 증가했다는 평가가 많다.[3]

계약갱신요구권과 전월세 상한제의 경우, 제18대 국회 임기중이었던 2011년에 여야 모두가 계약갱신요구권과 전월세 상한제 안을 제출하였으나, 합의안을 도출하지 못하고 임기가 종료되었다. 제19대 국회에서는 2015년에 서민주거복지특별위원회을 만들어 계약갱신요구권과 전월세 상한제에 대하여 논의했으나 결론을 내지 못하고 특위가 종료되었다. 이 때 국토교통부가 의뢰하고 한국주택학회 정의철·이창무·유승동 교수가 집필한 용역보고서 "민간임대주택시장에 대한 임대료 규제의 효과 등 연구용역"이 국회 서민주거복지특별위원회에 보고된 바 있다. 제20대 국회에서는 주택임대차보호법 일부개정법률안이 총 39건이 발의되었고, 이 중 다양한 형태의 계약갱신요구권과 전월세 상한제를 포함한 개정법률안은 12건이었으나,[4] 이 역시 결론을 내지 못하고 임기가 종료되었다. 이렇게 국회에서 계약갱신요구권과

---

3) 곽수환, "주택 임대차 규제가 이해관계자에 미치는 파급효과", 「경영컨설팅연구」 제20권 제3호, 한국경영컨설팅학회, 2020.8, 286면.
4) 한국부동산분석학회(연구책임자 임재만), "주택임대차 계약갱신청구권 도입의 영향에 관한 연구", 법무부 용역보고서, 2019.9, 41면.

전월제 상한제는 햇수로는 2011년부터 10년간에 걸쳐 논의가 되었고 그간 찬반양
론의 대립으로 번번이 도입이 무산되었다가 제21대 국회에서 2020년 7월 개정법을
통하여 도입이 된 것이다.

2. 개정법의 입법과정

이하에서는 제21대 국회 제380회국회(임시회) 법제사법위원회 주택임대차보호
법 일부개정법률안 검토보고서(법제사법위원회 전문위원 박철호 집필)와 주택임대차
보호법 일부개정법률안 심사보고서, 그리고 국회 법제사법위원회 회의록과 국회 본
회의 회의록을 중심으로 이번 「주택임대차보호법」 개정법의 입법과정을 돌아보고
자 한다.

(1) 개정법률안의 발의

2020년 4월 15일 제21대 국회의원 총선거로 구성이 된 제21대 국회는 5월 30일
부터 임기를 시작하였다. 2020년 6월에는 총 6건의 주택임대차보호법 일부개정법률
안이 국회에 제출되었는데,[5] 국회의원들이 발의한 5건의 경우 구체적인 법안내용은
다소 다르지만 모두 그 골자로 계약갱신요구권(혹은 계약갱신청구권)과 전월세 상한
제를 담고 있었다.

(2) 계약갱신요구권 도입안[6]

가. 개요

계약갱신요구권 제도 도입은 임차인의 요구에 따른 임대차 계약의 갱신을 보장함
으로써 실질적으로 존속이 보장되는 임대차기간을 현재(2년)보다 연장하려는 것이다.

이러한 계약갱신요구권의 도입과 관련하여 찬반양론이 대립할 수 있다는 것이

---

5) 윤후덕의원 등 10인(의안번호 제218호, 2020. 6. 5. 발의), 박주민의원 등 22인(의안번호 제285
   호, 2020. 6. 9. 발의), 백혜련의원 등 18인(의안번호 제360호, 2020. 6. 11. 발의), 박홍근의원 등
   14인(의안번호 제681호, 2020. 6. 18. 발의) 김진애의원 등 11인(의안번호 제803호, 2020. 6. 22.
   발의), 정부안(의안번호 제1084호, 2020. 6. 26. 발의)
6) 이하의 내용은 제21대 국회 법제사법위원회 주택임대차보호법 일부개정법률안 검토보고서(법제
   사법위원회 전문위원 박철호 집필), 15면 이하의 내용을 요약·정리한 것이다.

검토의견으로 제시되었다. 즉, 개정안에 찬성하는 입장으로는 (i) 경제적 약자인 임차인의 안정적인 주거환경을 조성할 수 있고, (ii) 주택시장의 불안정과 주거비 부담의 상승 등으로 국민의 주거안정을 보장할 필요성이 커졌으며, (iii)「상가건물 임대차보호법」의 계약갱신요구권에 준하여 제도를 운영할 수 있고, (iv) 독일·프랑스·미국 등 해외에서도 임대인에게 정당한 사유가 없는 한 장기임대차 관계를 유지시키는 제도를 두고 있는 점 등을 들었다.

반면, 개정안에 반대하는 입장으로는 (i) 계약갱신요구권의 도입은 사적자치, 특히 계약자유의 원칙과 충돌하는 측면이 있고, (ii) 임대인의 사유재산권을 제한하는 측면이 있으며, (iii) 임대인이 임대차 보장 기간이 연장된 점을 감안하여 최초 계약 시 임대료를 인상하거나 임차인을 까다롭게 선택하는 등 오히려 임차인의 지위를 약화시키는 부작용이 발생할 우려가 있고, (iv) 현재 각종 특별법에 의한 임차인의 주거권 보장에 관한 보완적 제도가 이미 마련되어 있으므로 도입에 신중을 기하여야 한다는 의견이 있을 수 있다는 것이다.

나. 계약갱신요구에 대한 임대인의 거절 사유

개정안은 계약갱신을 원칙적으로 보장하되 법률로 정하는 사유가 있는 경우에는 임대인이 계약갱신을 거절할 수 있도록 하였다. 개정안별로 다소 차이는 있으나, 대체로「상가건물임대차보호법」제10조의 계약갱신요구권을 참고하여, (i) 임차인이 일정한 금액에 이르도록 차임을 연체한 사실이 있는 경우, (ii) 임차인이 거짓이나 그 밖의 부정한 방법으로 임차한 경우, (iii) 서로 합의하여 임대인이 임차인에게 상당한 보상을 제공한 경우, (iv) 임차인이 임대인의 동의 없이 임차주택의 전부 또는 일부를 전대(轉貸)한 경우, (v) 임차인이 임차주택의 전부 또는 일부를 고의나 중대한 과실로 파손한 경우, (vi) 임차주택의 전부 또는 일부가 멸실되어 임대차의 목적을 달성하지 못할 경우, (vii) 임대인이 임차주택의 전부 또는 대부분을 철거하거나 재건축하기 위하여 임차주택의 점유를 회복할 필요가 있는 경우, (viii) 임대인이 임차주택에 실거주하여야 할 객관적 사유가 있는 경우, (ix) 그 밖에 임차인이 임차인으로서의 의무를 현저히 위반하거나 임대차를 계속하기 어려운 중대한 사유가 있는 경우 등을 그 사유로 들고 있다.

이에 대한 검토의견으로는, 임차인의 계약갱신요구권을 보장하면서, 임차인이 임차인으로서의 의무를 현저히 위반한 경우나 임대인이 해당 주택을 임대할 수 없는 정당한 사유가 있는 경우에까지 계약갱신을 강제하는 것은 임대인의 사유재산권에 대한 과도한 제한이 될 것이라고 하면서, 주택의 소유권자인 임대인의 실거주를 계약갱신 거절의 사유에 포함하는 것이 필요하다고 보았다. 다만 임대인 본인 외에 직계존비속 등 임대인 가족의 실거주를 별도로 명시할 것인지 여부에 대해 추가적인 검토가 필요함을 지적하였다.

다. 갱신되는 계약의 조건 및 차임 등의 증액 제한

개정안은 계약갱신요구권의 행사에 따라 갱신되는 임대차는 전 임대차와 동일한 조건으로 다시 계약된 것으로 보되, 차임과 보증금은 제7조에 따른 범위에서 증감할 수 있도록 하고 있다.[7]

이에 대한 검토의견으로는 계약갱신요구권 행사에 따른 계약갱신 시 차임이나 보증금의 인상에 대한 제한이 없을 경우 임대인이 임대차 갱신을 회피하기 위해 과도하게 높은 차임 등을 제시함으로써 임차인이 사실상 계약갱신요구권을 행사하기 어려운 상황이 발생할 우려가 있고, 따라서 계약갱신요구권 행사에 따른 계약갱신 시 차임 및 보증금의 증감 범위를 명시하여 증액을 제한함으로써 이러한 문제점을 방지하고 계약갱신요구권의 실효성을 보장하려는 개정안의 입법취지를 인정하고, 계약갱신요구권 제도의 실효성 확보와 임차인의 주거안정 강화를 위해서는 계약갱신 시에도 상당한 수준의 증액 제한이 필요한 측면이 있다고 하면서도, 차임 등의 증액 제한 시 임대인의 보상심리로 인한 단기적인 임대료 급등 및 신규임차인에 대한 진입장벽 등 부작용이 발생할 우려가 있음을 지적하였다.

라. 계약갱신요구권을 통한 임대차존속 보장기간

개정전 법에 의하면 임차인에게 2년간 임대차기간을 보장하였는데, 개정안은 계약갱신요구권을 도입하여 실질적으로 임차인에게 4년(윤후덕 의원안, 박홍근 의원안), 6년(김진애 의원안), 혹은 무제한(백혜련 의원안, 박주민 의원안) 임대차존속을 보장하려는 것이다.

---

7) 개정 전 제7조는 증액의 경우 대통령령으로 정하는 기준에 따른 비율(=약정한 차임 등의 20분의 1)을 초과하지 못하도록 제한하고 있으나, 각 개정안은 증액 제한의 범위를 더욱 낮출 수 있도록 하는 내용을 담고 있었다.

이에 대한 검토의견으로는 임대차존속 보장기간은 임차인의 주거권 보호와 임대인의 재산권 보장이 조화를 이룰 수 있는 범위에 대한 고려와 임대차시장에 대한 충격을 최소화할 수 있는 범위에 대한 고려가 함께 필요하다고 하면서, 차임 등의 인상에 제한을 받음에도 계약갱신요구권의 행사에 따른 임대차존속 보장기간이 길어질수록 임대인의 재산권 제한의 정도가 증가한다는 점을 감안할 필요가 있고, 계약갱신요구권 도입을 통한 임대차존속 보장기간이 길어질수록 신규 계약체결 시의 임대료가 높아져 오히려 임차인에게 불리하게 작용할 우려도 있음을 지적하였다.

마. 임대인이 허위 사유로 계약갱신 거절 시 손해배상 등

박주민·백혜련·박홍근의원안은 임차주택의 철거·재건축 또는 임대인의 실거주를 위하여, 즉 임차인의 의무 위반이 아닌 임대인의 사정으로 계약 갱신을 거절하는 경우에는 임차인을 보호하기 위한 추가적인 규정을 두고 있다.

이에 대한 검토의견으로는 임대인의 실거주의 경우 임차인이 그 여부를 확인하기 어려워 임대인이 허위로 사정을 꾸며낼 가능성이 높으나, 철거 및 재건축은 구체적인 계획을 고지하고 그에 따르는 경우나 다른 법령에 따라 이루어지는 경우 등으로 그 사유를 한정하고 있고 실제 시행 여부를 객관적으로 확인하기도 어렵지 않으므로 임대인의 허위 주장을 방지하기 위한 법정손해배상 규정을 둘 필요성이 크지 않다는 의견을 제시하였다. 또한 '임차인이 2년간 추가 지출하게 된 임대료 차액분의 합계액'을 손해배상액의 기준으로 삼고 있는 것에 대해서도, 임차인이 통상적인 수준 이상의 임대료로 신규 임대차계약을 체결한 경우에도 임대인이 이를 배상하여야 하는 것은 자기책임의 원칙에 부합하지 아니함을 지적하였다.

바. 개정규정이 적용되는 임대차의 범위(부칙 적용례)

계약갱신요구권에 관한 개정안의 내용이 적용되는 임대차의 범위와 관련하여 윤후덕·백혜련·박홍근안은 부칙에 적용례를 두어 '이 법 시행 후 최초로 체결되거나 갱신되는 임대차 계약'부터 적용되고 이 법 시행 당시 존속 중인 임대차계약에 대하여는 적용되지 아니함을 명시하고 있으며, 박주민·김진애 의원안은 별도의 적용례를 두고 있지 아니하였다.

이러한 개정규정의 적용범위에 대한 검토의견으로는, 법 시행 후 최초로 체결되거나 갱신되는 임대차계약을 제외하는 것은 임대인에 대한 신뢰보호 및 법적 안정성의 측면에서 타당성을 가진다고 하면서도, 계약갱신요구권 및 차임 등 증액 상한을 적용받게 될 임대인이 임대를 기피하거나 보증금 및 차임을 대폭 인상하여 임대주택의 공급부족 또는 임대료 상승 등의 부작용을 초래할 우려가 있음을 지적하였다. 반대로 개정규정의 적용범위와 관련하여 별도의 적용례를 두지 아니할 경우에는 개정법 시행 당시 존속 중인 임대차의 임차인에게도 계약갱신요구권이 보장되는데, 따라서 임대료 상승 등의 부작용 없이 즉각적으로 제도 도입의 실효성을 확보할 수 있다는 장점이 있는 반면, 신뢰보호 및 재산권 제한 측면에서 임대인에게 불리한 조치라는 문제가 있음을 지적하였다. 따라서 임대인에 대한 신뢰보호의 필요성과 개정안에 따른 임차인 주거안정 강화를 위한 정책적 필요성을 비교형량하여 결정하고 그 적용범위를 명확히 규정해야 할 것이라고 하였다.

(3) 차임 등의 증액 상한 법정화[8]

개정안은 현행법에서 대통령령에 위임하고 있는 증액 제한의 범위를 법률로 상향하여 직접 규정하여 임차인을 두텁게 보호하려는 것이었다.

이에 대한 검토의견으로는, 개정전 제7조는 임대차계약 존속 중 경제사정의 변동에 따른 차임 등의 증감에만 적용되는 규정이나, 개정안에 따르면 임대차 존속 중뿐만 아니라 계약갱신요구권 행사에 따른 계약갱신 시에도 개정안 제7조에 따른 인상률 상한이 적용되므로 이러한 점을 고려하여 상한을 결정하여야 하면서, 법률에서 차임 등 증액청구의 상한을 직접 정하는 것은 재산권에 관한 사항을 국민의 대표자인 입법자가 정하여 명시한다는 장점이 있으나, 임대료는 시장의 수요·공급 여건 및 시중금리 등 경제상황에 따라 민감하게 변동하는 것이므로 차임 등 증액 청구 상한의 법정화가 오히려 사회경제적 여건 변화에 따른 신축성과 탄력성을 저해할 우려가 있음을 지적하였다.

---

8) 이하의 내용은 제21대 국회 법제사법위원회 주택임대차보호법 일부개정법률안 검토보고서(법제사법위원회 전문위원 박철호 집필), 39면 이하의 내용을 요약·정리한 것이다.

(4) 표준임대료 제도 도입[9]

표준임대료 제도는 행정기관이 일정한 기준에 따라 적정한 임대료를 결정하여 임대료에 대한 가이드라인을 제시함으로써 임대인과 임차인 간의 분쟁을 원활히 해결하고 임대차 시장의 안정을 달성하려는 제도이다. 박주민·박홍근·김진애 의원안은 지방자치단체의 장으로 하여금 표준임대료를 결정하여 공시하도록 하였다.

이에 대한 검토의견으로는, 표준임대료 제도에 대해서도 찬반양론이 있는 바, 찬성의견으로는 (ⅰ) 주택임대차 관련 정보의 비대칭성을 해소하여 임차인의 지위를 향상시키고, (ⅱ) 임대료 관련 분쟁을 원활하게 해결할 수 있으며, (ⅲ) 임대료에 관한 기초 인프라를 구축하여 향후 임대료 규율의 근거가 될 뿐만 아니라 표준임대료의 공시만으로도 임대료 인상에 관한 권고적 효과가 발생할 수 있는 등 임대료 폭등을 통제할 수 있다는 등의 이유를 제시한다.

반면 반대의견으로는 (ⅰ) 임대료를 행정기관이 결정하는 것은 사적자치의 원칙에 반하고 임대인의 재산권 행사에 대한 과도한 침해가 될 소지가 있고, (ⅱ) 임대인이 임대주택의 공급을 기피·축소하거나 다양한 명분으로 임차인에게 임대료 외에 음성적인 요구를 하거나 임대주택의 보수나 수선비용을 임차인에게 부담시키는 등의 부작용이 발생할 소지가 있으며, (ⅲ) 표준임대료에 대한 임대인이나 임차인의 불복으로 오히려 임대료 관련 분쟁 발생이 증가할 수 있다는 등의 문제점을 제시한다.

3. 국회 법제사법위원회와 본회의 통과 과정

(1) 국회 법제사법위원회

제380회(임시회) 제2차 법제사법위원회(2020. 7. 29.)는 발의된 6건의 주택임대차보호법 개정법률안을 본회의에 부의하지 아니하기로 하고 각 법률안의 내용을 통합·조정하여 위원회 대안으로 제안하기로 의결하였다. 이 과정에서 윤호중 법제사법위원회 위원장이 주택임대차보호법 개정안(대안)을 상정하고 의결 절차를 진행하자, 야당인 미래통합당 법제사법위원회 위원들은 "의사일정 협의가 되지 않았다"며

---

9) 이하의 내용은 제21대 국회 법제사법위원회 주택임대차보호법 일부개정법률안 검토보고서(법제사법위원회 전문위원 박철호 집필), 47면 이하의 내용을 요약·정리한 것이다.

강하게 반발하였고, 항의가 받아들여지지 않자 미래통합당 위원들이 단체로 퇴장함에 따라 개정안은 여당인 더불어민주당 등에 의해 단독으로 처리되었다.

개정안의 주요 내용은, 임대차 계약을 1회 갱신(2+2=4년)할 수 있는 계약갱신요구권과, 차임이나 보증금의 인상률은 5% 이내로 하되, 지방자치단체가 별도 조례로 그 이하로 정할 수 있게 하는 내용의 전월세 상한제가 포함되었으나, 표준임대료 제도는 삭제되었다. 그 구체적인 내용은 다음과 같다.

"가. 임대인은 임차인이 임대차 종료 전 일정 기간에 계약갱신을 요구할 경우 정당한 사유 없이 거절하지 못하도록 하고, 임차인은 계약갱신요구권을 1회에 한하여 행사할 수 있도록 하며, 갱신되는 임대차의 존속기간은 2년으로 봄(안 제6조의3제1항 및 제2항 신설).

나. 임대인이 실거주를 사유로 갱신을 거절하였음에도 불구하고 갱신요구가 거절되지 아니하였더라면 갱신되었을 기간이 만료되기 전에 정당한 사유 없이 제3자에게 목적 주택을 임대한 경우 임대인은 갱신거절로 인하여 임차인이 입은 손해를 배상하도록 함(안 제6조의3제5항 및 제6항 신설).

다. 차임 등의 증액 상한을 약정한 차임이나 보증금의 20분의 1의 금액으로 하되, 특별시·광역시·특별자치시·도 및 특별자치도는 관할 구역 내의 지역별 임대차 시장 여건 등을 고려하여 20분의 1의 범위에서 조례로 달리 정할 수 있도록 함(안 제7조제2항 신설).

라. 현재 대한법률구조공단 지부에 설치하도록 한 주택임대차분쟁조정위원회를 한국토지주택공사 및 한국감정원의 지사 또는 사무소에도 설치하도록 함(안 제14조제1항).

마. 법무부장관이 국토교통부장관과 협의하여 주택임대차표준계약서를 정하도록 함(안 제30조)."

(2) 국회 본회의

제380회 국회(임시회) 제7차 국회 본회의(2020. 7. 30.)에서는 전날 법제사법위원회에서 의결된 주택임대차보호법 일부개정법률안(대안)이 상정되었다. 이 개정법률안은 재석 187인 중 찬성 185인, 기권 2인으로 가결되었다.

Ⅲ. 법개정에 대한 평가

개정「주택임대차보호법」은 "주택시장의 불안정 속에 전세에서 월세로의 전환이 빨라지고 주택 임대료가 상승함에 따라 임차가구의 주거 불안과 주거비 부담이 가중되고 있으나, 현행법으로는 안정적인 주거를 보장하기에 충분하지 아니하다"[10]는 인식에 근거를 두고, 임차인의 보호를 위한 계약갱신요구권과 전월세 상한제를 그 주요내용으로 하고 있다.

그런데 이러한 개정법의 태도는, 국내 주택임대차 시장이 임차인이 차임만을 임대인에게 지급하는 외국과는 달리, 차임뿐만이 아니라 보증금이라는 금융자산까지 함께 지불되고, 또한 보증금과 차임 간의 관계가 표준화되어 있지 않고 차임 없이 보증금만 지급하는 채권적 전세부터 보증금과 차임을 함께 지불하는 보증부월세(일명 반전세), 그리고 차임만 지급하는 순수한 월세까지 다양하다는 특성을 간과하고, 외국의 차임 통제에 관한 제도를 참고하여 제도를 신설한 것이라고 보는 것이 타당하다.[11] 따라서 이러한 개정법은 전세에서 월세로의 전환을 더욱 촉진하여 결국 임차인에게 더욱 손해를 끼치는 방향으로 제도가 운용될 것으로 보인다.[12]

개정법 시행 이후 주택임대시장은 더욱 불안해진 모습을 보이고 있다. 기존 임차인들이 계약갱신요구권을 활용해 계속 거주를 하게 되면서 주택임대시장의 임대주택 수가 크게 감소하였고, 이와 함께 매수인은 신규 임대차계약에 대해 늘어간 기간에 맞추어 거래희망가를 설정함로써 보증금과 차임이 크게 상승하였다. 또한 진행중인 매매계약에서 현재임차인이 계약갱신요구권을 행사함으로써 소유주택을 팔려던 임대인이나 그 주택에 실제 입주하려던 실소유자의 피해도 빈번하게 보고되고 있다.[13]

---

10) 주택임대차보호법 일부개정법률안(대안)(의안번호 2500) 제안이유, 2020.7.

11) 이창무, "전월세상한제 실행가능성 분석",「부동산포커스」통권92호, 한국감정원, 2016.1, 40면.

12) 위의 글, 49면.

13) 김준형, "새 주택임대차제도가 놓치고 있는 것들 ―미국 오리건주의 상원법안 608(Senate Bill 608)의 사례―",「도시정보」통권463호, 대한국토·도시계획학회, 2020.10, 45면.

또한 개정법에서 보호하고자 하는 임차인은 '현재의 임차인'으로서, 임대인과 그 외 주택임대시장의 다른 참여자의 입장을 간과한 것으로 보인다. 개정법에 의하면 임대인은 주택임대차기간과 보증금·차임에 있어서 개정전 법 시행시와 비교하여 손해를 감내할 수밖에 없는데, 임대인은 이러한 손해를 4년 뒤 '미래의 임차인'과 그 외 주택시장 참여자에게 전가할 수 있을 것으로 보인다. 결국 현재의 임차인을 위하여 미래의 임차인을 비롯한 주택시장 전체 참여자가 피해를 감내해야 하는 입법이 이루어졌다고 할 것이다.

주요 참고문헌

곽수환, "주택 임대차 규제가 이해관계자에 미치는 파급효과", 「경영컨설팅연구」 제 20권 제3호, 한국경영컨설팅학회, 2020.

김영희, "주택임대차에서 사적자치와 거래비용과 사법적극주의", 「법학연구」 제30권 제1호, 연세대학교 법학연구원, 2020.

김준형, "새 주택임대차제도가 놓치고 있는 것들 -미국 오리건주의 상원법안 608(Senate Bill 608)의 사례-", 「도시정보」 통권463호, 대한국토·도시계획학회, 2020.

이창무, "전월세상한제 실행가능성 분석", 「부동산포커스」 통권92호, 한국감정원, 2016.

지원림, "저간의 부동산임대차 법제에 관하여", 「부동산법학」 제24집 제3호, 한국부동산법학회, 2020.

최성경, "주택임대차에 대한 소고 -임차권의 존속보호와 차임 인상률 규제를 중심으로-", 「법학논총」 제43권 제4호, 단국대학교 법학연구소, 2019.

추선희·김제완, "개정 주택임대차보호법상 갱신요구권에 관한 몇 가지 쟁점", 「법학논집」 제25권 제1호, 이화여자대학교 법학연구소, 2020.

국토교통부·법무부, 2020.7.31. 개정 「주택임대차보호법」 해설집, 2020.

한국부동산분석학회(연구책임자 임재만), 주택임대차 계약갱신청구권 도입의 영향에 관한 연구, 법무부 용역보고서, 2019.

입법기술 측면에서 본 형사입법의 제 문제

김슬기 (대전대학교)

I. 들어가며

형법 영역에서 입법자에게 주어진 과제는 어떤 행위를 범죄로 규정할 것인지 그리고 그 구성요건에 어느 정도의 형벌을 부과할 것인지를 결정하는 일이다. 그런데 전자가 형사정책과 형법 도그마틱(범죄론)의 주된 논의 대상이었던 관계로 형사입법 영역에서의 문제제기는 후자, 특히 '법정형'과 관련하여 주로 이루어졌다.

법정형은 개별 범죄에 대한 효과로서 법률에 일정한 범위로 규정된 형벌이다.[1] 법정형은 법관에게는 선고가능한 형량의 한계라는 실천적 의미를 갖지만 그보다 더 근본적으로는 개별 구성요건으로 유형화된 실질적 불법성에 대한 사회적 평가를 반영하는 입법적 결단이라는 의미를 갖는다.[2] 그동안 이 논의에서 빠지지 않고 계속 지적된 것은 상징적으로 형벌의 위하적 효과만을 강조한 '중형주의'의 문제였다.[3] 다행스러운 것은 2010년 무렵부터 학계에서 법정형 관련 논의가 본격화되면서 학회 - 국

---

[1] 김슬기, "한국 형법의 법정형에 관한 연구", 연세대학교 대학원 박사학위논문, 2010, 6면.

[2] 박상기, "형법상 법익유형과 법정형에 관한 소고", 「형사법연구」 제19권 제3호, 한국형사법학회, 2007. 800면.

[3] 대표적으로 박경규, "법정형의 적정성 판단기준의 상세화 및 입법환경의 개선을 통한 고강도형벌정책 경향의 감소방안", 「형사정책」 제31권 제1호, 한국형사정책학회, 2019; 안나현, "중형주의적 형벌정책에 관한 비판적 연구", 「법학논집」 제23집 제1호, 조선대학교 법학연구원, 2016; 이인영, "형벌 중형화 경향에 관한 비판적 검토", 「비교형사법연구」 제18권 제2호, 한국비교형사법학회, 2016 등.

회법제실 공동 주관의 세미나가 개최되고[4] 국회의장 직속의 '법정형정비자문위원회'[5]가 발족되는 등 실무와 연계하여 실효성 있는 개선 방안 마련을 위한 노력이 이루어지고 있다는 점이다. 그리고 실질적 의미의 형법 전반의 법정형 정비는 사실상 형사입법 전체에 대한 전면 개정에 준하는 작업이라는 점에서 단기간 내에 몇 번의 입법적 조치로 일단락될 수 있는 문제가 아니다. 따라서 법정형 자체의 적정성 확보는 형사입법 분야에서 지속적으로 전제하고 추진해야 할 과제라 할 수 있다. 그리고 이제는 형사입법 내용(구성요건과 형벌) 자체의 규범적 검토에서 나아가 입법 절차나 입법기술, 입법평가에 이르기까지 입법학적 관점에서의 형사입법 전반에 관한 연구가 시작되어야 할 때라고 생각된다.

따라서 이 글은 그동안 거의 논의되지 못하였던 '입법기술(Gesetzgebungstechnik, Technique of Legislation)'의 측면에서 형사입법의 문제점을 개괄적으로 제시해 보고자 한다. 다만 이 글은 형사법 연구자의 입장에서 형사입법에 나타난 '형식적'인 문제제기를 시작하는 데에 목적이 있으므로 그동안 입법학 분야에서 실무적으로 다루어 온 법령의 입법기술에 관한 논의보다는 다소 광범위한 규범적 논의까지를 포함하고 있다는 점을 밝힌다.

II. 형사특별법 선호로 인한 체계정당성의 문제

1. 형사특별법 선호 현상

실질적 의미의 형법에는 형사실체법의 기본법인 '형법'과 규정사항의 특수성을 이유로 별도의 법률로 만들어진 '형사특별법', 당초의 입법목적은 행정적 규제에 있으나 위반 행위에 대하여 형사처벌을 벌칙으로 규정한 '행정형법'이 포함된다.

---

4) 2013년 11월 7일(목) 15:00부터 국회사무총장이 주최하고 국회법제실과 한국형사법학회가 공동주관하는 '법정형 정비를 위한 세미나'가 개최되었으며 정현미 이화여대 교수가 '법정형과 합리화 방안'으로, 문홍성 법무부 형사법제과장이 '자유형 제도의 개선 방안'으로 각각 주제발표를 하였다.

5) 국회의장 직속 자문기관으로 2013년 3월 14일 위원들이 위촉되어 6월 30일까지 운영되었으며 행정의무 위반 시 제재수단으로서 형벌을 규정한 법률조항 6천여 개를 검토하여 형벌 간 불균형을 바로잡기 위한 정비기준을 마련하고 정비가 필요한 조항을 선정하는 역할을 수행하였다.

그동안 입법자들은 형사제재의 타당성과 실효성에 관한 검증과정이 사실상 부재한 상태에서 사회통제수단으로서 형사법에 과도한 기대를 걸어왔다.[6] 따라서 입법의 정당성보다는 필요성이 강조될 때 중형주의를 기조로 하는 형사입법이 제일 손쉽게 고려되었다. 형법의 보충성, 겸억성의 기본적 요청과는 정반대 방향의 입법적 선택은 상징입법의 문제와도 밀접한 관련을 가지고 있다.

그리고 형사입법의 과정에서 기본법인 형법에 비하여 상대적으로 이론적 정합성이 덜 강조되는 형사특별법이라는 입법방식이 선호된다. 형법전 등 기존의 형법규정과의 충돌이나 중복, 모순 등을 면밀히 검토하지 않고 단기적이고 정치적인 이익을 추구하기 위한 입법자의 입장에서의 선택이라 할 수 있다.[7] 그 결과 법률명에서부터 형벌 가중의 입법 목적을 드러내는「특정범죄가중처벌 등에 관한 법률」,「특정경제범죄 가중처벌 등에 관한 법률」과 같은 형사특별법이 양산되었다.

2. 체계정당성의 문제

체계정당성이란 일정한 법률의 규범 상호 간에는 그 내용과 체계에 있어서 조화를 이루고 상호 모순 없이 본래의 입법 목적의 실현에 합치되고 이바지하는 것을 말한다.[8] 즉, 개별 법률규정이나 개별법은 독립적으로 존재하는 것이 아니라 다른 법령과 상호 유기적으로 결부하여 전체적인 법제도와 법령의 체계를 구성하며 이들 규정 사이에는 조화의 관계 내지는 균형의 관계가 존재해야 한다.[9]

위에서 살펴본 형사입법에서의 특별법 선호 경향은 예외나 보충을 위한 특별법이 아닌 일반법을 대체하는 형사특별법의 양산을 초래했고, 이는 일반법으로서 형법의 사문화·공동화라는 결과로 이어졌다.[10] 그 법체계의 균형 상실은 일반형법과

---

6) 변종필, "형사특별법의 입법구조와 이론적 기초",「비교형사법연구」제11권 제2호, 한국비교형사법학회, 2009, 345면.

7) 변종필, 위의 논문, 345면.

8) 홍완식, "체계정당성의 원리에 관한 연구",「토지공법연구」제29집, 한국토지공법학회, 2005, 461면.

9) 서윤호, "입법이론에서의 체계정당성",「통일인문학」제65권, 건국대학교 인문학연구원, 2016, 279면.

10) 이경열, "형사특별법의 입법구조와 이론적 기초",「비교형사법연구」제14권 제2호, 한국비교형

형사특별법 간에서만 아니라 특별법 상호 간에서도 마찬가지여서 전체 규범 체계의 혼란은 더욱 가중되었다.

예를 들어 성폭력범죄에 대해서는「형법」이 기본 법률이 되고 이에 일반적으로 규정되지 못한 사항적 특수성이 인정되는 부분에 한해서 특별법이 예외 규정으로 기능하여야 하지만 현재「성폭력범죄의 처벌등에 관한 특례법」(이하, 성폭력처벌법)은 성폭력범죄에 관하여 일반적이고 광범위한 구성요건 및 처벌 규정과 절차상 특례를 규정하고 있다. 또한「아동·청소년의 성보호에 관한 법률」(이하, 청소년성보호법)은 '아동·청소년'이라는 특수한 적용 대상에 대해서 우선적으로 적용되어야 하는 형사특별법이지만 경우에 따라서는 성폭력처벌법이 우선 적용된다. 13세 미만인 자를 강간한 경우, 두 법률의 법정형을 기준으로 보면 성폭력처벌법이 특별법이지만(성폭력처벌법 제7조 제1항), 13세 이상 19세 미만자를 강간한 경우에는 청소년성보호법이 특별법이 된다(청소년성보호법 제7조 제1항).[11]

이와 같이 입법의 정당성보다는 주로 필요성에 근거하여 제·개정된 형사특별법은 입법내용적 측면에서 비례성 원칙 위반의 문제를 심화시키는 데에서 그치지 않고 입법기술적으로도 체계정당성의 문제를 가중시킨다.

Ⅲ. 행정형법의 입법 형식으로 인한 수범자 이해용이성의 문제

1. 행정형법의 금지규정과 벌칙규정의 분리

행정형법은 당초부터 최후수단인 형벌에 의한 보호법익의 보호라는 개념을 전제로 입법이 이루어진 것이 아니기 때문에 그 자체로는 형사법적 불법성을 판단하기 어려운 기술적 요구와 금지의 내용을 담게 된다.[12] 따라서 형식적으로 "특정 행

사법학회, 2012, 206면.

11) 성폭력범죄처벌법 제7조(13세 미만의 미성년자에 대한 강간·강제추행 등) ① 13세 미만의 사람에 대하여「형법」제297조(강간)의 죄를 범한 사람은 무기징역 또는 10년 이상의 징역에 처한다. 청소년성보호법 제7조(아동·청소년에 대한 강간·강제추행 등) ① 폭행 또는 협박으로 아동·청소년을 강간한 사람은 무기징역 또는 5년 이상의 유기징역에 처한다.

12) 김태우, "형사특별법의 입법 절차 개선:보호법익론을 중심으로",「법제」통권 제651호, 법제처, 2012, 11면.

위를 하여야 한다 또는 하여서는 안 된다(의무 내지 금지규정)” + “제 ○ 조의 의무를
이행하지 아니한 자는 ~에 처한다(처벌규정)”의 형식을 일반적으로 취하여 실체규
정의 금지규정과 벌칙규정의 내용이 별도로 분리되는 형태로 구성된다.[13]

　　예를 들어 아동학대범죄에 관한 현행 법률의 규정현황을 살펴보면 「아동복지
법」이 아동학대의 개념을 정의하고(제7조) 이에 대한 금지규정(제17조)과 금지규정
위반에 대한 처벌규정(제71조)을 두고 있다. 그리고 형사특별법이라 할 수 있는 「아
동학대범죄의 처벌 등에 관한 특례법」(이하 아동학대처벌법)은 아동복지법 제71조 제1항
각 호의 죄(제3호의 죄 제외)를 ‘아동학대범죄’로 규정하고 있다(제2조 제4호 타목). 결국
형법 구성요건으로서의 아동학대에 관한 내용은 일반법인 형법 또는 별도의 형사특별
법에 의하여 그 성격에 부합하도록 새롭게 규정되지 못하고 일종의 행정형법이라 할
수 있는 아동복지법 제71조가 기본적인 처벌 규정이 되는 것이다.

아동복지법상 대표적 금지 및 처벌 규정

내용	아동복지법
금지행위 규정	제17조(금지행위) 누구든지 다음 각 호의 어느 하나에 해당하는 행위를 하여서는 아니 된다. 2. 아동에게 음란한 행위를 시키거나 이를 매개하는 행위 또는 아동에게 성적 수치심을 주는 성희롱 등의 성적 학대행위 3. 아동의 신체에 손상을 주거나 신체의 건강 및 발달을 해치는 신체적 학대행위 5. 아동의 정신건강 및 발달에 해를 끼치는 정서적 학대행위
형사처벌 규정	제71조(벌칙) ① 제17조를 위반한 자는 다음 각 호의 구분에 따라 처벌한다. 1의2. 제2호에 해당하는 행위를 한 자는 10년 이하의 징역 또는 1억원 이하의 벌금에 처한다. 2. 제3호부터 제8호까지의 규정에 해당하는 행위를 한 자는 5년 이하의 징역 또는 5천 만원 이하의 벌금에 처한다.

　　위와 같은 규정 형식으로 인하여 일반적인 행정법의 내용으로는 수용가능한 법
률의 규정도 죄형법정주의의 대원칙이 적용되는 형사법의 규정으로는 논란이 야기
되는 경우가 발생한다. 위에서 살펴본 아동복지법상의 아동학대 처벌규정과 그에
대한 판례의 해석에 대하여 계속해서 죄형법정주의 위반의 문제가 제기되는 것도

---

13) 김태우, 위의 논문, 11면.

이러한 맥락이다.14)

예를 들어, 아동복지법 제71조 제1항에 의하면 "아동에게 성적 수치심을 주는 성희롱 등의 성적 학대행위"가 처벌되는데 기본적으로 성인을 대상으로 한 '성희롱'은 현행법상 형사범죄가 아닌 민사상 불법행위로 규제된다. 따라서 이에 대한 형사법적 검토가 필요함에도 규정에는 이러한 고려가 없기 때문에 이러한 처벌이 타당한지,15) 타당하다면 아동에 대한 성희롱의 개념 요소가 어떻게 정립되어야 하는지16) 등 법적용에 있어서 논란의 여지가 있다. 또한 아동복지법 제71조 제1항 "아동의 정신건강 및 발달에 해를 끼치는 정서적 학대행위"에 대한 해석도 유사한 논란을 야기한다. '정신건강', '발달', '정서' 등의 용어는 범죄구성요건의 개념으로 낯설기 때문이다.

이와 같이 행정형법의 구성요건 규정 형식은 개별 구성요건에 일반적·추상적 개념을 증가시켜서 결과적으로는 사법부의 추가적 해석을 필수로 전제하게 되어 행위와 처벌에 관한 예측가능성이 입법권에 의하여 담보되지 못하는 문제가 발생한다.

2. 행정형법의 구성요건별 분류 방식

행정형법에서 금지규정과 분리된 벌칙 규정은 별도의 범죄명이 아닌 '벌칙'이라는 조명을 갖는 것이 일반적이다. 그런데 하나의 법률에 여러 조문의 벌칙 규정이 있는 경우 이들을 일정 기준으로 분류하고 조를 달리하여 규정하게 된다. 범죄에 대한 구성요건과 이로 인한 효과로서의 형벌이라는 형사법의 기본 체계를 생각하면 분류기준은 구성요건의 실질이 되는 것이 타당하다. 예를 들어 「도로교통법」 제156

---

14) 김용화, "「아동학대범죄의 처벌 등에 관한 특례법」 시행 1주년에 즈음하여 —아동학대 처벌 관련 법 통합 논의를 중심으로—", 「법학논총」 제22권 제3호, 조선대학교 법학연구소, 2015, 603면; 류부곤, "아동학대범죄의 개념과 처벌에 관한 법리적 검토", 「형사정책」 제27권 제1호, 한국형사정책학회, 2015, 142면.

15) 이천현, "아동학대 처벌규정에 관한 검토 —아동복지법을 중심으로—", 「소년보호연구」 제27권, 한국소년정책학회, 2014, 182면; 한재봉, "아동복지법 제17조 제2호 성적학대행위의 처벌에 관한 검토, 「재판과 판례」 제25집, 2016, 472면.

16) 이천현, "아동학대 처벌규정에 관한 검토 —아동복지법을 중심으로—", 「소년보호연구」 제27권, 한국소년정책학회, 2014, 182면.

조와 제157조에 규정된 범죄는 그 법정형은 동일하지만 그 범죄의 특징에 따라 조문을 분리하고 있다.

도로교통법

제156조(벌칙) 다음 각 호의 어느 하나에 해당하는 사람은 20만원 이하의 벌금이나 구류 또는 과료에 처한다.

⇒ 이하 12개 각호는 "운전자" 위반 행위

제157조(벌칙) 다음 각 호의 어느 하나에 해당하는 사람은 20만원 이하의 벌금이나 구류 또는 과료에 처한다.

⇒ 이하 4개 각호는 "보행자" 위반 행위

그러나 이와 달리 구성요건의 내용이 아닌 법정형의 다소를 분류기준으로 선택하고 있는 법률이 있다. 예를 들어 마약류관리법의 벌칙규정들은 법정형별로 조항을 나누고 그에 해당하는 구성요건을 나열하는 방식을 취하고 있다.

마약류 관리에 관한 법률

제8장 벌칙

제58조(벌칙) ① 다음 각 호의 어느 하나에 해당하는 자는 무기 또는 5년 이상의 징역에 처한다. (이하 각호 생략)

제59조(벌칙) ① 다음 각 호의 어느 하나에 해당하는 자는 1년 이상의 유기징역에 처한다. (이하 각호 생략)

제60조(벌칙) ① 다음 각 호의 어느 하나에 해당하는 자는 10년 이하의 징역 또는 1억원 이하의 벌금에 처한다. (이하 각호 생략)

제61조(벌칙) ① 다음 각 호의 어느 하나에 해당하는 자는 5년 이하의 징역 또는 5천만원 이하의 벌금에 처한다. (이하 각호 생략)

분류 방식 그 자체는 범죄와 형벌의 내용 자체에 영향을 직접적으로 미치지 않지만 형식적으로는 구성요건의 불법성에 따른 법정형의 설정이라는 형사입법의 기본을 흔드는 결과가 야기된다.

3. 수범자 이해용이성의 문제

가능한 한 많은 수범자가 구체적 법률을 접하면서 해당 법률의 입법목적 등을 파악하는 데 어려움이 크다면 수범자인 일반국민은 권리실현이 곤란하게 되고, 집행자 역시 법률의 의미에 대한 파악이 어려워져 입법목적이 왜곡되어 나타날 우려가 있다.[17]

특정 범죄행위에 대한 형사처벌이라는 기본적 입법목적이 분명한 형사특별법의 경우, 입법취지 및 주요 규정의 본질적 내용을 파악하는 것이 상대적으로 용이하다. 반면 행정형법의 경우, 당초의 입법목적과 내용이 형사법적 규제를 염두에 둔 것이 아니기 때문에 일반 수범자의 입장에서는 이를 파악하는 데어 어려움을 겪게 된다. 더구나 행정형법은 법률 내용 자체에서 금지되는 행위를 모두 규정하지 못하고, 하위법령이나 다른 법률을 참조하여야만 그 금지의 실질을 알 수 있는 경우가 많다. 이 경우 입법자나 전문가의 입장에서조차 향후 처벌되는 행위의 범위를 명확히 인식하기 어려운 경우가 있어 일반인 이해가 쉽지 않음은 당연한 결과이다.[18]

대표적으로 「마약류 관리에 관한 법률」(이하, 마약류관리법)이 규정하고 있는 마약류 범죄에 관한 처벌 규정을 들 수 있다. 예를 들어 제조범죄와 관련하여 제58조 제1항은 마약과 향정신성의약품 가, 나목을 동일하게 취급하고 다목과 라목은 제59조 제1항과 제60조 제1항에서 각각 차등적으로 취급하는 반면 유통범죄와 관련하여서는 제58조 제1항이 마약과 향정신성의약품 가목만을 동일하게 취급하고 향정신성의약품 나,다목은 제59조 제1항이, 향정신성의약품 라목은 제60조 제1항이 각각 규정하고 있어 대상 물질의 유형에 따른 차등 기준을 파악하는 데에 곤란함이 있다. 또한 유통범죄와 관련하여 제58조 제1항에서 마약, 향정신성의약품 가목 등은 '매매, 알선, 수수'를 동일하게 취급하는 반면 제59조 제1항에서 대마는 '매매, 알선'보다 '수수'의 형을 감경하여 처벌하고 있어 구성요건적 행위의 기준도 혼란스럽다. 그리고 제58조 제3항은 제1항과 제2항에 규정된 죄의 미수범은 처벌한다고 하고 있으나 구체적인 형량이나 감경의 정도에 대해서는 규정이 없다. 이에 대하여 마약류관

---

17) 최윤철, "입법학 체계정립을 위한 작은 시도", 「법과 정책연구」, 한국법정책학회, 2012, 19면.
18) 김태우, 앞의 논문, 11면.

리법상 구체적인 처벌의 대상 행위와 형벌에 대하여 수범자가 내용을 파악하기에 곤란하다는 비판이 제기되어 왔다.[19]

그리고 이러한 규정의 복잡성으로 인하여 일종의 입법상 오류라 할 수 있는 중첩적 적용 영역도 발생하였다. 제59조 제1항 제5호와 제60조 제1항 제1호 모두 향정신성의약품 가목의 '사용'을 구성요건으로 규정하고 있어 두 규정이 충돌하는 것이다.[20]

결국 수범자의 입장에서 마약류관리법의 대표 처벌규정을 두고 자신의 행위가 금지되는지, 어떠한 형벌이 부과되는지를 파악하는 것이 매우 어렵다는 점은 그 처벌 내용의 적정성 및 타당성과는 별개로 입법기술적으로 논의가 필요한 문제이다.

IV. 향후 연구과제

형사특별법의 남용과 이로 인한 기본법으로서 형법의 지위 약화, 형벌 가중에 의한 일반예방 효과의 맹신과 이에 따른 법정형과 선고형의 괴리 같은 문제를 지적한 연구는 그동안 많이 이루어졌다. 이제는 이러한 기존 연구들의 규범적 검토나 대안 마련을 바탕으로 보다 실천적인 개선 방향을 도출할 필요가 있으며 여기에 직접적으로 기여할 수 있는 것이 입법학적 관점이라고 생각한다. 이러한 측면에서 과거에는 법정형 연구에서 찾아보기 어려운 연구방법을 이용한 연구[21]나 형사입법의 문제점에 대한 해결방안으로 입법관련 제도 및 환경 개선을 제시한 연구[22]가 최근 나오고 있는 것은 고무적인 일이라 평가된다.

이 글에서는 형사특별법과 행정형법의 입법현황에서 드러난 입법기술적 문제

---

19) 강동범, "마약류범죄 단속 및 처벌 규제의 개선방안", 「한국중독범죄학회보」 제5권 제1호, 한국중독범죄학회, 2015, 14면.

20) 이에 대하여 조응천 의원이 2020년 9월 15일 대표발의한 마약류관리법 일부개정법률안(의안번호 제3907호)은 포괄적 금지규정인 제3조 제1호에서 별도 금지규정을 제외한다는 점을 명확히 하여 행위에 대한 중첩규정과 법정형의 불균형 문제를 해결하고자 하였다(안 제3조 제1호).

21) 김재윤, "형벌 규정의 전체현황, 법정형의 수준 및 균형성 분석 —30년간의 전체 형벌 규정에 대한 텍스트 분석을 이용하여—", 「법경제학연구」 제16권 제2호, 법경제학회, 2019.

22) 박경규, 앞의 논문.

점을 개괄적으로 살펴보았다. 향후 구체적인 개별 법률들을 대상으로 실질적 형법의 입법기술적 문제점을 고찰하여 궁극적으로 실효성 있는 입법개선 방향을 제시하는 연구를 지속하고자 한다.

주요 참고문헌

강동범, "마약류범죄 단속 및 처벌 규제의 개선방안에 관한 연구", 「한국중독범죄학회보」 제5권 제1호, 2015

권수진, 「형사특별법 정비방안(10) 보건·의료·마약·생명·윤리 분야」, 한국형사정책연구원, 2008

김슬기, "한국 형법의 법정형에 관한 연구", 연세대학교 대학원 법학과 박사학위논문, 2010

김재윤, "형벌 규정의 전체현황, 법정형의 수준 및 균형성 분석 −30년간의 전체 형벌 규정에 대한 텍스트 분석을 이용하여−", 「법경제학연구」 제16권 제2호, 2019

김태우, "형사특별법의 입법 절차 개선:보호법익론을 중심으로", 「법제」 통권 제651호, 2012

박경규, "법정형의 적정성 판단기준의 상세화 및 입법환경의 개선을 통한 고강도형벌정책 경향의 감소방안", 「형사정책」 제31권 제1호, 2019

박상기, "형법상 법익유형과 법정형에 관한 소고", 「형사법연구」 제19권 제3호, 2007

변종필, "제7회 한중 형법 국제 학술심포지움: 형사특별법의 입법구조와 이론적 기초", 「비교형사법연구」 제11권 제2호, 2009

서윤호, "입법이론에서의 체계정당성", 「통일인문학」 제65권, 2016

안나현, "중형주의적 형벌정책에 관한 비판적 연구", 「법학논집」 제23집 제1호, 2016

이경렬, "형사특별법의 입법구조와 이론적 기초", 「비교형사법연구 제14권 제2호, 2012

이인영, "형벌 중형화 경향에 관한 비판적 검토", 「비교형사법연구」 제18권 제2호, 2016

최윤철, "입법학 체계정립을 위한 작은 시도", 「법과 정책연구」 제12권 제3호, 2012

홍완식, "체계정당성의 원리에 관한 연구", 「토지공법연구」 제29집, 2005

청소년 정치참여 확대를 위한
입법교육의 중요성 및 실천방안

이윤주 (한국청소년정책연구원)

I. 청소년 입법교육의 필요성

입법교육이란, 법교육의 일환으로 일반 국민에게 입법의 동태적 형성과정 및 원리 등에 관한 지식과 경험을 제공하여 민주시민으로서 필요한 주권 행사의 실천적 역량제공를 목적으로 하는 일체의 교육으로 정의할 수 있다. 입법교육은 기존의 이론 중심의 법교육의 한계를 극복하기 위한 대안으로서 지식과 경험을 중심으로 구성된다.

입법교육은 단순히 법교육 영역에 한정된 것이 아니라 참정권 교육 및 지역사회 참여 교육과 연계한 정치교육과 연계가 가능하다. 이와 같은 학문 간 융합과 연계는 비단 법과 정치교육에만 한정된 것이 아니라 민주시민교육 전반으로 볼 때 인권교육, 환경교육 등 다양한 영역과 접목하여 학생들을 대상으로 교육방안을 마련할 수 있다.

최근, 청소년을 대상으로 한 입법교육의 사례로 어린이 법제관 프로그램을 비롯하여 민주시민교육 프로그램의 일환인 "나도 주권자! 입법은 우리손으로"가 대표적이다. 어린이 법제관은 초등학교 4~6학년을 대상으로 어린이 법제관을 선발하여 자신이 생각하는 문제해결을 위한 법안에 대해서 정리하는 프로그램이다. 어린이들이 온라인 형태의 입법교육 프로그램을 수강하고 자신들이 가진 문제의식에 따라 입법을 위한 의견을 제시하는 과정으로 구성되어 있다. 이를 통해 어린이들은 자신이 속한 공동체에 관심을 가지고 사회문제에 따른 해결 방안으로 입법이라는 절차를 거쳐 참여하는 방법을 배우는 기회를 얻는다.

또한 "나도 주권자! 입법은 우리손으로" 프로그램(경인교육대학교 입법학센터 및 인천광역시교육청 주관)은 고등학생을 대상으로 헌법 및 입법에 관한 기초이론 교육을 토대로 실제 해당 지역 조례의 제·개정 과정에 참여하면서 보다 실효성 있는 경험을 한다. 이는 기존의 정치참여 방안으로 선거로 대표되던 소극적 참여에서 더 나아가 적극적인 시민 참여로서 청소년이 직접 자신이 살아가고 있는 지역의 제도와 법을 변화시키는 것에 큰 의의가 있다. 이와 같은 교육 프로그램들은 청소년들이 입법에 대해 친숙하게 생각하고 경험할 수 있는 기회를 마련해준다.

청소년 대상으로 헌법에 기반한 입법에 대한 이론과 실제 입법 경험을 통한 현장과의 접목은 청소년들이 시민으로서 정치참여를 할 수 있는 기회를 마련해줄 뿐 아니라 입법활동을 통해 지역사회가 변화될 수 있다는 기대를 갖게 하면서 정치적 효능감 향상에 긍정적인 영향을 미친다. 따라서 청소년 대상의 입법교육 프로그램은 더 많은 지역에서 지속적으로 기획되고 운영될 필요가 있다.

그러나 아직까지 입법교육은 대중에게 생소한 개념이다. 기존에도 이와 유사한 활동을 진행한 사례가 있다. 중앙과 지자체 청소년 참여기구를 중심으로 청소년들이 정책제안을 하는 과정에서 조례나 법률을 제·개정 하고자 하는 움직임이 있어 왔다.

청소년 참여기구는 중앙 및 지자체를 기반으로 운영되고 있기 때문에 청소년들이 자신이 속한 공간을 대상으로 문제를 발굴하고 해결방안으로 정책을 제안하는 과정에서 입법제안을 할 수 있다. 다만, 해당 활동은 청소년 참여기구에 소속된 청소년을 중심으로 진행되기 때문에 다수의 청소년들이 경험하기엔 한계를 지닌다. 또한 입법 절차를 거치는 것도 선택적 사안이라 청소년들이 해당 지자체 조례 및 아동, 청소년, 학생과 관련된 법령을 제·개정하는 방안에 대해서 충분한 이해와 실습을 거치는 과정이 생략될 수 있다.

적극적인 시민성 함양을 위해 이제부터는 보다 많은 청소년들이 자신이 살고 있는 지역과 국가 차원에서 자신들을 둘러싼 일상에 관심을 가지고 시민으로서 의사결정에 참여할 수 있어야 한다. 또한 사회문제를 개선하고 해결하기 위한 방안 중 하나로서 제도나 법을 제·개정하는데 청소년들이 의견을 제시하는 등의 적극적인 실천 교육이 필요하다. 따라서 이제는 다수의 일반 청소년을 대상으로 실천적 교육

방안으로서 청소년의 입법교육의 필요성을 제기하고 이를 위한 구체적인 방안을 제안하고자 한다.

1. 시민성 함양을 위한 기존 정치, 법 교육의 한계

지금까지 적극적인 청소년 시민참여는 주로 지역사회를 중심으로 이뤄졌기 때문에 다수의 청소년들이 참여하기에는 한계가 있었다. 반면, 학교교육은 다수의 청소년이 보편적으로 교육을 받고 체험을 하기에 적합한 방안이다. 따라서 지역사회 참여의 일환으로서 입법교육을 학교에서 다루게 된다면 실천중심의 교육방안으로서 긍정적 영향을 미칠 것이다.

물론 최근에 학교를 다니지 않는 청소년도 증가하는 추세이지만 이들을 위해 학교를 포함한 청소년 대상 기관, 시설 및 지자체에서 다양한 프로그램을 마련하고 있다는 것은 매우 긍정적인 변화로 볼 수 있다. 즉, 지금까지 지역사회에서 한정된 청소년을 중심으로 시행되어 온 청소년 정치참여가 이제는 학교교육과 연계하여 시행될 필요가 있다. 그 시작으로서 입법교육이 민주시민교육의 일환으로 시행된다면 일부 청소년들의 참여가 아닌 다수의 청소년이 자신을 둘러싼 일상을 변화시킬 수 있는 영향력을 경험할 수 있게 된다.

그렇다면 학교에서 시행하는 입법교육은 어떻게 실현될 수 있을까? 가장 우선적으로 떠오르는 교과목은 사회과일 것이다. '민주 시민 양성'이라는 목표를 지니는 사회과에서 정치와 법교육을 담당하고 있으며 지역사회 참여에 대해서도 다루고 있어서 입법교육 또한 사회과를 중심으로 시행되었을 때 그 연관성이 가장 높게 나타날 것이다.

한편, 실제 사회과 교육과정의 내용을 살펴보면 실질적으로 청소년들이 참여하고 실현할 수 있는 교육 내용을 찾아보기는 어렵다. 물론 2015 개정 교육과정을 보면 알 수 있듯이 사회교과에는 정치, 사회 참여에 대한 내용이 담겨 있다. 민주주의의 의미와 지역사회 내 사회문제 발굴 및 해결이라는 주제 등도 교과 내용에 포함되어 있다.

일례로, 초등 4학년 1학기 사회교과에는 지역문제와 주민참여를 연계하여 지역단위에서 발생하는 문제를 참여를 통해서 해결하기 위한 방안을 제시하고 있다. 이후, 초등학교 6학년, 중학교 3학년, 고등학교 통합사회와 정치와 법 교과목에서도 정치참여와 연계되어 제시된다.

2015 개정 교육과정 사회과 정치참여 관련 내용

교과목	관련단원 (주제)	학습목표	학습요소
초등학교 사회 6학년	일상생활과 민주주의 (학급 임원선거와 학급회의)	[6사05-03] 일상생활에서 경험하는 민주주의 실천 사례를 탐구하여 민주주의의 의미와 중요성을 파악하고, 생활 속에서 민주주의를 실천하는 태도를 기른다. [6사05-04] 민주적 의사결정원리(다수결, 대화와 타협, 소수의견 존중 등)의 의미와 필요성을 이해하고, 이를 실제 생활 속에서 실천하는 자세를 지닌다.	민주주의의 의미와 중요성, 민주적 의사결정 원리
중학교 사회 3학년	정치과정과 시민참여 (선거의 기본원칙과 제도)	[9사(일사)04-01] 정치과정의 의미를 이해하고, 정치과정에 참여하는 다양한 정치 주체의 역할을 설명한다. [9사(일사)04-02] 선거의 기능과 기본 원칙을 이해하고, 공정한 선거를 위한 제도 및 기관에 대해 조사한다. [9사(일사)04-03] 지방 자치 제도의 의미와 특징을 이해하고, 지역사회의 문제를 해결하기 위한 시민 참여 활동을 조사한다.	정치과정, 정치주체, 선거, 공정한 선거를 위한 제도 및 기관, 지방자치제도
고등학교 통합사회	인간과 공동체 (인권보장과 헌법: 시민혁명과 인권보장)	[10통사04-01] 근대 시민 혁명 등을 통해 확립되어 온 인권의 의미와 변화 양상을 이해하고, 현대 사회에서 주거, 안전, 환경 등 다양한 영역으로 인권이 확장되고 있는 사례를 조사한다. [10통사04-02] 인간 존엄성 실현과 인권 보장을 위한 헌법의 역할을 파악하고, 준법 의식과 시민 참여의 필요성에 대해 탐구한다. [10통사04-03] 사회적 소수자 차별, 청소년의 노동권 등 국내 인권 문제와 인권지수를 통해 확인할 수 있는 세계 인권 문제의 양상을 조사하고, 이에 대한 해결방안을 제시한다.	시민혁명, 인권보장, 헌법, 인권문제
고등학교 정치와 법	정치과정과 참여 (시민참여와 선거제도)	[12정법03-01] 민주 국가의 정치과정을 분석하고, 시민의 정치 참여의 의의와 유형을 탐구한다. [12정법03-02] 대의제에서 선거의 중요성과 선거 제도의 유형을 이해하고, 우리나라 선거 제도의 특징과 문제점을 분석한다. [12정법03-03] 정당, 이익집단과 시민단체, 언론의 의의와 기능을 이해하고, 이를 통한 시민 참여의 구체적인 방법과 한계를 분석한다.	정치과정, 정치참여, 선거, 선거제도, 정당, 이익집단, 시민단체, 언론

출처: 교육부(2018). 2015 개정 교육과정(사회과)

청소년을 둘러싼 일상에서 일어나는 지역참여를 중심으로 미시적 차원에서 경험의 기회를 마련하는 것에서 시작하여 중학교, 고등학교에서는 입법과정과 주민참여 제도에 대해 깊이 있게 다루고 있다. 정치과정과 선거제도 및 지방자치제도를 소개하고 지역 주민으로서 지역사회 정치과정에 참여할 수 있는 방법을 제시하고 있다. 고등학교 정치와 법 교과 내용을 살펴보면 헌법에 대한 기본 내용과 더불어 정부구조와 지방자치의 의미 등을 제시하고 정치과정에 따른 참여로서 선거로 대변되는 대의제의 특징과 더불어 시민참여의 방법을 제시하고 있다. 그러나 대부분 지식이해를 목적으로 많은 내용이 다뤄지고 있어 학교 교육에서는 기본 개념에 대한 이해와 사고기능에 따른 분석을 주로 수업이 진행된다.

한편, 사회과에서 시민참여 방안으로서 제시된 내용을 살펴보더라도 청소년들이 할 수 있는 정치, 사회참여 방안으로는 주로 관공서나 정치인에게 편지쓰기, 인터넷에 의견 남기기 등과 같이 청원 형태가 대부분이다. 보다 적극적인 참여 방안으로서도 지역사회 공청회 참여나 지역 소식지 발간 등이 있다. 그러나 이와 같은 참여 방법은 청소년의 입장에서 스스로 진행하기 어려울 뿐 아니라 특정한 교육이나 체험 없이 실현하기에는 한계가 있다.

이는 교과서를 통해 더욱 자세하게 나타난다. 교과서는 수업시간에 활용되는 교육과정을 반영한 주 학습자료로 글이나 삽화를 통해 교과 지식 및 내용을 포함하고 있다. 교과서에서도 정치참여 방법은 주로 성인 중심의 활동이 제시되어 있고, 청소년들이 직간접적으로 실현하기에는 어려운 점들이 많다. 선거나 지역사회 참여에 대한 내용도 주로 성인 중심의 참여 방안이 제시되어 있어 청소년들이 실제적으로 구현할 수 있는 구체적인 방법 등을 찾아보기 어렵다.

특히, 고등학교 선택과목 중 하나인 정치와 법 교과의 교육과정 성취기준을 살펴보면 시민교육으로서 정치참여를 구현하기 위한 행동적 차원의 실천교육이 부족한 것을 알 수 있다.

교수방법 차원에서 볼 때, 초·중등학교 교육과정 컨텐츠가 수업시간에 주로 강의식 방법을 통해 지식과 정보가 전달되는 방식으로 주로 이뤄지고 있다. 물론 최근에는 토의토론을 활용한 수업 방식이 점차 늘어나고 있지만, 교과 내용이 방대하고 사회과 시수가 한정되어 있는 점을 감안할 때 학교 수업에서 정치, 사회 참여 교육에서 실제적인 지식과 체험을 활용하기란 쉬운 일이 아니다.

　이는 학생들이 사회과 수업을 암기과목으로 인지하고 학습 부담을 갖는 것과 연결된다. 이와 같은 현상이 지속될 때 사회과의 본래 목적인 민주시민 양성을 위한 실천은 요원해지고, 단순 지식과 정보를 암기하는 지루한 교과목으로 전락할 수 있다.

　사회과에서의 시민교육 방식도 변화가 필요하다. 이를 위해서는 입법교육과 같이 보다 실질적인 시민교육을 위한 방안이 마련될 필요가 있다. 지금까지 지식 중심의 이해와 분석에 기반한 교과 내용도 물론 중요하다. 그러나 시대적 변화에 힘입어 청소년들이 주체적으로 사회문제에 관심을 가지고 참여할 수 있는 실천 방안을 마련하고 강조할 필요가 있다.

2015 개정 교육과정 사회과 정치와 법 단원별 교육과정 성취기준

단원명	교육과정 성취기준
(1) 민주주의와 헌법	[12정법01-01]정치의 기능과 법의 이념을 이해하고, 민주주의와 법치주의의 발전 과정을 분석한다,
	[12정법01-02]헌법의 의의와 기능을 이해하고, 우리 헌법의 기본 원리를 탐구한다.
	[12정법01-03]우리 헌법에서 보장하는 기본권의 내용을 분석하고, 기본권 제한의 요건과 한계를 탐구한다.
(2) 민주국가와 정부	[12정법02-01]민주국가의 정부 형태를 이해하고, 우리 헌법에 나타난 우리나라의 정부형태를 탐구한다
	[12정법02-02]입법부, 행정부, 사법부의 역할을 이해하고, 이들간의 상호관계를 권력분립의 원리에 기초하여 분석한다
	[12정법02-03]중앙정부와의 관계 속에서 지방자치의 의의를 이해하고, 우리나라 지방 자치의 현실과 과제를 탐구한다
(3) 정치과정과 참여	[12정법03-01]민주 국가의 정치과정을 분석하고, 시민의 정치참여의 의의와 유형을 탐구한다.
	[12정법03-02]대의제에서 선거의 중요성과 선거제도의 유형을 이해하고, 우리나라 선거제도의 특징과 문제점을 분석한다.
	[12정법03-03]정당, 이익집단, 시민단체, 언론 등 다양한 정치 주체의 기능과 역할을 이해하고, 우리가 일상생활에서 실천할 수 있는 시민참여의 구체적인 방법을 탐색한다.

출처: 교육부(2018). 2015 개정 교육과정 평가기준

청소년들을 둘러싼 정치, 사회 환경이 변화하고 있다. 청소년 선거권 연령이 18세로 하향되고, 피선거권(국회의원, 지방선거) 연령 또한 18세, 정당가입은 16세로 하향되고 있는 현 시점을 고려할 때 실천적 차원의 시민교육은 절실하다. 청소년을 둘러싼 환경 변화에 발맞춰서 교육 현장에서도 변화가 필요하다.

이를 위해서는 청소년도 보다 적극적이고 주체적인 시민으로서 자신들을 둘러싼 관심을 가지고 사회문제를 해결하기 위한 행동하기 위한 실천력을 키워가야 한다. 더불어 사회에서는 청소년들이 일상정치에 관심을 가지고 명확하게 판단하고 이를 위한 해결방안을 마련할 수 있는 시민교육을 받을 권리를 보장해줘야 한다. 청소년들이 더 좋은 사회를 만들어 가기 위해 그들을 둘러싼 의사결정에 함께 참여할 수 있는 실제적인 교육 실천을 위해서는 학교와 지역사회의 변화가 필요하다. 이를 위해서는 청소년들이 실제 지역사회 문제를 발견하고 이를 해결하기 위해 지속적으로 변화를 이끌어갈 수 있도록 지역사회 이해를 시작으로 사회문제 발굴, 문제해결을 위한 의사결정, 토의토론을 통한 대안 마련, 입법교육, 실천학습 등 다양한 형태의 시민교육이 학교와 지역사회에서 마련되고 구현되어야 할 것이다.

2. 실천적 사회·정치참여 방안으로서 입법교육의 필요성

기존 학교 내 강의식 교육 중심에서 실천 체험 교육으로서의 전환을 제안함에 있어 입법교육의 필요성을 짚어보고자 한다.

먼저, 입법교육은 시민교육의 일환으로 어떠한 역할을 할 수 있을까? 또한 청소년들의 적극적인 참여를 이끌어 내기 위한 방안으로서 입법교육은 효과가 있을까?

더불어 기존의 청소년 지역사회 참여가 일부 청소년들을 중심으로 행해진 것을 보완하기 위해서 학교교육으로의 확장을 제안하였는데 학교에서 입법교육은 과연 가능할까?

지금까지 청소년 참여는 청소년 참여기구에서의 정책제안 방식을 매개로 일부 청소년 대상으로 시행되어 왔다. 첫 번째로, 다수의 청소년이 참여할 수 있는 기회로 확장해야 하는 부분과 더불어 두 번째로 고민해 볼 문제는 기존의 정책제안 방식의 실효성 또한 생각할 필요가 있다.

학교가 보편 다수의 청소년이 학습하고 체험할 수 있는 교육의 장을 마련해주는 것에는 이견이 없다. 또한 최근 학교를 다니지 않는 청소년들이 증가하는 측면에 있어서도 청소년 기관 및 시설, 지역사회에서 제공하는 다양한 프로그램을 통해 다수의 청소년이 참여할 수 있는 기회가 확장되었다.

그러나 양적인 차원에서 확장과 더불어 정책제안의 질적인 측면도 고려해 볼 필요가 있다. 즉, 청소년들이 제안한 정책이 과연 실제 우리 지역에서 반영되고 있는가에 대한 문제이다. 이를 위해서는 단순히 정책참여를 할 수 있는 기회를 제공하는 것에서 더 나아가 구체적으로 어떻게 정책에 반영될 수 있을지에 대한 방법에 대해서도 심도 있게 가르치고 체험해 봐야 할 것이다.

이때, 등장할 수 있는 개념이 입법교육이다.

지금까지 학교교육을 통해서 시민성 함양을 위한 정치, 법적 지식은 충분히 습득해왔다. 또한 지역사회 청소년 참여기구 활동을 통해 청소년들이 지역사회 내 청소년 정책에 의견을 제시할 수 있는 기회는 마련되어 왔다. 더불어 우리 사회는 점차 청소년들의 참정권 지위와 역할이 확장되고, 이들의 의견을 듣고자 하는 법제적 전환도 동시에 진행되고 있다.

이러한 시점에서 우리는 보다 구체적인 교육방안을 통해서 청소년들이 제안하는 정책제안이 실효성 있게 반영되기 위한 교육 방안을 제시해야 한다.

입법교육은 청소년들이 문제를 발굴하고 그에 따른 해결방안에 대한 아이디어를 구체화하고 실제 지역에서 청소년들의 의견을 반영할 수 있도록 하는 변환의 과정으로 볼 수 있다.

즉, 청소년을 대상으로 입법교육을 한다는 것은 청소년들의 관점에서 발견한 사회문제와 그에 따른 문제 해결 방안을 사회에 반영하고 실현할 수 있는 언어로 전환하는 기능을 교육한다는 것을 의미하기도 한다.

이를 위해서 기존에 운영되고 있는 청소년 참여사례를 통해서 입법교육이 어떻게 적용될 수 있을지를 살펴보도록 하겠다. 지자체에서는 청소년참여기구를 중심으로 다양한 형태의 청소년 참여 방안을 제시하고 있다. 예를 들어 지자체에서 '청소년의회' 등을 통해 청소년들이 지역사회 단위로 자신들과 관련된 조례에 대한 제·개정 과정에 참여할 수 있는 통로가 마련되어 있다. 또한 지역사회 단위로 운영하는 청소년 활동기구인 '청소년참여위원회'를 통해서 기구에 소속된 청소년들이 지자체 또는 지역단위 교육(지원)청을 대상으로 청소년과 관련된 정책제안서를 제출하고, 청소년정책 예산 심의 과정에 참여를 할 수 있다.

이와 같은 활동은 청소년의회 및 청소년참여위원회 등과 같이 기구에 소속된 소수의 청소년을 대상으로 운영되고 있기 때문에 일부 청소년에 한정된 참여가 이뤄진다. 또한 청소년 기관 및 시설을 중심으로 운영되고 있어 시민교육이 학교 교육과정과 연계되어 체계적으로 이뤄지는 데 한계가 있다. 물론 청소년 참여기구에서도 정책제안을 하는 과정에서 입법과정 등을 포함해서 제시하고 있지만 활동하는 청소년들의 역량에 따라 차이가 발생하고 있어 전문적인 교육이 요구되는 상황이다.

학교에서도 지금까지 지식 이해 중심으로 행해진 참여교육이 보다 생동감 있고 현실사회와 연결될 수 있는 실천성을 확보하기 위한 노력이 함께 이뤄질 필요가 있다. 이를 위해서는 지역사회 단위의 조례 제·개정 과정 등을 학습활동으로 포함해서 청소년들이 자신이 속한 지역사회에 관심을 가질 수 있도록 하는 노력이 요구된다. 구체적인 방안으로 지역사회에 대한 탐방 등을 통해 이해하고, 현시점에서의 문제점을 발굴한 다음, 아동, 청소년, 학생 조례 등을 살펴봄으로써 실제 현장에서 지역사회 문제들을 어떻게 해결해 갈 수 있는가를 토의, 토론하고, 이를 해결하기 위해 관련 조례의 제·개정으로 연결하는 일련의 과정은 실제적인 지식과 태도를 함양하는데 긍정적인 역할을 한다. 이와 같은 활동이 지속될 때 청소년들은 능동적인 시민으로 성장할 수 있는 역량을 기르게 된다.

II. 청소년 입법교육의 단계별 구성 및 내용

그렇다면 입법교육은 어떠한 방식과 절차로 이루어질 수 있을까? 청소년 입법교육 및 입법활동을 실현하기 위해서는 단계적 접근 방식이 필요하다. 일례로 미국 시민교육센터(Center for Civic Education)의 학교 시민교육용 프로그램을 통해 입법교육을 어떻게 구현할 수 있을지에 대한 방안을 찾아보도록 하겠다.

다음 자료를 통해 알 수 있듯이 시작 단계에서는 국가 및 지역에 대한 기본이해를 토대로 입헌민주주의 원칙에 따른 헌법교육이 진행된다. 그 다음, 실제 자신이 살고 있는 지역에 대한 책임감 있고 적극적인 참여를 실천할 수 있는 시민되기 프로젝트 활동을 시행함으로써 민주주의와 헌법, 국가와 지역사회에 대한 내용 이해를 기반으로 실천 학습으로 연결해서 적용한다. 바로 이 단계에서 입법교육이 정치참여교육과 결합되어 시행될 때 이론상의 주입식 이해 교육에서 한층 더 나아가 실제적인 지식으로 전환될 수 있다. 즉, 적극적 참여를 이끌어내기 위한 하나의 방안으로 청소년들이 직접 입법을 하는 과정을 거치고, 이를 실제 지방의회나 지자체에 제안할 수 있는 방법을 교육하는 것이다. 이러한 일련의 교육과정은 참여에 대한 지식이해와 실천이 분리된 것이 아니라 자연스럽게 연계되어 청소년들에게 균형 있는 참여 활동을 수행할 수 있도록 지원해준다.

미국 시민교육 센터의 학교 시민교육용 프로그램

프로그램(교재)명	내용	적용범위
우리시민은..(시민과 헌법) We the People.. (The Citizen and the Constitution)	미국의 역사와 입헌민주주의원칙에 대한 프로그램 (초등학생용, 중학생용, 고등학생용 및 지도서)	초·중·고교
민주주의의 기초 (권위, 프라이버시, 책임, 정의) Foundation of Democracy (Authority, Privacy, Responsibility, Justice)	12학년까지 적용 가능하도록 입헌민주주의 원칙과 기본 개념에 관한 내용(초등학생용, 중학생용, 고등학생용 및 지도서)	초·중·고교
우리 시민은.. (시민되기 계획) We the People..(Project Citizen)	중학생들이 자신의 주나 지방 정부에 책임감 있게 경쟁적으로 참여하기 위한 능력과 흥미를 개발하고 강화하기 위해 고안된 시민교육 프로그램	중학교
참여 실행하기 (Exercise in Participation)	초등학교 고학년과 중학생들이 참여 기술을 발전시키기 위해 고안된 교재	초·중학교

출처: 민주화운동기념사업회(2006). 주요 외국학교 시민교육 내용 연구, p.16.

이에 착안하여 학교와 지역사회에서 구현할 수 있는 입법교육 및 참여활동을 4단계로 구분해서 살펴보고자 한다. 이는 향후, 학교와 지역사회 청소년 참여기구 및 지자체 등과의 협업을 토대로 각 단계별 구체화된 교육 및 실천방안을 마련하기 위한 토대가 될 수 있다. 동기부여, 준비운동(입법교육), 실천하기(입법활동), 평가하기로 네 가지 단계로 수행된다. 이와 같이 학교교육을 통해서 입법교육을 적용할 수 있다. 이때 중요한 것은 청소년들이 자신들이 왜 입법교육과 활동을 하는가에 대해 분명한 목적과 목표를 설정하고 시작하는 것이다. 분명한 동기부여를 통해 청소년들이 자신의 지역사회를 변화시키고 자신들의 목소리가 사회에 반영될 수 있기 위해서 입법활동을 수행함으로써 적극적인 시민으로 변모해 가는 과정을 체감하도록 하는 것이 이 활동의 핵심으로 볼 수 있다.

미국 시민교육 센터의 학교 시민교육용 프로그램

단계	청소년 대상 입법교육 및 입법활동 내용
1. 동기부여	청소년 주도의 지역사회 변화를 위한 지자체 조례 등 법제 현황을 살펴보면서 입법교육 및 입법 활동의 목표·목적 분명히 하기
2. 준비운동 (입법교육)	입법관련 교육을 통한 청소년 주도의 정책 제안 등의 의사결정 참여을 위한 입법과정의 필요성 및 중요성 이해하기
3. 실천하기 (입법활동)	청소년 주도의 청소년 정책 관련 지역사회 조례 제·개정을 통한 입법화 과정 참여하기
4. 평가하기	입법교육 및 활동 노력에 대한 자체 평가를 통해 이후 활동 준비하기

출처: 저자작성

Ⅲ. 실천 학습으로서 청소년 입법교육 및 입법활동 방안 모색

지금까지는 청소년 대상의 정치, 사회참여 방안을 논의할 때 다수의 청소년이 대부분의 시간을 보내는 학교를 기준으로 안과 밖으로 크게 구분해왔다. 학교에서 행해지는 활동은 주로 교육과정에 근거해 시행되거나 학교 안에서의 교실풍토 등에 영향을 받아 행해지는 측면을 중심으로 다루었다. 반면에, 학교 외적 공간에서의 참여는 학교 밖 청소년을 포함하여 지역사회와의 연계를 통해 청소년들이 실천 측면에 초점을 두고 참여하는 방식으로 사례를 제시하였다.

한편, 최근에는 미래형 교육자치 협력지구 사업 등을 통해 교육협력 거버넌스 구축을 통해 학교 안팎 두 개의 공간을 구분하지 않는 경향을 보이기도 한다. 즉, 청소년을 대상으로 하는 참여 공간이 학교와 지역사회를 구분하지 않고 지역사회 네트워크를 형성하여 청소년 주도의 참여가 이뤄지고 있다(Kawashima‒Ginsberg &

Levine, 2015).[1] 이와 같은 참여 공간의 전환은 학교 교육과정과 지역사회 간의 연계를 통한 청소년들의 참여 방안도 확장하는 기제로 작용하였다. 지금까지 청소년이 공공정책에 의사결정 과정에 참여하는 활동은 지자체와 지방의회를 중심으로 꾸준히 시행되어 왔다. 그러니 다수의 청소년이 일상에서 쉽고 즐겁게 참여할 수 있도록 사회적 변화의 흐름에 맞춰 청소년 사회·정치참여의 일환으로서 입법교육 및 활동을 수행하기 위해서는 학교교육과의 연계를 통해서 협력할 수 있는 방안 모색이 필요하다.

이에 실천학습으로서 청소년 입법교육 및 활동의 구체화 방안을 제시하고자 한다. 먼저 운영 기관 및 주체를 중심으로 학교, 청소년 참여기구, 지자체로 구분한다. 이 세 주체는 최근에 와서 교육혁신지구 사업 등을 통해서 지역사회 단위로 유기적인 네트워크 형성을 위해서도 소통하고 상호협력을 진행하고 있다.

그 다음 단계로는 학교교육으로서 지식정보 차원에서 사회과에서의 정치, 법교육 영역의 심층 분석을 거쳐 입법교육으로서 적용할 수 있는 요인을 선정하는 과정을 거친다. 이 때 유의할 점은 입법교육을 정의할 때 법교육의 하위영역으로 보는 관점을 고려하여 법교육의 내용과 범위가 확장되어 학습자의 부담을 높이지 않는 방식으로 접근해야 한다. 즉, 새로운 학습 내용을 추가하는 것이 아니라 기존에 교과 내용으로 제시된 것을 청소년들이 체험하고 실천할 수 있는 방식으로 전환하는 것을 기준으로 삼아 교육과정을 재구조화 하는 방안이 필요하다.

두 번째 방안은 현재 지역사회 단위로 청소년 정책 제안을 주도하고 있는 지역사회 청소년 참여기구와의 연결하는 것이다. 청소년 참여기구의 일환인 청소년참여위원회에서 매년 진행하는 지역사회 정책제안 활동에 구체적인 방안으로 입법화 과정을 추가하는 것은 보다 능동적이고 적극적인 참여를 이끌어 내기 위한 동력이 될 수 있다. 청소년참여위원회 사전 활동 교육에 있어 지역사회 이해교육, 정책제안 방법 워크숍 등과 더불어 입법교육을 추가하여 입법의 의미와 실제 조례 제·개정을 위한 연습을 포함하는 방안도 효과적으로 적용될 수 있다. 더불어 현재 청소년참여

---

1) K. Kawashima-Ginsberg & P Levine, "Challenges and opportunities for discussion of controversial issues in racially pluralistic schools?". Social Education 79 (5), 2015.

위원회 활동에서 시행하는 청소년참여예산제 활동과 연계하여 정책예산, 집행, 정책 모니터링 과정과 입법교육 과정을 연결할 수 있다. 이와 같은 교육과 체험이 수행될 때 청소년은 자신이 살고 있는 지역사회에 대한 이해를 시작으로 시민의 한 사람으로서 지역에 대한 자부심과 참여의식이 향상될 수 있다고 본다.

최근 지자체마다 확산되고 있는 청소년의회는 입법교육을 활성화하기 위한 기구로서 적합하다. 지자체에서 운영하는 청소년의회에 있어서는 지자체 구·시의회와의 연계를 통해 보다 전문적이고 실제적인 차원에서 청소년 조례 제·개정 작업 및 예산계획, 운영에 대한 기본 교육 및 활동까지 확장하고자 한다. 이를 통해 세 개의 기관 주체가 유기적으로 연계하여 지역사회 단위로 다수의 학생, 청소년들이 주도적으로 자신의 삶에 대한 의사결정에 있어 적극적으로 참여하는 시민으로서 성장할 수 있도록 지원한다.

지금까지 학교와 지역사회 기반에서 실현할 수 있는 입법교육의 방식을 생각해 보았다. 먼저, 다수의 학생이 접할 수 있도록 학교에서 교과수업을 포함하여 자치활동, 창의적 체험활동 시간에 지역사회에 대한 이해를 통해 공공문제에 대해 탐색한다. 공공문제의 의미를 파악한 다음, 공공정책으로서 사회 구성원들의 삶의 질을 높이기 위해서 어떠한 정책이 구현되면 좋을지 논의하고 구체적인 방법으로서 입법화 과정을 거칠 수 있도록 유도한다. 이때 중요한 것은, 지역사회 단위로 해당 프로젝트가 진행될 때 보다 실천적인 움직임을 강조하여 적극적으로 지역사회 조례를 제·개정하기 위한 활동을 구현할 수 있는 기회를 마련할 수 있도록 한다.

이와 같이 학교와 지역사회과 균형 있게 공동의 교육과정을 실현하는 과정에서 입법교육은 지식과 실천을 연계할 수 있는 적절한 학습이 될 것이다. 이에 구체적인 교육 방안 및 절차를 생각해 본다면 1. 입법에 대한 필요성과 기본 지식이해, 2. 입법화 과정을 통한 실제 기능 연습하기, 3. 지역사회 현안에 따른 실제 조례 제·개정 작업 참여하기 등으로 단계적 활동을 실현할 수 있다. 이때, 체계적인 교육활동이 구현되기 위해서는 학교와 청소년 참여기구, 지역사회 공간에서 청소년들이 입법교육을 적극적으로 할 수 있는 제도적 환경 마련과 더불어 각 주체들의 관심과 협력이 필수적이다.

앞에서도 언급하였듯이 기존의 참여기구와의 접목을 통한 입법교육 진행에 있어서도 체계화된 교육방안이 마련될 필요가 있다. 지역사회 청소년 참여활동 가운데 입법화 과정과 적합도가 가장 높은 기구로서 청소년의회 활동을 통해 지역사회 청소년들이 자신들의 문제를 주도적으로 해결할 수 있는 역량을 함양하는 것은 매우 중요한 과업이다. 청소년의회 활동을 통해서 청소년들이 지역사회 아동·청소년 정책에 대한 참여권을 확장하기 위한 목소리를 강화하는 것으로 해석한다면 실제 입법을 위한 정치사회화 과정을 위한 노력도 추가로 이뤄져야 할 것이다.

지역사회에서 청소년 입법교육과 활동을 구체화할 수 있는 사례로 프랑스 아동의회와 청소년 자문회의를 살펴볼 필요가 있다. 프랑스 아동의회는 해외영토를 포함한 577개의 지역구를 기준으로 각 구의 한 명씩 총 577명의 어린이 하원의원을 선출하고 이들이 법률안을 작성하여 제출하면 전문가들과의 협업을 통해 법안을 선정하는 입법 절차를 체험한다. 각 지역단위로 선발된 의원들이 제안한 법안을 토대로 전문가들의 도움을 받아 전국 각 시도 교육청, 교육부 등을 통해 자신들이 중요하게 여기는 사안에 대한 법률안을 작성하고 본회의를 거쳐 상정된다. 이후, 아동·청소년이 만들어 선정된 법률안은 프랑스 지역구 의원이 이어받아 법률로 제정·공포하는 절차를 거친다.[2]

이와 같은 해외사례 등을 분석하고 벤치마킹함으로써 우리나라에서도 지역사회 생태계를 토대 삼아 학교, 청소년 참여기구 등 다양한 활동 및 교육주체가 참여할 수 있는 풍토를 마련하는 것이 중요하다.

Ⅳ. 청소년 입법교육 활성화를 위한 구체적인 방안 모색

지금까지 청소년 지역사회 참여방안의 일환으로 입법교육의 중요성을 제시하

---

2) 이와 같은 절차를 거쳐 제정된 법률은 다음과 같다.
   1996년 12월 30일 제정, 1997년 1월 1일 공포된 "형제자매애와 관련된 법률 96-1238호"
   1998년 5월 14일 제정, 동년 5월 19일 공포된 "요보호아동의 권리와 가족위원회 관련 법률 98-381호"
   1999년 6월 9일 제정, 10일 공포된 "아동권리를 존중하지 않는 국가에서 아동 노동에 의해 만들어진 학용품을 지자체 및 학교로부터 구매 금지하는 법률 99-478호"
   1999년 12월7일 하원통과, 2000년 2월 23일 상원 통과, 2000년 3월 6일 제정, 동년 3월 7일 공포된 "학대받는 아동 보호 증진을 위한 법률 2000-197호".

고, 지역사회와 연계활동 사례 등을 제시하였다. 점차 청소년들이 지역사회 참여할 수 있는 기회가 증가하면서 청소년들은 자신들의 일상과 연계된 사안에 대해 문제제기를 하고, 사회문제를 해결하기 위한 공공정책을 제안할 수 있는 기회도 증가하였다. 이와같은 사회적 변화에서 청소년들이 실제적으로 자신들의 목소리가 일상정치에 반영될 수 있는 방안을 모색하기 시작하였다. 이를 위해 기존의 지식중심의 정치/법교육에서 한발 더 나아가 실천중심의 입법교육을 추가함으로써 적극적인 참여를 실현할 수 있는 방안을 마련하였다.

이를 통해 청소년들은 직접 자신이 소속된 지역사회 내 아동과 청소년과 관련한 정치적 사안에 대해 의사결정할 수 있는 영향력을 키우고, 실천 방안을 구체화할 수 있다. 이와 같은 변화는 전 세계적으로 증가하는 추세이며, 우리나라에서도 중앙 및 지자체를 중심으로 청소년들의 적극적인 참여를 위한 기회의 장을 확대하고 있다.

지금도 많은 청소년들이 지역사회 공간에서 의사소통을 통해 서로 간의 공유지식과 정보를 교환하면서 지역사회 사안에 대한 의사결정을 진행하고 있다. 물론 현재 단계에서는 청소년의회가 다른 기성세대 중심의 제도나 정책과 비교했을 때 단시간에 눈에 띄는 성공적인 결과를 도출하지는 못할 수 있다. 그러나 지속적으로 청소년의 정치사회화 공간이 확장되고 법과 제도적으로 체계가 마련된다면 청소년들은 참여하는 시민으로서 능동적인 역할과 책임을 함양할 수 있게 될 것이다.

지역사회 내에서의 정치참여를 적극적으로 활동한 청소년은 사회적 발달 (social development)이 상대적으로 강화될 뿐 아니라 정치적 활동, 지역사회 조직, 시민사회를 위한 실천적 능력 측면에 있어 사회적 지식과 실제적 기능이 증가하고 특히, 대인접촉과 상호작용 통해서 서로 간의 신뢰를 증가시키며, 사회를 보다 폭넓게 바라볼 수 있게 되고 다양한 시각에 대해 접할 수 있게 된다.

입법화 기능을 강화한 청소년의회 참여를 통해서 시민교육의 일환으로서 지역사회 공동체 안에서 더불어 살아가면서 형성되는 지식, 신념, 통제력, 효능감에 대해 얻을 수 있을 뿐 아니라 실제 지역사회의 주체로서 자신들의 사안에 대해 합의하고 결정할 수 있는 참여를 통해 민주주의의 주체로서 적극적이고 능동적인 역할을 통해 성장할 수 있다.[3]

이를 위해 지역사회에서는 학교를 포함한 청소년 참여기구와의 협력 네트워크를 형성하여 청소년들이 주도하는 청소년 참여의 길을 마련해야 한다. 이와 같은 노력이 기반될 때 청소년들은 보다 명확한 동기부여를 토대로 자신들의 권리 보장을 위하여 적극적으로 사회에 참여하게 될 것이다. 구체적으로 청소년 참여 방안으로서 입법과정을 강화하기 위해서는 학교와 청소년 참여기구에서 다루었던 정치참여 활동에 대한 재구조화가 선행되어야 할 것이다. 즉, 새로운 내용을 추가하는 것이 아닌 기존의 학습하고 활동한 내용 간의 연결점을 확보함으로써 청소년들이 더욱 즐겁고 의미 있는 정치참여 학습을 할 수 있도록 준비해야 한다. 이 과정에서는 지식으로서 접근하는 입법 절차뿐 아니라 전 과정에서 발생하는 의사결정, 조직구성, 실행 등을 청소년이 주체가 되어 실행해 볼 수 있도록 하는 장치를 마련해주는 것이 필요하다. 더불어 지식 차원의 접근과 실천 중심의 활동이 균형을 이룰 수 있도록 함으로써 청소년들의 정치적 효능감을 심어주는 것 또한 매우 중요한 역할 중 하나이다.

제도가 지역사회 환경에 적합하게 어우러져 안정화되기 위해서는 많은 시간이 요구된다. 단시간에 청소년들 대상으로 극적인 효과가 발생하지 않는다고 하여 방향을 비틀거나 전환하면 안된다. 청소년들이 스스로 변화를 이끌어 갈 수 있도록 기회를 주고 충분한 시간을 통해 기다려주는 것이 중요하다.

청소년들은 자신들의 삶을 변화시키고 더 나은 방향으로 이끌어 갈 수 있는 능력을 지니고 있다. 우리는 이러한 청소년들의 잠재력을 이끌어낼 수 있도록 참여의 한 방법으로서 입법교육을 가르치고, 함께 활동할 수 있는 토대를 마련해 줄 뿐이다.

입법교육을 시작으로 다양한 형태의 실효성 높은 사회, 정치참여 방안들을 청소년들에게 소개하고 적용할 수 있는 생태계를 마련하는 것은 지속가능한 민주시민 양성을 위해 중요한 임무가 될 것이다.

---

3) 이윤주·정상우, "청소년 정치참여의 소통 플랫폼으로서 청소년의회 고찰: 청소년의회 조례 분석과 평가를 중심으로", 「교육문화연구」 24(4), 2018.

주요 참고문헌

교육부, 「2015 개정 사회과교육과정」, 2018

_____, 「2015 개정 교육과정 평가기준」, 2018

민주화운동기념사업회, 「주요 외국학교 시민교육 내용 연구」, 2006

이윤주·정상우(2018), "청소년 정치참여의 소통 플랫폼으로서 청소년의회 고찰: 청소년의회 조례 분석과 평가를 중심으로", 교육문화연구, 24(4).

K.Kawashima & P. Levine(2015). "Challenges and opportunities for discussion of controversial issues in racially pluralistic schools?", Social Education, 79(5).

European Commission, 「EU Youth Report」, 2015

법학전문대학원에서의 입법학 교육의 발전방향

이보람 (연세대학교)

I. 들어가기

법학전문대학원(이하 '법전원'이라고 한다)은 2007. 7. 3. 「법학전문대학원 설치 및 운영에 관한 법률」안이 국회 본회의에서 가결되면서 그 도입이 확정되었다. 법전원 제도는 송무를 중심으로 활동하는 사법공무원과 변호사뿐만 아니라 사회의 다양한 수요에 대응하는 입법과정 및 사회적 갈등해소에 선제적·능동적으로 기여할 수 있는 법률가도 양성할 것을 예정하였다.[1] 그로 인해 변호사들이 과거와 달리 소송 외에도 다양한 법관련 영역에서 활동을 하고 있다. 특히 입법은 송무만큼이나 법적 전문성이 요구되는 영역으로 변호사에 대한 수요가 날로 높아지고 있다. 최근에는 대형 로펌에서 입법자문 변호사를 별도로 채용하는 사례가 늘고, 사내변호사의 경우 법적전문성을 기반으로 입법(안)에 관하여 의견을 제출하여 회사 및 업계의 입장을 전달하기도 한다. 이와 같은 상황임에도 법전원의 커리큘럼에 입법학이 포함되어 있지 않을 뿐만 아니라, 어떻게 교육이 되어야 할지 논의조차 부족한 상태이다.

그러한 점에서, 이 글의 목적은 법전원에서의 입법학 교육의 발전방향을 구체적으로 모색하는 것이다. 입법학 교육도 법전원 교육제도의 일부로서 이루어지는 이상, 그 일반적인 목표 및 구조와 불가분의 관계에 있는 것이고, 이에 관한 기존의 논의를 도외시하고 나아갈 수는 없다. 따라서 이 글에서는 구체적인 논의의 전제가

---

[1] 김종철, "법학전문대학원에서의 교육내용과 방법에 대한 소견", 「동아법학」 통권 제37호, 2005, 303면.

되는 법전원의 목적과 그 교육방향에 관하여 김종철의 선행연구를, 입법학과 입법
교육의 보다 구체적인 콘텐츠에 대한 구상에 관하여는 심우민의 선행연구를 각각
토대로 삼아, 영국의 로스쿨에서 입법교육과 법전원에 비수험법학 교육이 운영되는
모습을 기반으로, 법전원 출신 변호사로서 법령 개정 업무 등을 담당한 경험에 비추
어 법전원에서의 입법학 교육이 나아갈 방안을 제시해보고자 한다.

이를 위한 논의의 순서로, 먼저 법전원 교육 전반의 목표 및 기본구조를 돌아보
고(Ⅱ.) 그러한 규범적 상황과 대비한 입법학 교육의 현실적 난점, 그리고 이를 해결
하기 위한 외국 운영례의 개관을 통하여 일정한 시사점의 도출을 시도한다. 이는 입
법학 교육이 (i) 학교 교과과정의 일부로서, (ii) 그리고 실무수습 과정으로서 병행될
필요가 있음을 시사하게 될 것이다(Ⅲ.). 그리고 이상의 논의를 토대로 하여, 법전원
에서의 입법학 교육에 대한 구체적인 구성안과(Ⅳ.) 실무수습 과정에서의 입법학 교
육방안을 각각 제시하여 보고(Ⅴ.), 입법학 교육의 필요성과 가능성에 대한 전망을 제
시함으로써 결론에 갈음하고자 한다(Ⅵ.).

Ⅱ. 법전원 교육의 일반적 구조 속에서의 입법학

1. 법전원 교육제도의 목표와 교육내용의 기본구조

(1) 법전원 교육제도의 규범적 목표

「법학전문대학원 설치·운영에 관한 법률」 제2조에 의하면, 법전원은 '국민의
다양한 기대와 요청에 부응하는 양질의 법률서비스를 제공하기 위하여 풍부한 교
양, 인간 및 사회에 대한 깊은 이해와 자유·평등·정의를 지향하는 가치관을 바탕으
로 건전한 직업윤리관과 복잡다기한 법적 분쟁을 전문적·효율적으로 해결할 수 있
는 지식 및 능력을 갖춘 법조인의 양성'을 그 교육이념으로 한다. 보다 구체적으로
법전원은 '기초학문의 세례를 받은 학부졸업생을 상대로 학문수련의 방법으로 법률
가의 사고방식(Legal Mind)을 체득하게 하여 양질의 [일반]법률가를 양성하는 고등
교육기관'[2]으로서 법조공무원, 송무 변호사, 일반 공직 진출 후 정책 결정하는 법률
가 등의 양성을 제도적 목표로 한다고도 할 수 있다.[3]

이는 법전원에서 법률가가 사법뿐 아니라, 입법·행정 등 공공기관 그리고 일반 회사나 시민단체 등 모든 영역의 법을 적용하고 분쟁을 예방·해결하는 업무를 할 수 있는 자질을 갖출 수 있도록 하여야 한다는 것을 의미한다.4) 그에 따라, 법전원에서 입법학 교육을 어떻게 설계할지에 관한 논의도 이러한 지향점을 달성하도록 촉진하는 방향으로 이루어질 필요가 있다.

(2) 법전원 교육의 기본구조

법전원 교육 내용의 기본적인 구조를 살펴보면 ① 기본법학과목(법률기본과목), ② 기초법학 및 인접과목, ③ 전문법학과목(전문 및 첨단전계과목), ④ 실무기초과목으로 구분할 수 있다.5) 법전원 교육내용의 유형을 구체적으로 살펴보면 다음의 표와 같다.

법전원 교육내용의 유형

유형		내용
1	기본법학 과목	법률가에게 필요한 기본적인 지식과 능력을 기르기 위한 과목
2	기초법학 및 인접과목	인간, 역사, 사회와 관련된 법의 다양한 측면에 대한 학습기회를 제공하는 과목과 변화하는 사회 속에서 새로이 제기되는 법적 과제들에 대한 기존의 법적 대응을 뛰어 넘어 새로운 법형성과 법 발견의 가능성을 모색하는 기초능력을 배양하는데 필요한 학습기회를 제공하는 과목
3	전문법학 과목	전문적인 지식과 응용능력을 배양하는 과목으로서 실정법에 관한 다양한 분야의 과목 중 기본법학과목에 포함되지 않은 과목과 기본법학과목을 토대로 그 내용을 심화시키는 과목들로 구성하는 것이 바람직하다.
4	실무기초 과목	현장에서 실무를 배우기 위해 필요한 최소한의 기초적인 지식과 능력을 체득하게 함으로써 실무와 이론을 연계시키는 것을 목적으로 하는 과목

---

2) 김종철, "로스쿨 체제하에서 교양법학교육의 필요성과 범위",「법과 사회」제35호, 2008, 31면.

3) 김종철(2005), 앞의 논문, 306면.

4) 김종철(2005), 앞의 논문, 314면.

5) 김종철(2005), 앞의 논문, 301면; 김창록·김종철·이국운, "법학전문대학원 교육의 내용과 방법",「법과 사회」제33호, 2007, 55-58면.

이들 각 과목의 외연을 보다 구제척으로 살펴보면, 먼저 기본법학교육은 법률가에게 필요한 기본적 지식과 능력을 기르기 위한 과목으로 공법(헌법·행정법·각 절차법), 민사(민법·상법·민소법), 형사(형법·형소법)를 지칭한다.6) 이는 현행 변호사시험 필수 과목과도 일치한다.

'기초법학 및 인접과목'은 법의 다양한 측면에 대한 학습기회를 제공하고 변화하는 사회 속에서 새로이 제기되는 법적 과제들에 대한 새로운 법의 형성 등을 모색하는 기초능력을 배양하는 것을 내용으로 한다. 구체적으로는 법사학, 법철학, 법사회학, 법경제학, 외국법뿐 아니라 법정책학도 포함된다.7)

'전문법학과목'은 전문지식과 응용능력을 배양하는 과목이다. 기본법학과목을 토대로 그 내용을 심화시켜 현실에서 실제로 발생하는 법 문제들을 해결하기 위한 능력을 배양하는 교과과정이다.8)

'실무기초과목'은 현장에서 실무를 배우기 위하여 필요최소한의 기초적이고 지식과 능력을 체득하여 실무와 이론을 연계시키는 과목이다. 구체적으로는 계약서, 유언서, 의견서, 조사보고서, 편지, 사내보고서, 사건개요 및 의견서, 상고이유서 등 법적 서면을 작성하도록 하는 것을 주 내용으로 한다.9)

2. 입법학의 교육 필요성과 학습영역

최근의 한 연구는 입법학을 '사회 내에 존재하는 불일치를 직시하고 그러한 불일치의 가능성들이 법 그 자체에 가급적 보존될 수 있도록 해주는 다학제적 학문분과'로 정의한다.10) 즉, 다시 말하면 입법학은 해석법학의 한계를 극복하고 사회갈등을 입법적인 의사결정이라는 보다 근원적인 방법을 통해 해결하도록 접근하는 학문분야라 할 수 있다.11)

---

6) 김창록·김종철·이국운, 앞의 논문, 55면.

7) 김창록·김종철·이국운, 앞의 논문, 56면.

8) 김창록·김종철·이국운, 앞의 논문, 56면; 김종철(2005), 앞의 논문, 300면.

9) 김창록·김종철·이국운, 앞의 논문, 57-58면; 김종철(2005), 앞의 논문, 306면.

10) 심우민, "국내 입법학 연구동향과 교육방안", 「영산법률논총」 제11권 제3호, 2014, 155면.

11) 위의 논문, 172면.

법전원은 소송업무를 담당하는 법조인을 넘어 사회 전반의 다양한 법적 수요를 충족할 수 있는 법률가를 양성하는 교육체제이므로 이미 '있는 법'의 해석에 역할을 제한하는 전통적 해석법학에 못지않게 '있어야 할 법'까지도 시야에 넣는 접근이 필요하다. 사회적 갈등을 예방하고 해소하기 위한 능동적인 활동으로서 입법·행정 등 공공기관뿐만 아니라 일반기업 등에서도 입법제안, 입법안에 대한 소속단체의 입장을 밝히는 등의 법무활동이 이루어지고 있는 것이다. 이러한 의미에서 입법학은 다양한 사회영역에서 활동할 법률가 양성을 중점에 두고 사회의 다양한 요구에 대응한다는 법전원 설립 목적을 실현함에 있어서 필수적인 과목이라고 할 수 있다.

입법학의 분과영역은 (ⅰ) 입법이론, (ⅱ) 입법정책결정론, (ⅲ) 입법과정론, (ⅳ) 입법기술론, (ⅴ) 입법평가론, (ⅵ) 입법논증론으로 구분할 수 있고, 각 구체적인 내용은 다음의 표와 같다.

입법학의 분과 영역[12]

연구분야	연구내용
입법이론	– 입법학의 학문적 성격과 의의, 연구 방법론 또는 방향성 성찰 – 기존 해석법학(특히 헌법학) 및 여타의 사회과학이 입법학과 가지는 차별성 부각
입법정책결정론	– 입법(정책)적 목적 및 그에 따른 입법추진의 방향 및 수단(대안)의 결정방식 연구 – 일반적 정책결정론과는 '실정화 작업'을 전제로 한다는 점에서 고유성을 가짐
입법과정론	– 법령을 제·개정할 때 거치게 되는 절차를 세분화시켜 분석 및 연구함 – 단순히 절차규정 위반여부 등만이 아니라, 민주적 의사결정의 동태적 특성을 연구함
입법기술론	– 법문작성 등을 위해 요구되는 특수한 기술에 대해 연구함 – 입법자와 수범자간의 규범내용의 통지 및 소통을 위한 실무적 특성을 가짐
입법평가론	– 입법의 효과(목적 달성 여부)에 대해 방법론적으로 분석함 – 입법평가는 규범학적인 요소가 필수적으로 내포되어 있다는 점에서 고유성을 가짐
입법논증론	– 특정의 입법내용의 타당성을 설득하는 논거와 그 활용에 대해 연구함 – 다른 입법학 세부 연구영역들의 방향설정을 위한 입법이론으로서도 가능함

따라서 법전원에서 입법학에 대한 전문성을 함양하는 교육을 수행하기 위해서

---

12) 위의 논문, 168면.

는 위 각 영역을 균형 있게 반영하면서 기초로부터 점차 심화된 단계로 나아가 학생들이 지식과 관심을 쌓아갈 수 있도록 하는 것이 바람직하다. 그리고 이는 앞의 1.항에서 본 바와 같은, 법전원 제도의 전반적인 교육구조 각각에 대응하여 이루어질 수 있을 것이다. 여기까지 법전원 교육체제에서 입법학을 어떤 관점으로 바라보아야 하는지에 대한 규범적인 상황에 관하여 살펴보았다. 아래에서는 법전원에서 입법학의 현실이 어떠한지에 관한 논의를 해보고자 한다.

Ⅲ. 입법학 교육에 대한 현실적 난점과 영국의 운영례를 통한 시사점

1. 입법학 교육에 대한 현실적 난점과 그 요인

법전원에서는 입법학 과목은 전혀 개설되어 있지 않거나, 개설되어 있더라도 '입법학'이라는 3학점의 단일 선택과목으로만 편성되어 있고, 그나마도 법전원생들은 거의 수강하지 않는 경향이 있다.[13] 그 이유는 크게 보아 ① 첫째, 변호사시험에 입법학이 별다른 도움을 주지 않는다는 점, ② 둘째, 실무교육이 법전원의 재학 중에 충실하게 진행되기가 어렵다는 점과 관련된다. 아래에서는 이들 요인을 상론하려니와, 이는 입법학 교육의 개선방향도 (i) 재학 중의 교육과 (ii) 졸업 이후의 실무수습이라는 양방향에서 동시적으로 모색할 필요가 있음을 시사하는 것이기도 하다 (그러한 시사점에 대한 구체적인 제언은 아래 Ⅳ.항에서 내어놓기로 한다).

(1) 전문법학 학습의 어려움 – 수험중심의 교육

법학교육이 수험법학에 치중하는 경향이 있다는 점은 사법시험 – 연수원 체제에서부터 고질적으로 지적된 문제이다. 법전원이 출범할 당시에도 '현실적으로 변호사자격시험의 합격률이 낮아 합격을 위한 경쟁이 치열하게 되는 경우라면 특목고 등을 위한 고교입시나 대학입시에서와 같이 로스쿨을 위한 선행학습에의 유혹이 커질 가능성이 있다'[14]는 우려가 있었다. 위와 같은 우려가 현실화한 결과 현재의 법

---

13) 심우민(2014), 앞의 논문, 163면.

전원 체제에서도 소위 수험적합성이 있는 수업만이 선호되었고, 특별한 사정이 없는 한 그 외의 과목을 선택하는 경우는 드물다. 그러다 보니 사회의 다양한 수요에 대응하는 교육이 이루어지지 않아 구체적 법역에서 법의 지배의 구현이 어렵다는 문제제기가 있다.15)

물론 이 글의 초점은 수험법학의 문제점에 대한 해결방안 그 자체보다는, 이를 오늘날의 현상으로 보는 토대 위에서 입법학 교육의 내용을 구체적으로 어떻게 구성함으로써 그 해결에 기여할지의 여하에 있다. 따라서 여기서는 이러한 문제점을 해결하기 위해 법전원 교육의 전반적인 질과 졸업 후 법률가로서의 활동능력 함양을 제고하는 한편 그에 대한 재학생의 신뢰를 부여해야 한다는 과제를 실현할 방안을 다각적으로 고찰해야 한다는 점만 우선 지적하기로 한다. 보다 중요한 것은, 입법학 교육의 콘텐츠를 법전원 커리큘럼상 구상하는 데 있어서도 ① 입법학을 변호사시험과 관련짓는 방식, ② 법전원 교육과정에서 수험적합성과 별개로 재학생이 이를 수강할 유인(incentive)을 부여하는 방식, ③ 혹은 변호사시험이라는 당면 과제가 해결된 뒤에 이를 별도로 교육하는 방식을 함께 검토할 필요가 있음을 암시한다.

(2) 실무능력 배양의 어려움 – 대학주도 후 곧바로 시장진출

사법시험을 통한 법률가 선발·교육 체계는 인재충원을 먼저 하고, 그 후 사법연수원에서 교육을 하는 선충원 후교육 시스템이었다. 또한 사법연수원은 판사양성을 위한 실무기관이었으므로, 그 교육과정에 있어서도 1년차에서의 성적에 따라 '임관' 여부가 결정되고 나서 2년차에 이르러 비로소 판사·검사·변호사 '시보'라는 지위에서 실무수습이 이루어졌고 그나마 변호사실무에 대한 실무교육이 차지하는 비중은 매우 적었다.

반면 법전원의 경우 그 기조부터 '시험을 통한 선발이 아닌 교육을 통한 양성'이고, 실무교육의 측면에서 법전원이 연수원을 대체하는 기관이 아니라는 점이 강조되었다.16) 그러나 이로 인해 법전원은 실무연수교육에 중점을 두기보다는 지식과

---

14) 김종철(2008), 앞의 논문, 39면.
15) 김종철, "법학교육과 법률가양성제도 개혁의 방향 개혁의 하드웨어적 측면", 「법과 사회」 제24호, 2003, 60–61면.

법적 사고력을 학습하는 기관으로 자리매김하였고, 법전원 재학 중의 실무수습이
차지하는 비중은 전반적으로 보아 사법연수원의 경우에 비해서도 늘어났다고 보기
어렵다. 다시 말해 본격적인 실무연수는 교육기관의 장(場)인 법전원 바깥의 '법률
서비스시장의 현장'에서 비로소 이루어지는 체제로 나아간 것이다[17].

　　이는 의과대학이 교육 및 실무의 통합기관으로서 발전하고 있는 양상과 대조적
인 것으로서, 향후의 논의에 있어서 외과대학에서의 실무교육 운영방침도 참고할
필요가 있어 보인다. 여기까지 법전원에서의 입법학이 실질적으로 운영함에 있어서
존재하는 문제들을 살펴보았다.

2. 입법학 교육에 관한 영국 로스쿨의 사례를 통한 시사점

　　변호사시험 제도를 염두에서 배제하지 않으면서도 교육과 실무의 가교 역할을
수행할 수 있도록 함으로써 다양한 사회직역에서 양질의 법률서비스를 제공할 수
있는 법조인을 양성한다는 법전원 교육제도의 기본목표를 달성한다는 것이 결코 쉬
운 과제는 아니라는 점이 재확인된다.[18] 본서에서 입법학 수업을 오랫동안 운영해
온 외국의 운영례로서 아래에서는 영국 케임브리지 대학 LLM 과정의 수업계획서
(Syllabus)를 통해 수업의 운영목표 및 방향에 관한 시사점을 모색하여 본다.

(1) 케임브리지 대학의 LLM 과정 수업운영 내용

　　Cambridge LLM의 「Paper Guide 2020 − 21」 中 「Legislation」 수업의
Syllabus 내용을 발췌하여 보면 다음과 같다.[19]

---

16) 김종철(2005), 앞의 논문, 294면.

17) 김종철(2008), 앞의 논문, 31 − 32면.

18) 물론 이러한 논의의 전제로는 '법조인의 범위'나 '법조인에게 요구되는 질(Quality)'이라는 것이
　　무엇인지에 관한 논의도 선행되어야 할 것이다. 그러나 여기서는 지면상의 제약과 더불어 주제와
　　의 직접적인 관련성은 없다는 점을 감안하여 그에 대한 구체적인 논의에 나아가지는 않기로 한다.

19) 위 Syllabus는 Cambridge LLM 과정 중에 있는 변수양의 도움을 통해 입수하였다. 이 지면을 빌
　　려 감사의 말을 전한다.

… (전략) …이 수업은 우선 입법의 의미에 초점을 둔다. 입법이 판례법이나 관습을 통한 법 발전과 같은 여타 형태의 법 형성 작용과 어떻게 구별되는가? 그리고는 입법의 여러 유형을 탐색하여 본다. 예를 들어 헌법적인 입법과 일반적인 입법을 구별할 실익이 있는가? 위와 같은 쟁점을 살펴본 후, 이 수업에서는 ① 입법에 대한 해석, ② 입법의 제정, ③ 그리고 위임입법의 증가라는 세 가지 일반적인 쟁점에 대한 탐색에 나아간다. 그 후 수업에서는 앞서 논의한 일반적인 주제를 네 가지 부문의 사례연구를 통해 구체적으로 적용한다. 여기에서 우리는 국내 입법부가 국제법을 어느 정도까지 심사하여야 하는지의 문제, 기본권의 보호에 있어서 입법의 역할, 긴급입법 및 신속처리(fast-track) 입법의 문제, 그리고 EU 회원 지위와 브렉시트로부터 파생되는 쟁점, 특히 이 양자가 입법부의 역할, 그리고 영국 의회에 있어서 혹은 장차 도래할 수 있는 헌정위기 상황에서 입법부와 행정부의 상대적인 역할분담에 어떤 영향을 미치는지를 중심으로 한 쟁점들을 살펴본다.… (중략) …

이 수업은 주로 영국의 헌법과 영국에서의 입법과정에 초점을 두고 있다. 이 수업을 수강하기 위해 영국 헌법을 선행학습하였을 것을 요하지는 않으나, 그러한 경우라면 영국 헌법에 관한 자료를 먼저 읽어보는 것이 도움이 될 것이다.

또한 이 수업은 통상적인 수업에서보다 이론적인 접근방법을 취한다. 이는 법학과 정치학에서의 논의들을 바탕으로 입법과정의 정당성을 재고하고 더 나아가 입법을 보다 일반적인 관점에서 고찰할 수 있도록 돕기 위한 것이며, 이러한 점에서 다양한 법계통에서 온 학생들이 각자의 입법례와 판례법을 예시로 동원하는 것도 권장된다.

이 수업의 목표는 다음과 같다.

첫째로, 입법작용의 고유한 기능과 형식에 대한 학습을 통해 입법의 본질을 이해한다.

둘째로, 정치, 언어, 법(특히 헌법) 및 논리가 입법의 초안, 통과, 해석 및 적용의 내용을 어떻게 형성하는지에 대한 이해를 향상시킨다. 이 수업에서는 영국 의회법과 그 하위 법령에 중점을 두지만, 때로는 예증을 위해 비교법적인 사례도 동원한다. EU법이 영국에 도입된 과정, 브렉시트의 구현을 위해 필요한 입법조치, 그리고 국제 조약에 관한 입법적 제약과 그것이 국내법의 일부가 되는 과정도 살펴본다. 이 수업에서는 보통법(common law)을 포함한 여타의 법원(法源)과 입법의 관계도 고찰한다.

셋째로, 각종의 정치적·헌법적 전통 속에서 활용되는 입법기술, 그리고 입법권의 행사에 대한 법적 접근방식이 다양할 수 있다는 점을 감안하면서 영국의 접근방식을 비교법적인 관점에서 자리 매긴다.

(2) 시사점

위와 같은 케임브리지 대학의 운영례를 통해 다음과 같은 특징 내지 시사점이 도출된다.

첫째, 입법의 고유한 특징을 다룬 후, 입법해석·법률제정·위임입법의 관한 쟁점을 익힌 다음 각 쟁점과 관련된 사례에 관하여 논의하는 방식으로 수업이 진행되고 있다. 이는 입법이론, 입법정책 결정론, 입법과정론 부분을 교육한 후 이를 구체적인 사례에 적용하는 내용으로 구성되어 있음을 말해준다.

둘째, 헌법과의 연계성을 살리면서도 그 차이 또한 부각하고 있다. 비록 현재 한국에서는 입법적인 실천의 논의가 헌법학적 테두리 내에 한정되고 있다는 한계[20]가 지적되고 있으나, 헌법학과 입법학의 연계성을 부정할 수는 없다. 위 수업계획서에서 헌법이 필수적 선수 학습과목은 아니나, 그에 대한 학습을 미리 하고 오기를 권고하고 있는 것은 이러한 현실에 기초하여 헌법학과의 연관성이라는 면에서 일정한 균형점을 찾은 것으로 보인다.

셋째, 각양각색의 법문화를 배경으로 하여 입법기술이나 입법권 행사에 대한 법적 접근방식이 다양할 수 있음을 인정하면서도, 수업의 주된 방법론은 '이론적 접근'임을 밝힌 부분이 특징적이다. 한국에서 입법학적 논의가 실천적 측면에서 법적 현실을 기반으로 상당부분 진행되었으나, 입법이론 연구가 척박하다는 점[21]에서 입법학에 대한 이론적인 접근의 필요성은 보다 강조될 필요가 있다. 또한 법전원이 실무기초지식과 차별화되는 전문법학지식을 교육하는 기관으로서 이론적으로 입법학이라는 전문지식을 전달한다는 것을 수업방향으로서 명시적으로 제시하였다는 점

---

20) 심우민, "서평: 한국사회 입법학 논의의 토대 형성 – 박영도, 「입법학입문」(법제연구원, 2008) –", 「법과사회」 제35호, 2008, 372면.
21) 위의 논문, 372면.

에도 의의가 있다.

이러한 시사점들을 반영할 수 있도록, 아래 Ⅳ.항에서 논의하는 구체적인 교육구성안에는 위 대학의 수업계획서 내용을 각 부문 별로 분류하여 함께 제시해 보기로 한다.

Ⅳ. 법전원에서의 입법학 교육 구성안

아래에서는 법전원 교육과정의 일부로서 입법학 수업을 개설하는 경우를 상정하여, 그 편성내용을 앞서 살펴본 법전원의 교육구조에 맞추어 각각 쪼개어 검토해본다. 다만 지적할 점으로, 입법학이라는 분과가 내포하는 내용이 그 성격상 처음부터 기본법학, 기초법학·인접과목, 전문법학, 실무기초과목으로 명확하게 분절될 수있는 것은 아니라는 점에서, 아래의 구분은 단지 실제적인 운용을 위한 예시적인 것에 지나지 않는다는 점을 환기한다.

1. 기본법학과목으로서의 입법학

(1) 기본법학과목으로서의 입법학 과목 편성례

〈과목명〉 입법학 개론22)	
〈입법이론 일반〉	입법학의 의의, 입법학의 세부연구분야 개관 입법학의 연구대상, 인접학문
〈입법과정론1〉	입법실무기관, 입법지원기구
〈입법과정론2〉	정부입법과정, 의원입법과정
캠브리지 수업계획서	
입법 특유의 기능과 형식에 대한 연구를 통하여 입법의 본질을 이해	

---

22) 심우민(2014). 앞의 논문, 169면; 김도훈·강수경, "입법전문가 양성을 위한 교육과정의 소개: 덕성여자대학교 법학과 입법전문가 양성사업을 중심으로", 「법과사회」 제45호, 2013, 503면.

(2) 기본법학과목으로서의 입법학 교육 방안

가. 변호사시험 과목에 추가하는 방안

변호사시험과목과 기본법학과목에 입법학을 추구하는 것이 한 방안이 될 수 있다. 법의 지배와 사회 전역에서 입법이 차지하는 위상을 생각할 때, 입법학이 기본과목이 되는 것도 고려해 볼 만하다. 실제로 법전원의 교육편성 과정에서 그와 같은 노력이 없었던 것도 아니다.[23]

그러나 현행 변호사시험은 특정법과 그에 대한 법해석학적인 내용을 제대로 이해하고 암기하고 있는지를 주된 평가요소로 한다. 따라서 입법학을 변호사시험의 기본과목으로 추가하기 위해서는, 변호사시험의 이러한 성격 자체를 바꾸는 작업이 선행되어야 한다. 만약 그럴 수 없다면, 입법학의 연구가 보다 체계적이고, 지속적으로 발전하는 과정 속에서 입법학의 외연이 현재보다 더 명확해져서 변호사시험의 출제대상을 구체적으로 특정하고 선별하는 작업이 이루어져야 할 것이다.

나. 현행 구조의 유지를 전제로 하는 방안

기본과목들의 교육과정 속에서 입법의 본질이나 입법과정론에 관한 교육을 강화하는 방안을 모색할 수 있다. 입법학은 '헌법'의 통치구조론에서 입법부의 입법 절차, '행정법'의 위임입법에 관한 수업과 직결된다. 헌법과 행정법은 변호사시험 과목이자 기본법학과목이다.[24] 다만 그 자체만의 체계와 방대한 양을 갖추고 있는 기본법학 과목들에 대한 수업·학습을 통하여 기술적이고 정밀한 입법학에 대한 전문성을 학습함에는 한계가 있다.[25]

---

23) 다만 심우민(2014), 위의 논문, 157면에서는 '「법제처」는 변호사 시험에 입법학 과목을 추가하기 위해 노력을 하였지만, 그 결과가 성공적이지는 못하였다'고 평가하고 있다.
24) 위의 논문, 164면.
25) 위의 논문, 164면.

2. 기초법학 및 인접과목으로서의 입법학

(1) 기초법학 및 인접과목으로서의 입법학 과목 편성례

〈과목명〉 입법학 개론26)	
〈입법정책론1〉	입법정책결정의 의의, 입법의 필요성과 대안선택
〈입법정책론2〉	규율밀도 및 소재판단, 입법정책결정의 한계
〈입법평가론1〉	입법평가론의 의의, 우리나라에서의 입법평가
〈입법평가론2〉	입법평가 방법론, 입법평가 모델
캠브리지 수업계획서	
정치, 언어, 법(특히 헌법) 및 논리가 입법의 초안, 통과, 해석 및 시행을 어떻게 형성하는지	
영국 헌법·법률 제정 과정에 중점을 두지만 외국 특히 캐나다, 미국, 아일랜드 및 EU의 사례도 사용	
EU법이 영국에서 시행되는 방법, 브렉시트를 촉진하는데 필요한 법률	
국제 조약에 관한 입법심사와 이를 국내법에의 적용에 관한 부분	

(2) 기초법학 및 인접과목으로서의 입법학 교육 방안

기초법학 및 인접과목은 수업에 대한 수요를 고려하였을 때 법전원생에게 다양한 학습기회를 제공하는 관점으로 접근하는 것이 현실적이다. 즉 입법학에 대한 관심이 있으나 아직 입법학에 대하여 진정한 흥미나 적성이 있는지 의문이 들고, 입법학에 대한 전문성을 더 함양할지에 대하여 고민을 해소해 줄 수 있는 수업으로서 이를 운영할 수 있다.

이러한 관점에서 볼 때에는 법전원생들에게 부담이 되지 않도록 하는 범위 내에서 변호사시험 과목과 연계하면서 입법학을 소개하는 내용으로 구성하여 현행 법전원 체계와 조화를 이룰 수 있을 것이다. 이는 입법학이 모든 법을 그 내용으로 삼을 수 있는 특징이 있기 때문에 가능한 접근이다. 일례로는 형법 제1조의 범죄의 성립과 처벌 조항이 2020. 12. 8. 개정되었는데, 이와 같은 입법의 개정에 대한 평가를 하도록 하는 수업방식을 들 수 있다. 이러한 방식은 별도로 변호사시험 관련 법률의 제·개정된 내용을 학습하는 수업의 경우 변호사시험에 직접적으로 도움이 되고, 입법학의 전문성을 실질적으로 키울 수 있다. 또한 입법학에 대한 지대한 관심이 있지

---

26) 심우민(2014), 앞의 논문, 169면.

만 변호사시험에 대한 불안으로 입법학 수업을 들을 용기를 내지 못하는 법전원생들도 저항감 없이 학습하도록 하는 요인이 될 수 있을 것이다.

3. 전문법학과목으로서의 입법학

(1) 전문법학과목으로서의 입법학 과목 편성례

〈과목명〉 입법학 개론27)	
〈입법기술론1〉	입법기술론의 의의, 법률안의 구성요소와 체계
〈입법기술론2〉	본칙과 부칙, 법률의 제정 및 폐지 방식
〈입법논증론 및 종합〉	입법논증론의 의의, 종합논의
〈과목명〉 법제실무28)	
〈법제기초이론〉	입법학 및 입법이론 개관
〈법제원리〉	법률안 입법의 기본원리와 기본형식
〈입법학 체계 및 활용1〉	입법과정론 중심
〈입법학 체계 및 활용2〉	입법평가 및 논증론 중심
캠브리지 수업계획서	
입법의 의미, 헌법·판례법·관습 등 다른 규칙의 제정과의 차이	
① 입법해석, ② 입법(법률제정), ③ 위임입법	

(2) 전문법학과목으로서의 입법학 교육 방안

앞서 살펴본 기초법학·인접과목이 내용 면에서 법전원 재학생들을 대상으로 하는 입법학에 대한 소개로서의 성격을 띤다면, 전문법학과목으로서의 입법학은 졸업 후 진로로서 입법관련 법률사무에 종사하고자 하는 법전원생을 대상으로 구성되어야 한다. 보다 구체적으로 전문법학과목인 '입법실무' 과목을 개설하는 것이 한 방법이다. 입법실무의 내용을 어떻게 구성할지에 관한 논의하기 보다는 입법실무 내용 구성시 참고할 만한, 현재 활성화되어 있는 전문법학과목들의 운영방식을 살펴보고자 한다.

법전원에서 활성화된 전문법학과목으로는 재판실무, 검사실무, 경찰실무가 있다. 이들 과목은 실무훈련이라기보다는 실무에 투입되기 위한 전문지식으로 그 내

---

27) 심우민(2014). 앞의 논문, 169면.

28) 위의 논문, 170면.

용이 구성되어 있다. 그리고 이들은 각 법원·검찰·경찰 실무수습과 연계되어 있다. 그뿐만 아니라, 법전원 졸업시 각 기관에 취업할 때 지원조건이나 가산점으로 작용한다. 즉 해당 과목을 들었다는 것이 사회에 진출하였을 때 전문성을 갖춘 것으로 인정되는 시스템을 구비해 둔 것이다.

위 과목들이 운영되는 방식은 '입법실무' 수업을 구성함에 있어 많은 힌트를 줄 것으로 보인다. 왜냐하면 변호사시험과의 직접적인 연관성이 없음에도 법원·검찰·경찰로 진로로 택하지 않은 법전원생들에게까지 활성화되어 있기 때문이다. 또한 법원과 검찰청이 전통적인 사법공무원으로 구성되었던 것과 달리, 경찰의 경우에도 법전원 제도와 상생구조를 잘 형성한 사례가 일정한 시사점을 줄 수 있을 것이다.

4. 실무기초과목으로서의 입법학

(1) 실무기초과목과 관련된 입법학 과목 편성례

〈과목명〉 법제실무[29]	
〈제정, 개정 및 폐지 형식〉	법률 제정·개정·폐지방식
〈입안실무1〉	총칙적 규정, 실체적 규정
〈입안실무2〉	보칙, 벌칙 및 부칙
〈입법 실무 및 논증연습1〉	팀별 법률안 적성 및 논증

(2) 실무기초과목으로서의 입법학 교육 방안

실무기초는 현장에 투입된 후 법률서면을 작성해야 하는 순간이 올 때 가장 절실하게 필요한 내용으로 구성되어 있다. 반면 변호사시험의 압박 속에서 모의재판, 법문서 작성, 변호사 사무실에서의 현장연수 등 실무기초 과목은 부담스럽고, 인위적인 사건 구성으로 인하여 현실감을 느끼기 힘들다는 측면이 있다. 또한 실무기초는 해당 업무영역에서 약간의 시간만 흐르면 자연스럽게 익히게 되는 부분이기도 한다.

실무기초과목으로서 입법학 수업을 운영하는 경우에는 수업에 수반되는 연수를 강제하기보다 법전원에서 입법과 관련하여 문서들(정부입법(안), 그 문답, 제·개정

---

29) 심우민(2014), 앞의 논문, 170면.

비교문서, 조사회답서, 법률안, 법률안보고서)의 형식, 기재례 등의 모음집을 발간하고,
이들 자료를 입법실무 수업을 들은 학생들에게 제공하여 양질의 법률가로서 성장할
수 있도록 지원해 주는 방향을 고려해 볼 만하다.

V. 실무연수 관련 운영방향

1. 교내에서 운영하는 실무연수

(1) 변호사시험 후 합격자 발표 전의 실무연수

법전원생들에게는 1월에 변호사시험을 보고 4월에 그 결과가 발표난다. 이에
두세 달 정도의 공백기간이 있다. 이 시기는 대개의 법전원생들은 그 지위가 불안한
상태에 놓여있는 기간이다. 이 시기의 법전원생들에게 실습과정을 제공하는 것도
시기적절한 방법이라고 생각한다. 지위가 정해져 있지 않은 상태에서 이들이 보내
는 3개월의 시간을 실습으로 활용토록 하는 것은 취업에 도움을 줄 수 있을 뿐 아니
라, 수습생 중 일부가 후년도의 시험에 합격하는 경우라 하더라도 특정한 이해관계
인의 이해(利害)에 관련되지 않은 입법사무를 처리하도록 하는 것은 기본적인 법률
소양의 함양·유지라는 측면에서 긍정적인 효과를 가져올 수 있다. 더 나아가 이는 변
호사시험 합격 여부와 무관하게 법전원 졸업만으로 일정 수준 이상의 법적 능력을
담보하는 기제 중 하나로 작용할 수 있다.

실습과정 교육내용의 편성례[30]

유형	내용
Lawyering	의뢰자를 면접, 상담, 설득하는 방법이나 교섭, 조정, 중재 등 ADR의 이론과 실무를 역할학습을 통해 가르치는 로이러링
Clinic	변호사 교원의 감독 지도 아래 구체적인 사건에 접하게 하여 법률상, 사건내용의 예비적 청취, 사안의 정리, 관계법령의 조사, 문제 해결안 검토의 방법을 가르치는 클리닉
Externship	변호사 사무실, 기업의 법 관련 부서, 관공서의 법 관련 부서 등에서 연수를 하게 하는 엑스턴십

30) 김창록·김종철·이국운, 앞의 논문, 58면.

(2) 변호사 시험 합격 후의 실무연수

법전원이 개원한지 10년이 넘은 지금 외연의 확장이 필요하다. 법전원 제도하에서 법학의 교육이 법전원 입학에서 졸업까지가 아니라, 의학대학처럼 실무연수에 관한 부분까지 직·간접적으로 담당할 방법을 모색해야 할 때라고 생각한다.

법전원에서 입법실무를 듣고, 입법관련 현장연수까지 마친 변호사들이라면 입법영역의 전문가로서 실질적으로 활동할 수 있는 능력이 담보될 수 있도록 교육하고 시스템을 구비하는 것이 바람직하다. 즉 법전원에서 입법 관련 인적여건을 구비하거나, 입법관련 기관들과 적극적으로 상생의 구조를 만들어내는 방안을 강구할 수 있을 것이다.

2. 외부기관에서 담당하는 실무연수

실무연수의 구성과 관련하여서는 덕성여자대학교 법학과 입법전문가 양성사업에서 시도해보았던 국회보좌진 인턴프로그램 및 이수증 제도 등을 차용하여,[31] 국회사무처, 국회도서관, 국회예산정책처, 국회입법조사처 등의 국회의 입법 지원기구에서 실무연수 프로그램을 운영할 수 있다.[32]

국회사무처에서는 법전원생을 대상으로 일주일 간 실무수습을 진행하고 있다. 이의 구체적 프로그램 구성은 ① 국회 조직과 입법과정, 회의운영론, ② 각 부서(입법조사처·법제실·위원회)의 실무로서 입법조사 회답 방법론, 법제방법론, 법률안 심사의 이론과 실제, ③ 입법 관련 서면(조사회답서·법률안·법률안보고서) 작성, ④ 서면작성 등을 위한 외국법률 자료 조사방법, 법인비용추계방법, ⑤ 국회 실무자(의원·보좌진·직원)와의 대화 및 국회참관으로 다음의 표와 같다.

---

31) 김도훈·강수경, 앞의 논문, 501－502면.
32) 심우민, "한국사회 입법환경의 변화 맥락", 「연세법학」 제22호, 2013, 32면.

국회실무수습 프로그램 내용[33]

구분	월	화	수	목	금
09:00~ 09:30	입교 및 분임	국회의원 보좌직원과의 대화	법제방법론 (법제실 실무)	국회직원과의 대화	법률안 심사의 이론과 실제 (위원회 실무)
09:30~ 12:00	국회 조직과 입법과정	입법조사 회답방법론 (국회입법조사처 실무)		법안비용추계 방법	
12:00~ 13:00	법조인 출신 국회의원과의 대화	조사회답서 작성	법률안 작성	외국법률 자료조사 방법	법률안 검토보고서 작성
15:40~ 17:30	회의운영론	토론 및 강평	토론 및 강평	국회참관 (본회의장, 법제사법위원회 회의장 등)	수료식

특히 법전원에서 입법실무 과목을 편성·운영한 경우를 상정하면, 입법실무 수업들은 법전원생들을 대상으로 하여 이 시기에 법제처, 국회입법조사처 등에서 연수를 실시하면 입법학에 대한 실무의 기초적 내용을 익힌 상태에서의 법률서비스 제공을 더욱 촉진할 수 있다.

VI. 결론을 대신하여

새삼 강조하거니와, 법전원은 송무 중심의 사법공무원이나 송무변호사뿐만 아니라 사회의 법률서비스수요에 대응하는 입법과정 및 사회적 갈등해소에 능동적으로 기여할 수 있는 법률가를 양성하는 교육기관이다. 하지만 보다 단순하게 말하면, 법조인력을 양성하는 기관의 궁극적 목표는 '양질의 법조인'을 많이 키워내는 것이다.[34] 법전원은 이를 충실히 달성할 수 있는 기관으로 성장해야 한다.

---

33) 국회사무처, 「2020년도 법학전문대학원생 국회실무수습 실시 안내」, 국회 의정연수원, 2면.

34) 김종철(2008), 앞의 논문, 28면. '특히 법조개혁의 관건이 양질의 법조인을 대량으로 배출하는 것임을 고려할 때 이러한 목적을 달성할 수 있는 여러 대안 가운데 현실정책적 실현가능성이 가능 높았던 것이 로스쿨제였음을 부인할 수 없을 것이다.'

　　현행 법전원은 변호사시험이라는 수험을 중심으로 교육이 이루어지고 있는 것이 현실을 인정하고, 이를 시작점으로 하여 위 목표에 이루기 위하여 ① 기본법학과목(법률기본과목), ② 기초법학 및 인접과목, ③ 전문법학과목(전문 및 첨단전계과목), ④ 실무기초과목이라는 법전원 교육의 기본 유형을 되새기면 그에 적합한 교육 콘텐츠를 지속적으로 제공하고 그 질을 높여가야 한다. 그리하여 변호사시험 합격여부와 관계없이 법전원 졸업 자체만으로도 실무능력을 일정 부분 담보할 수 있을 때, 법전원은 진정으로 법학교육과 법조인력 양성이라는 두 가지의 목표를 달성하게 된다. 따라서 이를 위하여 이제 추가적인 논의를 활발하게 진행해야 한다.

　　입법학은 송무 업무 외에 변호사에게 가장 많이 요구되는 학제 중 하나이고, 입법학에 대한 이해가 있어야 소송업무 또한 다차원적으로 이루어질 수 있다고 생각한다. 입법학이 법전원에서 제대로 교육되는 구색이 갖추어지고 나면 이를 롤모델로 하여 다른 전문법학과목들도 법전원과 연계하여 자리를 잡을 수 있을 것으로 기대한다.

주요 참고문헌

국회사무처, 「2020년도 법학전문대학원생 국회실무수습 실시 안내」, 국회 의정연수원, 2020

김도훈·강수경, "입법전문가 양성을 위한 교육과정의 소개: 덕성여자대학교 법학과 입법전문가 양성사업을 중심으로", 「법과사회」 제45호, 2013

김종철, "법학교육과 법률가양성제도 개혁의 방향 개혁의 하드웨어적 측면", 「법과사회」 제24호, 2003

_____, "법학전문대학원에서의 교육내용과 방법에 대한 소견", 「동아법학」 제37호, 2005

_____, "로스쿨 체제하에서 교양법학교육의 필요성과 범위", 「법과 사회」 제35호, 2008

김창록·김종철·이국운, "법학전문대학원 교육의 내용과 방법", 「법과 사회」 제33호, 2007

심우민, "서평: 한국사회 입법학 논의의 토대 형성 −박영도, 「입법학입문」(법제연구원, 2008) −", 「법과사회」 제35호, 2008

_____, "한국사회 입법환경의 변화 맥락", 「연세법학」 제22호, 2013

_____, "국내 입법학 연구동향과 교육방안", 「영산법률논총」 제11권 제3호, 2014

Cambridge 대학교 「LLM: Paper Guide 2020−21 Legislation」 Syllabus

제4부

입법과 혁신

인공지능 규범의 관점 차이가 입법에 미치는 영향

박우철 (네이버)

I. 들어가며

2020. 12. 23. 과학기술정보통신부와 정보통신정책연구원이 작성한 「(사람이 중심이 되는) 인공지능 윤리기준」이 대통령 직속 4차산업혁명위원회 전체회의에서 공식으로 심의 및 의결되었다.[1] 이는 인공지능 기술에 대한 사회적 관심을 보여주는 대표적인 사례라고 생각되고, 또 한편으로는 인공지능 기술을 사용함에 있어서 발생할 수 있다고 생각되는 사회적 부작용이나 문제점을 완화시켜야 한다는 입장이 함께 포함되어 있는 것으로 해석된다. 이번 사례뿐만 아니라 정부 차원에서의 인공지능 윤리규범은 2019년 방송통신위원회에서 「이용자 중심의 지능정보사회를 위한 원칙」이라는 형태로 발표[2]된 바 있고, 구글과 마이크로소프트와 같은 해외 기업 및 카카오와 삼성전자와 같은 국내 기업도 인공지능 원칙을 발표하기도 하였다.

입법학 관점에서 인공지능 규범이 흥미로운 것은 인공지능 기술에 대한 정책 및 규제를 어떻게 해야 하는가에 대해 두 가지의 상반된 입장이 존재한다는 점이다.

---

1) 4차산업혁명위원회, 2020. 12. 23. 자 보도자료(4차산업혁명위원회 제19차 전체회의 개최, 인공지능 국가전략 수립 1주년을 맞아 성과를 점검하고 「사람이 중심이 되는 인공지능 윤리기준」 심의 · 의결).
   https://www.4th−ir.go.kr/pressRelease/detail/1174?category=report, 2020. 12. 23. 검색
2) 방송통신위원회, 2019. 11. 11. 자 보도자료(방통위, 이용자 중심의 지능정보사회를 위한 원칙 발표), https://kcc.go.kr/user.do?mode=view&page=A05030000&boardSeq=47874&boardId=1113, 2020. 12. 10. 검색

하나는 인공지능 기술에 대해서 자율규범을 설정하자는 입장이 있는 반면, 또 하나는 인공지능 기술에 대해서 자율규범의 반대의 의미로서의 강행규범, 즉 입법으로서 법률을 통한 규제가 필요하다는 입장(이와 같은 입장을 아래에서는 이른바 「강행규제」라고 정의한다)이 있다는 것이다.

예컨대, 앞서 설명한 과학기술정보통신부가 마련한 「인공지능 윤리기준」에서는 "구속력 있는 법이나 지침이 아닌 도덕적 규범이자 자율규범으로, 기업 자율성을 존중하고 인공지능 기술발전을 장려하며 기술과 사회변화에 유연하게 대처할 수 있는 윤리 담론을 형성"하는 것이 목표였다[3]고 언급하고 있는 것과 같이 자율규범의 입장을 제시하고 있다. 그런데 이와 반대로 인공지능 규범의 일부를 법률로 규정하고자 하는 입법 사례도 나타나고 있는 것이 현실이다.

그렇다면 인공지능 규범에 대한 이러한 상이한 입장 차이는 어디에서 비롯되는 것인지 입법학적으로 검토해 볼 필요성이 있다고 판단된다. 만약 이와 같은 입장 차이의 효과가 단순히 동일한 내용을 자율규범의 형태인지 아니면 법률의 형태인지와 같이 형식 또는 방식의 차이만을 발생시키는 것이라면 검토의 필요성이 크지 않을 것이다.

하지만 어떠한 행위가 법률로서 규정된다면 자연스럽게 해당 행위를 하는 수범자의 행위를 금지하는 등 특정한 의무를 부과할 수도 있고, 심지어는 처벌하여 수범자의 행위를 규범에 따라 변경할 수도 있다. 결국 같은 내용이라고 하더라도 자율규범은 방향성과 선언적인 측면을 정해주는 것이어서 도덕적 또는 당위적인 접근이 가능하거나 현실의 이행 가능성을 고려할 필요가 적다면, 강행규제는 수범자가 정해진 내용의 의무를 반드시 이행해야만 하므로 현실적인 접근과 더불어 이행가능성을 필수적으로 고려하여야 한다. 결국 동일한 내용을 규정한다고 전제하더라도 형식에 그치는 것이 아니라 실제 내용상의 차이를 발생시킨다고 본다. 그러므로 이와 같은 입장 차이가 어디에서 비롯되는 것인가를 검토하는 것은 의미있는 일이 될 것

---

3) 과학기술정보통신부, 2020. 12. 23. 자 보도자료(과기정통부, 사람이 중심이 되는 「인공지능(AI) 윤리기준」 마련),
  https://www.msit.go.kr/bbs/view.do?sCode=user&mId=113&mPid=112&pageIndex=&bbsSeqNo=94&nttSeqNo=3179742&searchOpt=ALL&searchTxt=, 2020. 12. 23. 검색

으로 생각된다.

　　그리고 추가적으로 위에서 언급한 각 입장의 차이가 왜 발생하였는지에 대하여 선행연구와 인공지능 기술과 그 기술적 특성을 토대로 검토한 뒤에는 정리한 해당 내용을 토대로 인공지능 규범의 일부를 법률로 규정하고자 하는 입법 사례를 분석 및 검토해보고자 한다. 그리고 인공지능 기술 측면에 있어 자율규범에 비교하여 강행규제에 있어 추가적으로 고려해야 할 사항은 없는지에 대해서도 함께 정리해보고자 한다.

II. 인공지능 규범의 관점 차이가 발생하는 이유에 대한 검토

1. 인공지능 기술에 대한 인공지능 연구자와 정책입안자의 관점 차이

　　인공지능 기술에 대해 자율규범과 강행규제로 입장의 차이가 발생하는 첫 번째 이유는 인공지능 기술을 어떻게 정의하고 파악하느냐가 각 집단 간 서로 다르기 때문이라고 본다. 먼저 인공지능 기술에 대해서 자율규범으로 접근하자는 주장을 하는 집단은 다른 집단에 비하여 인공지능 기술의 가능성뿐만 아니라 그 한계를 명확히 알고 있는 집단으로 판단된다. 그렇기 때문에 현재 시점의 인공지능 기술에 대하여 어느 분야에 해당 기술을 응용하여 사업자와 이용자 등 이해관계자에게 어떠한 효용을 제공할 수 있는지, 그리고 발생할 수 있는 위험성이 어느 정도인지 예측할 수 있기에 민간 영역에서의 자율규범으로 인공지능 기술을 통제할 수 있다고 판단하는 것이다. 반대로 인공지능 기술에 대하여 강행규제로 접근하자는 주장을 하는 집단은 인공지능 기술에 대한 무한한 가능성을 신뢰하고 있는 집단으로 판단된다. 역설적으로 인공지능 기술이 한계가 없는 거대한 가능성을 가지고 있다고 믿기 때문에, 인공지능 기술이 인간과 동일한 심지어는 인간을 넘어설 수 있다고 보는 것이다. 이에 인공지능 기술이 인간의 영역을 해칠 수 있다는 거대한 위험에 대해 우려하여 강행규제로만 인공지능 기술을 통제할 수 있다고 판단하는 것으로 보인다.

　　이러한 측면에서 인공지능 연구자와 정책입안자의 시각 차이를 확인할 수 있는 Peaks Krafft 등(2020)의 선행연구[4]는 흥미로운 부분이 있다. 이 연구는 인공지능 연구를 하는 실무자와 정책입안자가 인공지능의 개념을 어떻게 정의하고 파악하고 있느냐에 대해서 연구한 것인데, 인공지능 연구자의 경우 인공지능에 대해 기술적 가능성을 강조하는 정의를 선호하는 반면, 정책입안자는 인공지능을 인간의 사고와 행동에 비교하는 정의를 주로 사용한다는 사실을 밝힌 연구이다. 말하자면 인공지능 연구자는 현재 사용 중인 기술에 기초하여 인공지능을 특정 영역에 사용되는 약인공지능(Weak AI)으로 바라보는 데 반하여, 정책입안자는 인공지능을 인간과 유사한 기능을 강조하여 인공지능이 인간과 같은 역할을 수행할 것으로 기대되는 가상의 미래에 나타날 강인공지능(Strong AI)로 바라보는 것이라고 할 수 있다. 위 연구는 이러한 관점의 차이가 현재 논의되어야 할 인공지능 문제를 살펴볼 기회를 희생시키고, 미래에 발생할 우려를 지나치게 강조하는 윤리적 및 규제적 시도가 나타날 수밖에 없다고 분석하고 있다.

    결국 인공지능 기술에 대해서 강행규제를 주장하는 입장은 인공지능 기술, 특히 강인공지능과 같은 인간의 대체 또는 인간에게 미치는 부작용에 대하여 위험성을 크게 느끼고 있기 때문으로 보인다. 같은 인공지능 기술에 대해서도 이렇게 각 집단 간 위험성의 차이가 발생하는 이유는 인공지능 기술에 대한 정의를 다르게 하고 있다는 점, 즉 이를 다르게 설명해보면 정책입안자가 인공지능 연구자에 비하여 인공지능 기술에 대한 이해도가 높지 않다는 것에 기인하는 것으로 보인다. 아래에서는 인공지능 기술에 대해서 산업적 또는 실무적으로는 어떻게 이해되고 있는지에 대해서 살펴보고자 한다.

2. 인공지능 기술에 대한 실무적 이해의 차이

(1) 용어로서의 인공지능과 인공지능 기술의 영역 분류

    인공지능(Artificial Intelligence)은 다양한 정의가 있지만, 일반적으로 사람의 지능을 만들기 위한 시스템이나 프로그램으로 이해된다. 이렇게 사람의 지능과 관련

---

4) Krafft, P. M., Meg Young, Michael Katell, Karen Huang, Ghislain Bugingo, "Defining AI in Policy versus Practice", *AIES 2020: Proceedings of the AAAI/ACM Conference on AI, Ethics, and Society*, February 2020, 72－78면.

성이 있다고 이해되는 이유는 인공지능이라는 단어가 주는 인상이 「인공」과 「인간」이 대비되어 인간을 지칭하는 인간지능에 비교되는 개념이라고 이해되는 경우가 많기 때문이다.

한편으로는 인공지능 관련 기술을 실무적으로 살펴보게 되면, 이러한 이름에서 나타나는 일반적 인상이 인공지능에 대한 사회적 오해를 불러일으키는 것은 아닌지 조심스럽다. 다시 말하자면 인공이라는 단어가 주는 인상은 마치 도구일 뿐인 기술을 현재 인간이 영위하고 있는 역할에 놓거나 대체할 수 있다는 인식을 주기 때문이다. 이러한 맥락에서 메사추세츠 공대(MIT) 교수인 Alex Sandy Pentland는 인공지능을 효율적인 분석도구라는 측면에서 확장지능이라고 불러야 한다는 의견[5]을 내기도 했다.

인공지능 기술 영역 분류

인공지능: 전통적인 프로그래밍의 영역을 포함한다.		
	머신러닝: 데이터를 통해 모델을 학습시키는 영역이다.	
		딥러닝: 인공신경망을 활용한 모델을 만드는 영역이다.

인공지능은 크게 세 가지 기술 영역으로 분류할 수 있다. 첫째로는 규칙 기반의 프로그래밍 기술을 포함한 인공지능 영역이다. 이는 전통적인 프로그래밍의 영역이라고 이해되기도 하며, 조건문이나 반복문과 같은 일련의 규칙을 통하여 원하는 결과를 얻어내는 것이 이 프로그래밍의 목적이다. 다만, 모든 시나리오를 가정하여 규칙을 정해둘 수는 없는 것이기 때문에 일정한 부분에서 한계가 발생할 수밖에 없다. 이러한 전통적인 프로그래밍을 통하여 이른바 「사람의 지능」과 유사한 수준의 결과물을 얻어내는 것은 매우 어려운 일이 될 것이라는 점을 어렵지 않게 짐작할 수 있다. 이러한 측면에서 해당 영역은 일반적으로 사회에서는 인공지능 영역이라고 인식되지 않는 경우가 많고, 단순히 프로그래밍의 영역으로 이해되는 경우가 많다.

두 번째는 머신러닝(Machine Learning)이라는 기술을 포함한 인공지능 영역이

---

5) 중앙일보, 2020. 3. 8. 자, [글로벌 인터뷰] "AI가 터미네이터? 지나친 환상… 빅데이터 잘 분석하는 도구일 뿐"

다. 앞서의 영역과 비교하면 머신러닝이란 데이터로부터 학습하도록 프로그래밍하는 것을 말하는데, Arthur Samuel(1959)은 머신러닝에 대하여 "명시적인 프로그래밍 없이 컴퓨터가 데이터를 통해 학습하는 능력을 갖추게 하는 것"이라고 정의하였고, 조금 더 공학적인 관점에서 Tom Mitchell(1997)은 "어떤 작업 T에 대한 컴퓨터 프로그래밍의 성능을 P로 측정했을 때 경험 E로 인해 성능이 향상되었다면, 이 컴퓨터 프로그래밍은 작업 T와 성능 측정 P에 대해 경험 E로 학습한 것"이라고 정의[6]하였다. 정리하자면 머신러닝은 데이터를 통하여 원하는 결과를 얻어내는 것이라는 점을 설명하고 있는 것이다.

조금 더 쉽게 전통적인 프로그래밍의 영역과 머신러닝의 영역을 구분해보자면, 스팸 필터의 사례를 생각해 볼 수 있다. 프로그래밍의 영역에서 메일의 제목을 보고 스팸인지 아닌지 여부를 판단하는 스팸 필터를 구현한다고 가정해본다. 먼저 프로그래밍을 하는 경우에는 스팸 필터의 특성을 분석한 뒤에, 제목에 어떤 특정한 단어가 오는 경우 스팸인가를 살펴보는 과정이 필요하다. 그 이후에 「당신을 위한」 이라는 단어가 제목으로 작성된 메일은 스팸으로 분류하는 조건문 규칙을 설정할 수 있다. 그러나 스팸을 보내는 사람들이 위와 같은 제목의 메일이 스팸으로 분류된다는 것을 알게 된다면, 다른 단어로 제목을 변경하게 될 것이다. 프로그래밍 영역에서는 이와 같은 변화가 있을 때마다 새로운 규칙을 입력해두어야 하는 문제가 발생한다. 조금만 시간이 지나도 복잡하고 긴 규칙 목록을 만들어야 할 수도 있다. 하지만 머신러닝의 경우에는 데이터를 통해 자동적으로 규칙을 설정하게 되는 것이라고 할 수 있다. 자주 나타나는 단어 패턴을 감지하여 모델을 만들게 되고, 머신러닝의 경우에는 긴 규칙을 만들 필요가 없을 뿐만 아니라, 학습된 모델이 새로운 메일에 대해 자동적으로 스팸 여부를 판단하게 되어 작업이 비교적 간단해지는 장점을 가진다.

마지막으로는 머신러닝 영역 중 하나라고 할 수 있는 인공신경망(Artificial Neural Network, ANN)을 이용한 딥러닝 영역이다. 딥러닝이라는 이름은 인공신경망을 여러 층으로 쌓은 모습에서 유래되었다[7]고 하며, 인공신경망이란 입력 계층

---

6) Aurelien Geron, 박해선 옮김, 『핸즈 온 머신러닝(Hands‑On Machine Learning with Scikit‑Learn and TensorFlow: Concepts, Tools, and Techniques to Build Intelligent Systems)』(한빛미디어, 2018), 33‑65면.

(Input Layer)과 출력 계층(Output Layer) 사이에 복수의 은닉 계층(Hidden Layer)이 있는 모델을 말한다.

(2) 머신러닝의 실무적 이해

가. 지도학습

머신러닝에서의 지도학습(Supervised Learning)과 비지도학습(Unsupervised Learning)의 가장 큰 차이점은 머신러닝 기술 차이에 있다기보다는 데이터에 레이블(Label, 이하에서는 일반적으로 쉽게 이해될 수 있는 용어로 생각되는 「라벨」이라고 기재한다)이 되어 있는지 여부가 중요하다. 즉, 지도학습의 경우에는 데이터세트의 특정 값에 라벨이 포함되어 있는 경우를 말한다. 예컨대, 꽃잎의 길이와 폭, 꽃받침의 길이와 폭과 관련된 데이터를 통하여 붓꽃의 종류를 분류하는 작업을 수행하고자 하는 경우에, 해당 데이터 세트에 붓꽃의 종류가 이미 라벨로 기재[8])되어 있다면 해당 데이터 세트는 지도학습이 가능하다.[9]) 만약 데이터 세트에 붓꽃의 종류가 분류된 라벨이 없다면 이는 비지도학습 방법을 사용하여 분류작업을 먼저 수행해야만 지도학습의 방법론을 사용할 수 있을 것이다.

지도학습에 해당하는 영역은 크게 회귀와 분류로 구분될 수 있다. 회귀(Regression)는 예측 변수(Predictor Variable)라고 부르는 특성 변수(Feature)를 토대로 반응 변수(Response Variable)를 예측하는 것을 말한다. 여기서의 반응 변수가 바로 위에서 언급한 라벨이 된다. 대표적인 모델은 선형 회귀분석이다. 선형 회귀분석(Linear Regression)은 지도학습의 하위 범주에 속하는 모델로서, 데이터를 통해 하나의 모형을 적합시킨 후 하나 또는 여러 개의 예측 변수를 통해서 반응 변수의 값을 예측하게 된다. 하나의 예측 변수를 사용하는 모델을 단순 회귀(Simple Regression)

---

7) 斎藤 康毅, 개앞맵시 옮김, 『밑바닥부터 시작하는 딥러닝(ゼロから作る Deep Learning‒Pythonで学ぶディープラーニングの理論と実装)』(한빛미디어, 2017), 47‒106면.

8) Fisher, R. A., "The Use of Multiple Measurements in Taxonomic Problems", *Annals of Eugenics*, Volume 7, Issue 2, September 1936, 179‒188면.

9) 참고로 해당 데이터는 현대통계학의 아버지라고 할 수 있는 로널드 피셔가 수집한 데이터로 알려져 있으며, 주로 Iris(붓꽃) 데이터로 불린다. 머신러닝 영역을 공부하는 학습자라면 한 번 이상 접해볼 수 있는 데이터로, 자신이 작성한 모델의 성능을 확인해 보는 유명한 데이터이기도 하다.

모델이라고 부르고, 여러 개의 예측 변수를 통해서 반응 변수를 예측하는 모델은 다중 회귀(Multiple Regression) 모델이라고 부른다. 이러한 선형 회귀모델은 다소 단순하기는 하지만, 단순한 선형 모델이기 때문에 일반적으로 복잡한 비선형 모델에서 발생하는 오버피팅(Overfitting, 과적합)에 대한 우려가 거의 없다는 장점이 있고, 이러한 측면에서 데이터가 없는 영역에 대해서 반응 변수인 결과값을 쉽게 예측할 수 있다는 장점도 있다.

분류(Classification)는 앞서 스팸 분류가 대표적인 사례라고 할 수 있다. 즉, 스팸인지 아닌지 여부를 분류하는 것이다. 분류의 대표적인 모델은 로지스틱 회귀분석을 예로 들 수 있다. 로지스틱 회귀분석은 반응 변수가 「성공」과 「실패」와 같이 이항반응변수일 때 사용할 수 있는 모델로, 예측 변수를 통해 반응 변수를 효과적으로 분류하는 데 이용되는 모델이다.

회귀와 분류를 구분하는 것을 앞서와 같이 대표적으로 사용되는 모델로도 분류할 수도 있지만, 한편으로는 데이터의 특성에 따라서도 분류할 수 있다. 만약 결과값으로 도출하고 싶은 반응 변수의 데이터가 연속되는 수치로 표현되는 연속형 변수(Continuous Variable)라면 회귀 모델을 사용하는 것이 용이하고, 결과값으로 도출하고 싶은 반응 변수가 스팸에 해당하는지 혹은 해당하지 않는지와 같이 어떠한 범주로 구분될 수 있는 범주형 변수(Categorical Variable)라면 분류 모델을 사용하는 것이 적합하다고 할 수 있다.

나. 비지도학습

머신러닝 영역의 많은 방법론들은 지도학습을 전제로 하고 있는 경우가 많다. 하지만 실제 현장에서 데이터 세트를 접하는 경우에 해당 데이터에 라벨이 포함되어 있는 데이터를 구할 가능성은 그리 높지 않은 것이 현실이다. 예컨대, 공장에서 특정한 제품을 생산한다고 가정하고 해당 제품의 사진을 찍어 결함을 탐지하는 시스템을 구현하고자 한다고 하였을 경우에, 사진을 찍어 데이터 세트를 만드는 것은 가능할 수 있겠지만, 이 데이터 세트는 결함 여부라고 하는 라벨이 달려 있지는 않다. 만약 라벨이 필요하다면 특정한 작업자가 수동으로 모든 사진을 검사하여 결함이 있는지 여부와 관련된 라벨을 달아야 할 것이다. 그러나 이는 굉장히 많은 비용이 드는 일이 될 수밖에 없다.

이와 같은 어려움을 극복하기 위해서 라벨이 없는 데이터 세트를 모델을 통해 정상 제품과 결함 제품을 구분할 수 있도록 자동적으로 라벨을 만들 수 있게 해줄 필요성이 있는데, 이때 사용되는 대표적인 모델이 군집분석(Cluster Analysis)이다. 군집분석은 데이터의 예측 변수를 통해서 데이터에서 관찰되는 값들을 유사성(Similarity) 또는 비유사성(Dissimilarity)의 정도를 측정하여 데이터를 가까운 순서대로 군집화하는 모델이다. 서로 유사한 관찰치는 하나의 군집으로 묶어주고, 한편으로는 다른 군집에 속한 관찰치와는 상이하도록 군집을 묶어주게 된다. 이를 통하여 라벨이 없던 데이터 세트에 자동적으로 라벨을 만들어 줄 수도 있다.

또 다른 전형적인 비지도학습 작업으로 차원 축소(Dimensionality Reduction)가 있다. 대표적인 모델로는 주성분분석(Principal Component Analysis)이 있는데, 해당 모델은 너무 많은 정보를 잃지 않으면서도 데이터를 간소화하는 것을 목적으로 한다. 주성분분석을 통해 예측 변수 중에 서로 상관관계가 있는 변수가 있다면 이를 하나로 합쳐서 주요 특성 변수를 도출하는 방식을 택하고 있다. 예컨대, 자동차와 관련된 데이터가 있고 해당 데이터 세트의 예측 변수 중에 주행거리 변수와 연식의 변수가 있다고 가정해본다. 이러한 경우에는 연식이 높아지면 높아질수록 주행거리 역시 늘어날 수밖에 없는 특성을 가지므로, 두 변수 간 연관성이 높다고 할 수 있어 이를 차의 사용이라는 하나의 주요 특성 변수로 합칠 수 있을 것이다.

(3) 딥러닝의 실무적 이해

딥러닝에 사용되는 신경망에 대한 기본적인 아이디어는 퍼셉트론에서 시작되었다. 퍼셉트론은 다수의 신호를 입력받아 하나의 신호를 출력하는 형태인데, 말하자면 입력 계층과 출력 계층만이 존재하는 가장 단순한 모델을 생각하면 이해하기가 쉽다. 이러한 퍼셉트론은 신호에 가중치를 곱하여 출력 여부를 결정할 수 있는 구조이다. 퍼셉트론은 다양한 논리값을 출력할 수 있다는 장점이 있었지만, 복수의 퍼셉트론이 아닌 이상 신호의 가중치를 곱하여 출력하는 경우 도출할 수 있는 출력값이 선형으로만 출력되는 문제가 있다. 다르게 설명하자면 최초의 퍼셉트론은 일차방정식만을 표현할 수 있었던 것이다. 이후 퍼셉트론과 퍼셉트론을 연결하는 방식, 즉 하나의 은닉 계층을 추가하는 아이디어를 통해 출력값을 비선형으로도 출력할 수 있게 된다. 이러한 복수의 퍼셉트론을 연결하는 방식을 은닉 계층을 추가하였다는 의미에서 심층신경망(Deep Neural Network, DNN)이라고 부른다.

그리고 신경망 계층의 연결 방법에 따라 완전연결 신경망과 합성곱 신경망으로 분류할 수 있다. 앞서 심층신경망에 대해서 설명하였는데, 이와 같은 경우에는 인접하는 계층의 신경망과 모두 결합되어 있는 형태가 된다. 이를 완전연결(Fully Connected) 신경망이라고 한다. 한편으로는 이러한 결합 구조는 데이터가 가지고 있는 형상을 무시하는 문제점이 있다. 예컨대, 입력된 데이터가 이미지라고 가정해보면, 이미지는 기본적으로 색상, 가로, 세로로 구성된 3차원 데이터이다. 이 형상에는 공간적으로 가까운 픽셀의 경우 값이 비슷하거나, 또는 색상의 구성인 삼원색(RGB)이 서로 밀접하게 관련되어 있을 수 있다. 반면 거리가 먼 픽셀끼리는 관련성이 없는 등 패턴이 의미가 있을 수도 있다.

그런데 완전연결 방식을 사용하게 되면 이러한 관계를 모두 무시하고 1차원 데이터로 평탄화하여 동일한 취급을 하게 되는 문제점이 발생한다. 이러한 문제점을 방지하기 위하여 합성곱 신경망(Convolution Neural Network, CNN) 방식이 발전했다. 말하자면 합성곱 신경망은 형상을 유지하여 3차원 데이터로 입력받은 데이터를 서로 근처에 있는 데이터끼리 합성곱 연산을 통해 다음 계층에도 3차원 데이터로 전달하는 방식을 택한다.

3. 소결

정리해보면 자율규범과 강행규제의 입장 차이는 인공지능 기술에 대하여 어떠한 정의를 하는가에 있어서 차이가 있다는 것이다. 자율규범 집단은 인공지능 기술에 대하여 기술적인 정의를 선호함으로써 인공지능 기술에 대한 기능과 한계를 아는 반면, 강행규제 집단은 강인공지능을 전제로 하여 인공지능 기술을 인간의 사고나 행위에 비춰 정의하는 것을 선호함으로써 인공지능 기술에 대한 무한한 가능성을 믿는다는 차이가 있다. 이러한 정의가 나타나는 이유는 인공지능 기술에 대하여 산업적 또는 실무적으로 이해하지 못하고 있기 때문으로 판단된다.

인공지능 기술에 대해 실무적으로 이해해보면, 전통적 프로그래밍 영역, 머신러닝 영역, 딥러닝 영역 모두 어떠한 문제를 해결하기 위해 모델을 만드는 것이라고 이해할 수 있고, 특히 머신러닝과 딥러닝의 경우에는 데이터를 기반으로 문제를 해결하는 것이라고 이해할 수 있다. 다르게 말하자면 머신러닝과 딥러닝은 데이터에 대한 의존성이 발생할 수밖에 없는 모델이다. 그런데 이렇게 모델이 의존하는 데이터가 문제가 있는지 여부를 모델을 만들기 전에 확인할 수 있을지 생각해보면, 이것이 쉽지 않은 문제라는 것을 생각해 볼 수 있다. 즉, 데이터 자체만을 살펴보고 문제 여부를 파악하는 것보다는 모델을 구축하는 과정에서 모델의 예측과는 다르게 입력되어 있는 아웃라이어(Outlier)로 이해되는 데이터가 있는지 등 특이사항을 파악하는 것이 훨씬 더 현실적이기 때문이다. 실제로 실무에서도 시행착오를 거쳐서 불필요한 데이터를 정제하는 과정이 모델의 성능을 개선하는 데 있어 필수적인 작업이라고 보는 입장도 있다.

이와 같이 인공지능 기술에 대한 실무적인 이해는 인공지능을 단 하나의 추상화된 개념, 예컨대 컴퓨터가 「사람의 지능」을 가진 것으로 이해하는 것이 아니라, 첫째로, 인공지능에 대한 영역을 개별적으로 나누어 각각의 특성을 이해할 수 있게 된다는 장점이 있다. 둘째로는, 각 인공지능 영역에서 사용되는 기술이 데이터를 통해 모델링 된다는 점을 이해할 수 있다면, 단순히 모델 자체의 문제(즉, 이른바 「알고리즘」의 문제로 불리기도 한다)가 아니라 입력된 데이터 세트의 문제 여부를 나누어 살펴볼 수 있게 된다. 셋째로는 데이터 세트 자체의 문제만을 논하는 것이 아니라, 모델에 사용할 만한 데이터 세트를 구성하는 데 있어 모델을 통해 데이터를 정제하는 과정을 얼마나 거쳤는지 여부도 검토할 수 있게 되어, 인공지능 규범과 관련된 사항을 다차원적으로 접근할 수 있게 만든다.

III. 강행규제로서의 인공지능 규범 사례 분석

1. 법안 발의 후 법률이 시행된 사례: 지능정보화 기본법

2020. 12. 10.자로 시행된 지능정보화 기본법 제62조에서는 지능정보사회윤리라는 이름의 조항으로 인공지능 윤리원칙의 내용을 규정하였다. 지능정보화 기본법은 과거 국가정보화 기본법을 전부개정한 것으로서, 2018. 2. 14.에 변재일 의원이

의안번호 2011978로 대표발의한 법안이 모체가 된 것으로 파악된다. 해당 발의안에 대한 검토보고서[10]를 살펴보면, 법안의 입법 취지로 "인간의 존엄과 가치를 존중하고 공공성·책무성·통제성·투명성 등 지능정보기술의 안전하고 신뢰할 수 있는 사용에 관한 윤리원칙"이 필요하다는 입장을 확인할 수 있고, 이에 대한 검토의견으로 "인공지능 기술개발에서 파생되는 윤리문제"를 언급하고 있다. 또 검토보고서에서는 구 국가정보화기본법 제40조의 건전한 정보통신윤리의 확립 조항의 내용을 승계한 것처럼 기재되어 있는 부분도 있으나, 그 내용을 살펴보면 미풍양속을 해치는 불건전한 정보의 유통을 방지하는 내용을 중심으로 서술되어 있어 사견으로는 법률로서 다뤄지는 윤리의 범위가 달라졌다고 판단된다.

구체적으로 지능정보화 기본법 제62조의 배경이 된 것은 과학기술정보통신부·한국정보화진흥원·정보문화포럼이 2018년에 발표한 「지능정보사회 윤리 가이드라인」으로 생각된다. 법률에서 규정하고 있는 공공성, 책무성, 통제성, 투명성을 동일하게 윤리원칙으로 제시하고 있기 때문이다. 지능정보사회 윤리 가이드라인에서 정의하고 있는 개별 특성[11]을 구체적으로 살펴보면, ① 공공성(Publicness)이란 지능정보기술이 가능한 한 많은 사람들에게 도움을 주어야 하고, 지능정보기술에 의해 창출된 경제적 번영은 모든 인류의 혜택을 위해 광범위하게 공유되어야 한다는 것이라고 정의한다. ② 책무성(Accountability)이란 지능정보기술 및 서비스에 의한 사고의 책임 분배를 명확히 하고, 안전과 관련된 정보를 공유하고, 이용자의 권익을 보호하는 사회적 의무를 충실히 수행해야 한다는 것을 말하며, ③ 통제성(Controllability)이란 지능정보기술 및 서비스에 대한 인간의 제어 가능성 및 오작동에 대한 대비책을 미리 마련하고, 이용자의 이용선택권을 최대한 보장하여야 하는 것을 말하고, ④ 투명성(Transparency)은 기술개발, 서비스설계, 제품기획 등 의사결정 과정에서 이용자·소비자·시민 등의 의견을 반영하도록 노력하여야 하며, 이용 단계에서 예상되는 위험과 관련된 정보를 공개·공유하고, 개인정보 처리의 전 과정은 적절하게 이루어져야

---

10) 국회 과학기술정보방송통신위원회, 2018. 9. 국가정보화 기본법 전부개정법률안 검토보고서(변재일의원 대표발의, 2018. 2. 14, 2011978), 5면, 17면, 87면.

11) 과학기술정보통신부·한국정보화진흥원·정보문화포럼, 2018, 지능정보사회 윤리 가이드라인.

한다는 것을 말한다고 한다.

해당 조문은 정부와 국가기관, 지방자치단체의 의무로 규정되어 있기는 하나, 정부가 지능정보기술 또는 지능정보서비스 개발자·공급자·이용자가 준수하여야 하는 사항을 규정할 수 있다는 조항(국가정보화 기본법 제62조 제4항 참조)도 있어 민간 영역에도 영향을 미칠 가능성을 배제할 수 없을 것으로 판단된다. 현재로서는 제62조 제4항과 관련된 후속조치가 존재하는 상황은 아니기 때문에, 관련 내용이 자율규범으로 형성될 것인지, 아니면 강행규제로서 형성될 것인지에 대해서는 추후에 살펴볼 필요성이 있을 것이다.

2. 법안 발의 중인 사례: 과학기술기본법 일부개정법률안

앞서 지능정보화 기본법의 규제를 정부 차원이 아닌 기업 차원으로 이전하면서, 인공지능 개발과 관련된 사회적 부담을 기업에게 전가하는 내용의 법안도 2020. 12. 15.자로 국회에 발의된 상황이다. 이는 이병훈 의원이 의안번호 2106471로 대표발의한 과학기술기본법 일부개정법률안인데, 해당 법안은 기업에게 ① 인공지능 관련 과학기술 활동에서 인간 제어 가능성, 오작동 대비 및 위험 관련 정보의 공개·공유 방안 마련 등 과학기술의 신뢰성을 최대한 확보하도록 노력하여야 할 의무를 부과하고(본 법안 제6조의2 제2항), ② 인공지능의 안전한 활용을 위하여 윤리강령 제정, 윤리전문가의 채용, 사고보상 등의 방안을 마련하여야 할 의무를 규정하고 있다(본 법안 제6조의2 제4항).

그런데 이와 같은 접근은 다소 우려스러운 측면이 있다. 첫째로는 지능정보화 기본법과 마찬가지로 과학기술기본법 역시 정부 차원에서 과학기술을 진흥하기 위한 정부의 의무와 책임을 담은 법이라는 측면에서 기업을 수범대상으로 하는 조항을 포함시키는 것이 법 체계상 정합성이 맞는지 조심스럽다. 둘째로 앞서 자율규범을 선택한 과학기술정보통신부의 입장은 단순히 기업의 자율성을 존중하기 위한 것만이 아니라, 인공지능 기술이 향후 어떻게 발전할 것인가에 대해 국가와 기업을 포함한 그 누구도 확신할 수 없기 때문에 기술에 대한 이해도가 낮은 국가가 법률로 규제를 하는 경우 과잉규제를 할 우려가 있어, 강행규제를 지양하고 있는 것이라는 점을 고려하지 않고 있다. 셋째로는 해외의 기술 수준을 고려할 때, 국내에서 인공지능 관련 사고에 대한 보상을 기업이 부담하라는 내용을 규정하는 것은 인공지능 기술 개발에 도전하는 국내 기업에게 해당 기술을 개발하지 말라는 국가적 메시지를 주는 것이 될 수 있다는 문제점을 고려하지 않은 것으로 판단된다.

그리고 앞에서 살펴본 머신러닝과 딥러닝의 기술적 특성을 고려하면, 본 법안에서 언급하고 있는 오작동과 위험에 대한 통제성이 얼마나 수범자가 이행하기 어려운 의무인지 이해할 수 있다. 시행착오를 통해 만들어진 모델은 완전한 모델이 아니라, 데이터 및 데이터 정제, 새로운 모델의 적용 등을 통해 앞으로 개선 가능성이 무궁무진한 것이 현실이다. 그럼에도 불구하고 본 법안은 기업이 사고보상이라고 하는 페널티를 받지 않기 위해서는 모델이 오작동하지 않도록 완전한 대비를 해낼 것을 요구한다. 이는 인공지능을 단계별, 영역별로 나누어 살펴보고 있지 않기 때문에 발생하는 접근이라고 판단되며, 또 한편으로는 현실에서의 인공지능 기술이 어떠한 사회적 영역에서 쓰이고 있는지를 검토하지 않아서 발생하는 문제로 판단된다. 예컨대, 인공지능에 대한 이해가 있었다면, 중요한 사회적 영역으로 이해되는 의료 분야에 쓰이는 인공지능 기술에 대해서는 완전한 대비가 아닌 특정한 요건을 갖추는 것이 안전하다는 접근을 하였을 것이다.

또한 본 법안에서 정보의 공개와 공유 방안을 제시하고 있는 것은 인공지능 원칙 중 투명성에 대한 부분을 입법한 것으로 이해된다. 하지만 이러한 투명성의 실현은 단순히 정보를 공개하는 것으로만 실현되는 것이 아니라, 인공지능 제공자가 해당 인공지능 기술이 적용된 서비스에 대한 설명가능성을 넓혀 정보를 제공하는, 즉 이용자에게 상세한 설명을 하는 것으로서 실현할 수 있기도 하다. 그런데 본 법안은 일률적인 공개 방식만을 전제하고 있어, 이러한 공개를 통해 인공지능 모델에 대해 허가받지 않은 제3자에 의한 임의적 조작인 어뷰징을 방지하기 어렵도록 규정하고 있다. 정보의 공개는 투명성을 강화할 수도 있지만, 한편으로는 공개 정보를 통하여 인공지능 모델을 자신의 이익에 유리하게 조작하고자 하는, 즉 제3자에 의한 외부 공격에 취약하게 만드는 단점이 있다. 말하자면 본 법안은 제3자 또는 제3자의 행위를 고려하지 않고, 인공지능 기술 개발자의 의무에 대하여만 고려하고 있는 문제가 있다.

그리고 이와 관련된 보론으로 투명성과 관련하여서는 2020. 12. 유럽연합에서 디지털 서비스 법안을 내놓으면서 초대형 온라인 플랫폼 사업자에게 독립된 제3자의 감사를 받을 의무를 규정[12]한 바 있다. 데이터에 대한 분석 능력, 서비스와 사용자에 대한 이해도, 그리고 산업적 전문지식(Domain Knowledge)이 플랫폼 내부 전문가와 감사인이 서로 다를 수밖에 없을 것으로 보이는데, 과연 제3자가 얼마나 전문적인 감사를 할 수 있는지, 그리고 어떠한 범위 내에서 감사인에게 정보를 공개하여 투명성을 획득할 것인지 여부가 불명확하다고 판단된다.

3. 법안 발의 예정 중인 사례: 온라인 플랫폼 중개거래의 공정화에 관한 법률안

법안 발의 예정 중인 사례를 살펴보면, 인공지능 윤리원칙 중 투명성과 관련이 있는 조항이 온라인 플랫폼 중개거래의 공정화에 관한 법률안(이하 「온라인 플랫폼 공정화법 제정안」이라 함)에 포함되어 있기도 하다. 2021년 9월 28일에 발표된 공정거래위원회의 온라인 플랫폼 공정화법 제정안 제6조 제1항 제10호에서는 온라인 플랫폼이 이용사업자와 온라인 플랫폼 중개거래계약을 체결할 경우 교부해야 할 계약서의 내용에 "온라인 플랫폼 이용사업자가 판매하는 재화 등의 정보가 온라인 플랫폼에서 소비자에게 노출되는 방식 및 노출 순서의 결정 기준(온라인 플랫폼 이용사업자가 지불하는 수수료가 노출 방식 및 순서에 미치는 영향을 포함한다)"을 포함하도록 규정하여 인공지능 원칙 중 투명성과 관련된 사항으로, 투명성의 구체적인 실천 사항인 설명가능성에 대한 책무를 규정하고 있다.

이후 해당 조항은 사업자 간담회를 통해 「주요 결정 기준」으로 세부적인 문구가 변경되기는 하였으나, 이와 같은 변경에도 불구하고 수범대상의 입장에서는 투명성의 범위가 어디까지인지 그리고 결정 기준을 얼마나 설명해야 하는가에 대해서는 불명확한 상황이다. 특히 공정거래위원회가 참고하였다고 언급한 유럽연합의 「온라인 플랫폼 시장의 공정성 및 투명성 강화를 위한 규칙(EU 2019/1150)」상[13]에서는 제5조

---

12) THE EUROPEAN PARLIAMENT AND OF THE COUNCIL, 2020. 12. 15., Proposal for a REGULATION OF THE EUROPEAN PARLIAMENT AND OF THE COUNCIL on a Single Market For Digital Services (Digital Services Act) and amending Directive 2000/31/EC, Article 38.

13) THE EUROPEAN PARLIAMENT AND OF THE COUNCIL, 2019. 6. 20., REGULATION (EU)

제6항에서 기업의 영업비밀은 공개대상이 되지 않는다고 명시하고 있는 점[14]을 비교해보면, 위 조항이 투명성의 범위를 얼마나 광범위하게 두고 있는지 이해할 수 있다.

이렇게 투명성의 범위를 명확하게 규정하지 못한다면 수범자에게 이행가능하지 않은 규범을 설정하는 잘못을 범할 수 있을 것으로 생각된다. 또 한편으로는 변수를 공개하여야 한다는 주장도 종종 제기되지만 거대한 인공지능 모델을 만드는 경우 수만 개 심지어 수억 개의 예측 변수를 사용하는 경우도 있기 때문에, 해당 주장은 그리 현실적이지는 않다고 판단된다.

IV. 결론

산업 현장에서 인공지능을 살펴보면, 인공지능 기술은 인간의 삶을 돕기 위한 도구의 역할을 수행한다고 생각한다. 물론 인공지능 기술 역시 세상의 다른 모든 것처럼 완벽할 수 없는 기술이라는 점은 명백하다. 다만, 인공지능 기술의 우려를 완화시키는 역할을 수행할 인공지능 규범은 인공지능의 산업적 현실에 기초하여 형성되어야 할 필요성이 있다고 본다. 모든 정책입안자가 인공지능 영역에 대한 전문성을 가져야 한다는 주장은 아니지만, 인공지능 기술의 중요성을 국가 차원에서 공언하고 있는 만큼 규범적 접근이 실제 산업 현실과 괴리되어서는 안 된다는 것은 명백하다.

이 글을 정리해보자면 첫째로, 정책입안자가 인공지능 기술에 대하여 산업적 또는 실무적 이해를 할 필요성이 있다는 것이다. 이러한 인공지능 기술에 대한 실무

2019/1150 OF THE EUROPEAN PARLIAMENT AND OF THE COUNCIL of 20 June 2019 on promoting fairness and transparency for business users of online intermediation services, Article 5 Ranking.

14) 6. Providers of online intermediation services and providers of online search engines shall, when complying with the requirements of this Article, not be required to disclose algorithms or any information that, with reasonable certainty, would result in the enabling of deception of consumers or consumer harm through the manipulation of search results. This Article shall be without prejudice to Directive (EU) 2016/943.
[번역] 6. 온라인판매중개 또는 검색사업자는 이 조의 요건을 준수할 때, 검색 결과의 조작으로 인해 소비자 사기나 소비자 위해가 발생할 수 있는 알고리즘 또는 정보는 공개하지 않아야 한다. 그리고 이 조항은 EU법(EU Directive 2016/943) 상 보호대상인 영업비밀을 침해하지 않아야 한다.

적인 이해가 없이는 인공지능이라는 하나의 단어로 추상화하여 문제를 접근하는 잘 못을 하기가 쉽고, 인공지능에 대한 위험성을 거대하게 판단하여 강행규제로서 모든 인공지능을 통제하려는 접근만을 택하기가 쉽기 때문이다. 다만, 이는 정책입안자에게 인공지능 기술을 모두 이해해야만 한다는 전적인 책임을 부과하여야 한다는 주장은 아니다. 정책입안자가 인공지능 기술에 대한 열린 자세를 가지고 있다면, 민간 영역인 학계와 산업계가 정책입안자에게 인공지능 기술의 현실과 한계점에 대해서 설명을 제시할 수 있을 것이고, 이와 같이 민관이 협력하는 구조가 된다면 합리적인 인공지능 규범이 형성될 수 있을 것이라고 본다.

둘째로, 인공지능 규범을 자율규범이 아니라 강행규제라고 하는 입법의 형식을 택하고자 한다면, 수범자의 이행가능성에 대해서 면밀히 검토할 필요성이 있다는 것이다. 마치 이는 헌법상 죄형법정주의와 형벌조항에 대한 명확성 원칙[15]과 유사한데, 수범자가 형벌법규의 내용이 애매모호하거나 추상적이어서 불명확하면 무엇이 금지된 행위인지 수범자가 알 수 없어 법을 지키기 어려운 것과 마찬가지로, 인공지능 규범이 규제로 입법되기 위해서는 역시 추상적이고 불명확한 요소를 제거해야만 하고, 만약 그러하지 못하다면 이는 수범자의 이행을 불가능하게 만드는 결과가 된다고 판단된다. 향후 인공지능 규범을 법률로서 입법화하고자 하는 시도는 점차 많아질 것으로 전망되는데, 인공지능 원칙이 자율규범이 아닌 강행규제인 인공지능 규제로 변경되는 경우에는 해당 원칙의 이행가능성에 대해서 면밀히 검토할 필요성이 있다고 판단된다.

---

15) 헌법재판소 2012. 3. 29. 선고 2010헌바83 결정 등

주요 참고문헌

과학기술정보통신부, 2020. 12. 23. 자 보도자료(과기정통부, 사람이 중심이 되는 「인공지능(AI) 윤리기준」 마련),
https://www.msit.go.kr/bbs/view.do?sCode=user&mId=113&mPid=112&pageIndex=&bbsSeqNo=94&nttSeqNo=3179742&searchOpt=ALL&searchTxt=, 2020. 12. 23. 검색

과학기술정보통신부·한국정보화진흥원·정보문화포럼, 2018, 지능정보사회 윤리 가이드라인.

국회 과학기술정보방송통신위원회, 2018. 9. 국가정보화 기본법 전부개정법률안 검토보고서(변재일의원 대표발의, 2018. 2. 14, 2011978), 5면, 17면, 87면.

방송통신위원회, 2019. 11. 11. 자 보도자료(방통위, 이용자 중심의 지능정보사회를 위한 원칙 발표),
https://kcc.go.kr/user.do?mode=view&page=A05030000&boardSeq=47874&boardId=1113, 2020. 12. 10. 검색

4차산업혁명위원회, 2020. 12. 23. 자 보도자료(4차산업혁명위원회 제19차 전체회의 개최, 인공지능 국가전략 수립 1주년을 맞아 성과를 점검하고 「사람이 중심이 되는 인공지능 윤리기준」 심의·의결).
https://www.4th-ir.go.kr/pressRelease/detail/1174?category=report, 2020. 12. 23. 검색

중앙일보, 2020. 3. 8.자, [글로벌 인터뷰] "AI가 터미네이터? 지나친 환상… 빅데이터 잘 분석하는 도구일 뿐"

斎藤 康毅, 개앞맵시 옮김, 『밑바닥부터 시작하는 딥러닝(ゼロから作る Deep Learning ― Pythonで 学ぶディープラーニングの理論と実装)』(한빛미디어, 2017), 47-106면.

Aurelien Geron, 박해선 옮김, 『핸즈 온 머신러닝(Hands-On Machine Learning with Scikit-Learn and TensorFlow: Concepts, Tools, and Techniques to Build Intelligent Systems)』(한빛미디어, 2018), 33-65면.

Fisher, R. A., "The Use of Multiple Measurements in Taxonomic Problems", Annals of Eugenics, Volume 7, Issue 2, September 1936, pp. 179-188.

Krafft, P. M., Meg Young, Michael Katell, Karen Huang, Ghislain Bugingo, "Defining AI in Policy versus Practice", AIES 2020: Proceedings of the AAAI/ACM Conference on AI, Ethics, and Society, February 2020, pp. 72－78.

THE EUROPEAN PARLIAMENT AND OF THE COUNCIL, 2019. 6. 20., REGULATION (EU) 2019/1150 OF THE EUROPEAN PARLIAMENT AND OF THE COUNCIL of 20 June 2019 on promoting fairness and transparency for business users of online intermediation services, Article 5.

_____, 2020. 12. 15., Proposal for a REGULATION OF THE EUROPEAN PARLIAMENT AND OF THE COUNCIL on a Single Market For Digital Services (Digital Services Act) and amending Directive 2000/31/EC, Article 38.

유럽의 알고리즘 규제 입법 동향

김법연 (고려대학교)

I. 유럽의 알고리즘 규제 관련 논의 동향

1. EU의 인공지능 관련 정책의 흐름

　유럽연합은 인공지능(Artificial Intelligence, AI)과 관련하여 세 가지 기조를 바탕으로 정책을 추진하고 있다. 기술개발 및 이와 관련된 공공과 민간에 대한 이해 장려, 인공지능으로 인한 사회경제적 변화의 대비, 적절한 윤리적·법적 프레임워크 보장이 이에 해당한다.[1] 각 정책은 최근 3년간 지속적으로 논의 및 정리되고 있으며 대강의 내용은 다음과 같다. 우선 기술개발 및 이와 관련된 공공과 민간에 대한 이해 장려에 있어서는 기술개발과 관련하여 인공지능과 관련된 기술투자에 집중하고 있다. 2018년부터 2020년까지 약 15억 유로를 인공지능 기술개발에 투자하고 있으며, 모든 사용자에게 유럽연합 내 인공지능 관련 자원을 제공하는 "AI-on-demand platform" 개발도 추진하고 있다. 인공지능 고위 전문가 그룹(High-Level Expert Group on Artificial Intelligence, "AI HLEG")이 2019년 6월 제1차 유럽 AI Alliance 총회에서 발표한 '신뢰할 수 있는 AI를 위한 정책 및 투자 권고안'에 의하면 향후 10년간 연간 200억 유로 이상의 공공 및 민간의 투자를 달성하는 것을 목표로 하고 있다.

　인공지능으로 인한 사회 경제적 변화의 대비를 위해서 유럽연합위원회는 (ⅰ) 유

---

[1] European Commission, "Artificial Intelligence", 2020.11.6., https://ec.europa.eu/digital-single-market/en/artificial-intelligence

럽에서 더 많은 AI 인재를 유치하고 유지하기 위한 비즈니스 교육 파트너십 지원, (ⅱ) 전문가를 위한 전문 교육 및 재교육 계획 수립, (ⅲ) 노동 시장의 변화와 기술 불일치의 예측, (ⅳ) 과학, 기술, 공학, 수학, 기업자 정신 및 창의성 영역에서의 디지털 기술 및 역량 지원 (ⅴ) 회원국들의 교육 및 훈련 시스템 현대화 장려를 세부 정책의 방향으로 제시한다.

마지막으로 적절한 윤리적·법적 프레임워크 보장과 관련하여서는 2020년 2월 19일에 발간한 '인공지능에 대한 우수성과 신뢰의 유럽 생태계 조성을 목표로 하는 백서(WHITE PAPER On Artificial Intelligence — A European approach to excellence and trust)'[2] 와 '인공지능의 안전성과 책임과 관련된 보고서(Report on the safety and liability implications of Artificial Intelligence, the Internet of Things and robotics)'[3]를 통해 확인할 수 있다. 해당 백서와 보고서에서는 다음과 같은 두 가지 조치를 제안하는데 첫 번째는 연구의 능률화와 회원국 간 협력 촉진, 인공지능의 개발 및 적용에 대한 투자 제고 등의 조치이며, 두 번째는 고위험 인공지능 시스템을 포함한 관련 인공지능 시스템의 관련 행위자에게 적용되는 법적 요구사항의 유형을 결정하는 유럽연합 규제 프레임워크를 구축하는 것이다.

2. 인공지능의 신뢰성 확보를 윤리·법적 논의 강화

앞서 언급한 바와 같이 유럽연합은 인공지능과 관련하여 기술, 사회, 규제의 세 방향으로 대응방안을 마련하고 있으며, 특히 윤리적·법적 프레임워크와 관련하여 적절하고 합리적 규제의 내용을 구축하기 위한 논의들이 심도있게 진행 중에 있다. 인공지능의 발전과 확산을 위해 인공지능에 대한 시민의 신뢰를 반드시 확보해야 하며, 인공지능에 대한 신뢰 확보를 위해 인공지능이 인간의 가치를 반영한 윤리적

---

2) EUROPEAN COMMISSION, "WHITE PAPER On Artificial Intelligence — A European approach to excellence and trust", 2020.2.19.

3) EUROPEAN COMMISSION, "REPORT FROM THE COMMISSION TO THE EUROPEAN PARLIAMENT, THE COUNCIL AND THE EUROPEAN ECONOMIC AND SOCIAL COMMITTEE — Report on the safety and liability implications of Artificial Intelligence, the Internet of Things and robotics", 2020.2.19.

기준을 존중해야 한다는 것이 필수적이라고 보고 있는 것이다. 이러한 관점에서 유럽연합은 인공지능의 위험성과 역기능, 사회문제 등에 대한 대응 목적으로 다양한 활동을 추진하여 왔다. 2017년 유럽연합 의회에서 '로봇공학에 관한 민사법적 규율에 관한 유럽집행위원회 권고 결의안(Resolution on Civil Law Rules on Robotics)', 2018년 유럽집행위원회의 '유럽을 위한 인공지능에 관한 커뮤니케이션(Communication on Artificial Intelligence for Europe)', 2019년 2월 유럽연합 의회의 '인공지능 및 로봇공학에 관한 유럽 산업 종합정책(Comprehensive European industrial policy on artificial intelligence and robotics)' 등을 제안하였다. 2018년 12월 AI HLEG는 '신뢰할만한 인공지능을 위한 윤리 가이드라인(The Ethics Guidelines for Trustworthy Artificial Intelligence)'[4] 초안을 발간하고 이후 2019년 4월 해당 가이드라인을 개정하고 이를 발표하였다. 동 가이드라인에서는 인공지능에 대한 신뢰환경 조성을 위하여 필요한 핵심 요구사항을 (ⅰ) 인적 기관 및 감독, (ⅱ) 기술적 견고성 및 안전, (ⅲ) 개인정보보호 및 데이터 거버넌스, (ⅳ) 투명성, (ⅴ) 다양성, 비차별성 및 공정성, (ⅵ) 사회 및 사회적 웰빙, (ⅶ) 책임 등으로 제시하고 있다.

가이드라인과 윤리지침 등을 마련하는 것 외에도 유럽연합은 백서를 통해서도 인공지능 알고리즘에 대한 법적 규제에 대한 논의도 시작하였다. 2020년 2월 인공지능에 대한 백서(WHITE PAPER On Artificial Intelligence−A European approach to excellence and trust, 이하 "백서"라 한다)는 인공지능의 우수성과 신뢰성을 위한 환경 조성을 위한 방안을 제시하면서, 신뢰성을 위한 환경 조성을 위한 방안에서 인공지능 알고리즘에 대한 법적 규제의 필요성을 강조하고 있다. 백서에서 피력한 규제 필요성에 따라 2020년 10월 20일 유럽연합 의회에서는 혁신, 윤리적 기준, 기술에 대한 신뢰도를 높이면서 인공지능을 가장 잘 규제할 수 있는지를 정리한 3개의 보고서가 채택되었다.[5] '인공지능, 로보틱스 및 관련 기술들의 윤리적 측면에 대한 프레임워크를

---

4) High−Level Expert Group on Artificial Intelligence SET UP BY THE EUROPEAN COMMIS SION, "ETHICS GUIDELINES FOR TRUSTWORTHY AI", 2019.4.8.

5) European Parliament, "AI rules: what the European Parliament wants", 2020.10.21. https://www.europarl.europa.eu/news/en/headlines/society/20201015STO89417/ai−rul es−what−the−european−parliament−wants.

위한 위원회에 대한 권고 보고서(REPORT with recommendations to the Commission on a framework of ethical aspects of artificial intelligence, robotics and related technologies, 이하 "인공지능 윤리 프레임워크 보고서"라 한다)[6]', '인공지능을 위한 민사적 책임 체계를 위한 위원회에 대한 권고 보고서(REPORT with recommendations to the Commission on a civil liability regime for artificial intelligence, 이하 "인공지능 민사 책임 보고서"라 한다)[7]', '인공지능 기술의 발전을 위한 지적재산권에 대한 보고서(REPORT on intellectual property rights for the development of artificial intelligence technologies, 이하 "인공지능 지적재산권 보고서"라 한다)[8]'가 이에 해당한다. 이러한 보고서들은 해당 보고서의 대상이 되는 분야들에 대하여 법적 규제가 필요하다고 하고 있으며, 특히 인공지능 윤리 프레임워크 보고서와 인공지능 민사 책임 보고서에서는 이와 관련된 법률안을 포함하여 제시하고 있다.

3. 규제 필요성에 대한 논의

유럽연합에서 인공지능 알고리즘에 대한 규제의 논의가 시작된 것은 인공지능 기술에 대한 신뢰성을 보장할 수 있는 환경조성에 대한 필요성이 공감되었기 때문이다. 인공지능 기술이 시민의 안전을 보호하고 기본권을 보장하는 데 긍정적 역할을 하지만 의도하지 않은 결과를 발생시키거나 악의적으로 이용될 수 있는 등 불완전한 상태이기 때문이다. 인공지능에 대한 주된 위험의 내용은 개인정보 및 사생활 침해, 차별을 금지하는 기본권에 대한 위협, 안전 및 책임제도의 실효성 상실 등이다.[9] 인공지능의 위험에 대처하기 위해 유럽연합은 5가지의 기존 유럽연합 입법체

---

6) Ibán García del Blanco, "REPORT with recommendations to the Commission on a framework of ethical aspects of artificial intelligence, robotics and related technologies", European Parliament, 2020.10.8.

7) Axel Voss, "REPORT with recommendations to the Commission on a civil liability regime for artificial intelligence", European Parliament, 2020.10.5.

8) Stéphane Séjourné, "REPORT on intellectual property rights for the development of artificial intelligence technologies", European Parliament, 2020.10.2.

9) EUROPEAN COMMISSION, "WHITE PAPER On Artificial Intelligence — A European approach to excellence and trust", 2020.2.19., pp.10 − 13.

계에 가능한 개선사항을 제시하였는데 우선 (ⅰ) 기존 유럽연합과 국가 법률의 효과
적인 적용과 집행 및 (ⅱ) 기존 유럽연합 법률의 범위를 제한하는 것을 제안한다. 이
외에도 인공지능 알고리즘을 다루는 법률이 갖추어야 하는 관련 사항으로 (ⅲ) 인공
지능 시스템의 기능변화, (ⅳ) 공급망에서 서로 다른 경제 사업자 간의 책임 배분에
관한 불확실성, (ⅴ) 안전성 개념의 변화를 명시하고 있다.

　　유럽연합은 이러한 인공지능 알고리즘의 사용으로 인한 개인정보 및 사생활 보
호와 차별 금지를 포함한 기본권에 대한 위험과 안전 및 책임제도의 효과적인 기능
에 대한 위험을 파악하고 이러한 위험에 대처하기 위하여 다각도의 법적 대처 방안
에 대하여 모색하고 있다. 이를 바탕으로 유럽연합은 기존 법률에 대한 가능한 조정
과 함께 예상되는 기술 및 상업적 발전에 적합한 EU의 법률 프레임워크를 만들기 위
해서 인공지능에 대한 새로운 입법이 필요하다는 결론을 도출한 것으로 보인다. 이
에 따라 백서는 유럽연합이 미래 인공지능 알고리즘 규제 체계와 관련하여 무엇을,
어느 범위까지 다룰 것인지에 대하여 언급하고 있다.

Ⅱ. 인공지능 및 로보틱스 기술 관련 규제 입법의 주요내용

　　현재 유럽의 인공지능 알고리즘 규제와 관련된 구체적 내용과 방향을 보여주고
있는 것은 바로 인공지능 윤리 프레임워크 보고서, 인공지능 민사 책임 보고서, 인공
지능 지적재산권 보고서이다. 특히, 인공지능 윤리 프레임워크 보고서와 인공지능 민
사 책임 보고서는 해당 주제와 관련하여 입법안까지 해당 보고서의 내용으로 포괄하
고 있어 주목할 만하다. 이에 이하에서는 인공지능 윤리 프레임워크 보고서와 인공지
능 민사책임 보고서에 포함되어 있는 입법안(① 인공지능, 로보틱스 및 관련 기술의 개발,
배포 및 사용을 위한 윤리적 원칙에 관한 유럽 의회 및 이사회 규정 초안(Regulation of the
European Parliament and of the Council on ethical principles for the development,
deployment and use of artificial intelligence, robotics and related technologies), ② 인공지능
시스템의 책임을 위한 유럽 의회 및 이사회 규정 초안(Regulation of the European Parliament
and of the Council on liability for the operation of Artificial Intelligence−systems))과 해당
입법안의 규제의 수단과 내용 등에 관하여 살펴보고자 한다.

1. 목적 및 적용범위 등

해당 규정은 목적을 인공지능과 로보틱스 및 관련 기술의 개발, 배포 및 사용을 위한 윤리적 원칙과 법적 의무의 포괄적이고 미래형 규제체계를 확립하는 것이라고 하고 있다(제1조). 적용대상과 범위에 대해서는 인공지능, 로보틱스 및 관련 기술들에 의해 사용되거나 생산되는 소프트웨어, 알고리즘 및 데이터를 포함한 모든 인공지능, 로보틱스 및 관련 기술을 대상으로 삼고 있으며, 이러한 기술들의 일부가 유럽연합에서 개발, 배포 또는 사용되면 적용된다(제2조)고 하고 있다.

동 규정에서 주목할만한 점은 고위험 인공지능을 별도로 규정하고 인공지능, 로보틱스 및 관련 기술과 관련하여 의무를 부과하고 있다는 점이다. 이러한 의무는 규정의 대상인 인공지능, 로보틱스 및 관련 기술들에 의해 사용되거나 생산되는 소프트웨어, 알고리즘 및 데이터를 포함한 모든 인공지능, 로보틱스 및 관련 기술의 내용과 관련된 의무와 해당 기술의 안전성 및 보호와 관련된 의무로 나누어진다. 여기서의 '고위험(high risk)'이란 특정용도 또는 목적, 개발, 배포 또는 사용되는 부문, 발생할 것으로 예상할 수 있는 부상 또는 위해의 심각성을 고려하였을 때, 인공지능, 로보틱스, 그리고 관련 기술들의 개발, 배포 및 사용이 연합법에 규정된 기본권리와 안전규칙을 위반하여 개인이나 사회에 상해나 위해를 입히는 중대한 위험을 의미한다(제4조(e)).

2. 고위험 기술에 대한 의무

제2장은 고위험 기술에 대한 의무에 대하여 규정하고 있다. 이 장은 유럽내에서 개발, 배포 또는 사용하는 고위험으로 간주되는 소프트웨어, 알고리즘 및 데이터를 포함한 인공지능과 로보틱스 및 관련 기술에 적용되는 것으로 고위험 기술에 의해 사용되거나 생산되는 소프트웨어, 알고리즘 및 데이터를 포함한 모든 고위험의 인공지능과 로봇 및 관련 기술은 본 규정에서 규정된 윤리적 원칙을 위반하지 않도록 개발, 배포, 사용되어야 한다(제6조).

(1) 인간중심의 감독 및 통제 의무

인공지능, 로봇 및 관련 기술에 의하여 사용되거나 생산되는 소프트웨어, 알고리즘 및 데이터를 포함한 모든 인위적인 고위험 기술은 언제나 완전한 사람의 감독을 보장하는 방식으로 개발, 배포, 사용되어야 하며 이러한 기술은 해당 기술의 변경 또는 중단을 포함하여, 필요할 때 완전한 인적 통제를 회복할 수 있는 방법으로 개발, 배포 및 사용되어야 한다(제7조).

(2) 안전 및 투명성과 그에 대한 책임 의무

인공지능, 로보틱스 및 관련 기술에서 사용 또는 생산되는 소프트웨어, 알고리즘 및 데이터를 포함한 모든 고위험 인공지능, 로봇 및 관련 기술은 다음의 내용을 보장하도록 개발, 배포, 사용되어야 한다(제8조 제1항). ① 확인된 위험에 비례하는 최소한의 사이버보안 기준선을 준수하여 적절한 수준의 보안을 보장하고 모든 기술적 취약점이 악의적·불법적인 목적으로 악용되는 것을 방지하도록 탄력적으로 개발, 배포, 사용되어야 한다. 또한 ② 안전 또는 보안 위험이 있는 경우 예비 계획 및 조치를 포함하는 안전장치를 보장하여야 하고, ③ 모든 작동이 재현 가능한지 확인하는 것을 포함하여 목적 달성 및 자신이 구상한 활동 수행과 관련하여 사용자가 합리적으로 예상한 대로 신뢰할 수 있는 성과를 보장하는 방식으로 개발, 배포 및 사용되어야 한다. ④ 특정 기술의 목적과 활동의 성과가 정확함을 보장하는 방법으로 개발, 배포 및 사용되어야 하며 부정확해지는 것이 불가피한 경우 시스템은 가능한 한 적절한 수단을 통해 배포자와 사용자에게 오류와 부정확성에 대하여 알려야 한다. ⑤ 기술의 기술적 프로세스에 대한 검토가 가능하도록 보장하기 위해서 쉽게 설명 가능한 방식으로 개발, 배포 및 사용되어야 하며, ⑥ 모든 고위험 인공지능, 로보틱스 및 관련 기술은 인공지능 시스템과 상호작용하고 있다는 점과 해당 기술의 능력, 정확성, 한계를 인공지능 개발자, 배포자, 사용자에게 정당하고 포괄적으로 공개하고 있음을 알려주는 방식으로 개발, 배포 및 사용되어야 한다.

(3) 비편향과 비차별

유럽 내에서 개발, 배포, 사용되는 고위험의 인공지능과 로보틱스 및 관련 기술에 의해 생산되는 모든 소프트웨어, 알고리즘 및 데이터는 편향되지 않아야 한다(제9조 제1항). 차별적 대우는 예외적으로 비례적이고 객관적·합리적이며 합법적인 목적이 있는 경우에만 정당화된다(제9조). 그리고 유럽에서 개발, 배포 및 사용되는 소프트웨어, 알고리즘 및 데이터를 포함하여 고위험 인공지능, 로봇 및 관련 기술은 관련 연합법, 원칙 및 가치에 따라 개발, 배포 및 사용해야 하며, 선거에 개입하거나 부정행위 전파에 기여하지 않고, 노동자의 권리를 존중하여야 한다. 나아가 양질의 교육과 디지털 리터러시를 장려하고, 모든 사람에게 동등한 기회를 방지하여 성별 차이를 증가시키지 않으며, 지적 재산권과 이에 따른 제한이나 예외를 무시하지 않는 방식으로 개발, 배포 및 사용해야 한다(제10조).

(4) 개인정보보호

공공장소에서 원격으로 개인을 식별하기 위해서 생체인식이나 안면인식 등의 기술을 활용하여 생체정보를 수집·활용하는 것은 기본권의 침해를 유발하므로 회원국내 공공기관에서만 공익적 목적을 위해서만 사용·배포되어야 한다. 공공장소에서 원격 식별의 목적을 위한 생체정보의 배포나 사용은 연합 및 국가법, 특히 규정(EU) 2016/679 및 지침 2002/58/EC에 따라, 그리고 인간의 존엄성과 자율성 및 헌장에 명시된 기본권, 즉 프라이버시를 존중하고 개인정보를 보호할 권리에 따라 대중에게 공개되어야 하며, 비례적이고, 표적화되어야 하며, 특정한 목적과 장소 및 시간적으로 제한되어야 한다(제12조).

(5) 위험평가와 컴플라이언스 평가

위험평가는 안전성과 관련된 의무를 부과하기 위하여 고위험성 여부를 판단하기 위한 평가로 국가 감독 당국 또는 이러한 목적을 위해 지정될 수 있는 기타 관련 기관, 단체, 사무실, 정부기관에 의해 객관적 기준(제1항에 따른)과 해당 규정의 부속 문서에 명시된 목록에 따라 평가되어야 하는 것을 의미한다(제14조). 인공지능, 로봇 및 관련 기술은 특정 용도 또는 목적, 개발·배포 또는 사용되는 부문과 그로 인해 발생할 수 있는 부상 또는 피해의 심각성이 연합법에 규정된 기본권과 안전 규칙을 위반하여 개인이나 사회에 발생할 것으로 예상할 수 있는 상해 또는 위해를 야기할 수 있는 중대한 위험을 수반하는 경우에는 위험성이 높은 기술로 간주된다(제14조 제1항). 이러한 위험평가는 국가 감독 당국 또는 관련 기관과 단체, 정부기관 등에 의해 수행되어야 하며(제14조 제2항), 위원회는 국가 감독 당국과 협의하여 고위험 기술의 공통 목록을 작성하고 지속적으로 갱신하여야 한다(제3항). 컴플라이언스 평가는 고위험성 기술들에 대하여 부여된 의무의 준수 여부를 평가하는 것이며, 이 역시 국가 감독 당국 또는 이러한 목적을 위해 지정될 수 있는 기타 관련 기관, 단체, 사무실, 정부기관에 의해 실시된다(제15조). 국가의 감독 당국은 컴플라이언스 준수 평가를 위해 필요한 사항을 담은 구속력 있는 지침을 본 규정의 발효일까지 마련해야 한다(제15조 제3항). 국가 감독 당국은 고위험 인공지능, 로보틱스 및 관련 기술의 준수에 대한 긍정적인 평가가 있는 경우, 유럽 윤리 준수 인증서(European certificate of ethical compliance)를 발급하여야 한다(제16조 제1항).

3. 감독 기관

동 규정은 고위험 인공지능, 로보틱스 및 관련 기술에 대한 의무뿐만 아니라 해당 기술과 관련된 거버넌스와 관련 감독 기관에 대해서도 규정하고 있다. 국가 감독 당국 및 이러한 목적과 이해관계자와의 협의를 통해 지정될 수 있는 기타 관련 기관, 단체, 사무실, 정부기관 등은 연합법과 원칙 및 가치에 따라 관련 거버넌스 표준을 수립하고 유럽내에서 개발, 배포 또는 사용하는 인공지능, 로보틱스 및 관련 기술은 이를 준수하여야 한다(제17조 제1항). 해당 표준에는 개발자, 배포자 및 사용자의 규정 준수를 위한 구속력이 없는 이행지침도 포함되도록 하고 있으며(제17조 제2항), 해당 기술에 의해 사용되거나 생산되는 데이터는 관련 국가, 연합, 기타 유럽 기관 및 국제 규칙, 표준뿐만 아니라 관련 산업 및 비즈니스 프로토콜에 따라 관리하고 수집, 저장, 처리 및 사용에 대한 감독 메커니즘을 갖추도록 하고 있다(제17조 제3항). 회원국은 본 규정의 적용을 감독하고(감독권한), 제13조 내지 제15조에서 규정하는 위험성 및 컴플라이언스 평가와 인증을 수행하는 독립적 기관을 지정해야 하며(제18조 제1항), 국가 감독 기관은 ① 유럽연합 전체에 걸쳐 해당 규정의 일관성 있는 적용에 기여해야 하며, ② 해당 규정에 명시된 윤리적 원칙과 법적 의무를 위반한 것으로 의심되는 경우, 첫 번째 연락 지점의 역할을 하며, ③ 해당 기술의 관련 국가, 유럽 및 국제 거버넌스 규칙과 표준의 적용을 감독할 책임이 있고, ④ 관련 연구 개발 기관과 중소기업이나 스타트업에 인공지능, 로보틱스 및 관련 기술에 적용되는 연합법의 일반적 시행에 관한 전문적이고 행정적인 지도 및 지원과 본 규정에서 정한 윤리적 원칙을 제공할 의무가 있다(제18조 제2호 내지 제5호).

III. 인공지능의 민사적 책임에 관한 입법의 주요내용

인공지능의 민사적 책임 체계를 위한 위원회에 대한 권고 보고서는 8가지 중심 원칙에 따라 작성되었다. ① 진정한 디지털 단일시장은 규정을 통한 완전한 조화가 필요하며, ② 인공지능 시스템의 개발에 의해 제기되는 새로운 법적 도전은 생산자, 운영자, 피영향자 및 기타 제3자를 포함한 책임 사슬 전반에 걸쳐 최대의 법적 신뢰를 확립함으로써 해결되어야 한다. ③ 특히, 중소기업이나 스타트업이 개발한 기술이나 제품, 서비스의 경우, 과잉규제로 인해 혁신을 저해하여서는 안되며, ④ 인공지능의 민사책임에 대한 규정은 국민 보호와 혁신, 인공지능 시스템에 투자하기 위한 사업자의 이익 사이에서 균형을 이루도록 노력하여야 한다. 그리고 ⑤ 기존 책임구조를 재구조화함에 있어서 새롭고 미래 지향적인 아이디어를 도입함으로써 조정이 이루어져야 하며, ⑥ 규제 및 제품 책임에 관한 지침은 인공지능 시스템에 대한 공통 책임 프레임워크의 두 축이며 유럽연합과 회원국 차원에서 긴밀한 조정이 필요하다. 또한 ⑦ 시민은 인공지능 시스템에 의한 피해의 유무에 관계없이 동일한 수준의 보호와 권리를 부여받아 신기술에 대한 신뢰를 강화할 수 있도록 해야 하며, ⑧ 중대하거나 중대하지 않은 손해, 상해 또는 위해가 모두 고려되어야 한다. 이와 같은 8가지의 중심 원칙에 따라 해당 보고서에서는 인공지능 시스템의 책임을 위한 유럽 의회 및 이사회 규정 초안(Regulation of the European Parliament and of the Council on liability for the operation of Artificial Intelligence－systems)이 작성되었으며, 인공지능 시스템과 관련된 민사 책임에 대하여 전반적으로 다루고 있다.

1. 대상과 적용범위

본 규정은 인공지능 시스템의 운영자에 대한 자연인 및 법인의 민사책임 청구에 관한 사항을 규정한다(제1조). 본 규정은 유럽연합의 영토 내에서 인공지능 시스템이 추진하는 물리적 또는 가상적 활동과 장치 또는 프로세스가 자연인의 생명, 건강, 물리적 무결성에 대하여 해를 입히거나 재산에 대한 해를 끼치거나 중대한 비물질적 손해를 입혀 검증이 가능한 경제적 손실을 초래한 경우에 있어 적용된다(제2조 제1항). 상해 또는 위해 발생 이전 혹은 발생 이후에 이루어진 본 규정에 규정된 권리와 의무를 회피 또는 제한하는 인공지능 시스템의 운영자와 위해나 피해를 입은 자연인 또는 법인 간의 합의는 무효로 간주된다(제2조 제2항).

한편 본 규정은 계약관계뿐만 아니라 인공지능 시스템으로 인하여 상해 또는 위해를 입은 자연인 또는 법인의 운영자에 대한 제품 책임, 소비자 보호, 반차별, 노동 및 환경 보호 등의 규정으로부터 도출되는 권리주장에 대해서는 영향을 미치지 아니한다(제2조 제3항).

2. 고위험 인공지능 시스템의 책임과 배상

(1) 책임의 원칙

동 규정은 고위험 인공지능 시스템과 고위험 외의 인공지능 시스템 운영자에 대한 책임을 구분하여 규정하고 있다. 고위험[10] 인공지능 시스템의 운영자[11]는 해당 인공지능 시스템이 추진한 물리적, 가상적 활동, 장치 또는 프로세스에 의해 야기된 모든 피해나 손상에 대해 엄격하게 책임을 져야 한다(제4조 제1항). 모든 고위험 인공지능 시스템과 이를 사용하는 모든 중요 부문은 본 규정의 부속문서에 기재되어야 하며, 위원회는 제13조에 따라 위임된 법률을 채택하여 ① 새로운 유형의 고위험 인공지능 시스템과 이러한 시스템이 배치된 중요부문을 포함하거나 ② 더 이상 고위험의 인공지능 시스템이라고 간주할 수 없는 시스템의 유형의 삭제 또는 ③ 기존 고위험 인공지능 시스템의 중요 부문의 변경 등을 실시하여 전체 목록을 수정할 수 있다(제4조 제2항).

---

10) '고위험(high risk)'은 자율적으로 운영되는 인공지능 시스템이 무작위로 한 명 이상의 사람에게 상해 또는 위해를 입힐 수 있는 상당한 잠재력를 의미한다. 여기에서의 잠재력은 가능한 위해성 또는 손상의 심각성, 의사결정 자율성의 정도, 위험이 실현되는 가능성 및 AI 시스템이 사용되는 방식과 맥락 사이의 상호 작용에 따라 달라지게 된다(제3조).

11) '운영자(operator)'는 Directive 85/374/EEC에서 이미 백엔드 운영자의 책임 소재를 다루지 않는 한 프런트엔드와 백엔드 운영자 모두를 의미하며, '프런트엔드 운영자(frontend operator)'는 AI 시스템의 작동 및 기능과 관련된 위험과 그 운영으로 인한 이익을 어느 정도 통제하는 자연인 또는 법인을, '백엔드 운영자(backend operator)'는 지속적으로 기술의 특징을 정의하고, 데이터와 필수적인 백엔드 지원 서비스를 제공하며, AI 시스템의 작동 및 기능과 관련된 위험에 대하여 어느 정도 통제력을 발휘하는 자연인 또는 법인을 의미한다(제3조).

고위험 인공지능 시스템 운영자는 신의 성실하게(due diligence) 운영하였거나, 그 상해 또는 위해가 인공지능 시스템이 주도하는 자율적 활동, 장치 또는 프로세스에 의해 발생하였다고 주장하여 책임을 면할 수는 없다. 단, 불가항력으로 인해 상해 또는 위해가 발생한 경우에는 책임을 지지 않는다(제4조 제3항).

고위험 인공지능 시스템의 프런트엔드 운영자는 해당 시스템의 운영과 관련하여 책임보험에 가입하여야 하며, 백엔드 운영자는 서비스와 관련하여 사업책임보험 또는 제품책임보험에 가입하여야 한다(제4조 제4항).

(2) 배상의 정도와 범위

고위험 인공지능 시스템의 운영자는 고위험 인공지능 시스템의 작동으로 인해 영향을 받은 자의 건강 또는 신체적 무결성에 상해가 발생한 경우 또는 사망했을 경우 최대 200만 유로까지 배상하여야 하며, 단일 고위험 인공지능 시스템의 운영으로 인해 영향(피해)을 받은 자의 여러 자산 항목이 손상된 경우를 포함하여, 입증 가능한 경제적 손실 또는 재산상 손해를 초래하는 중대한 비물질적 손해가 발생한 경우 최대 100만 유로까지 배상하여야 한다. 만약 재산상의 손해 또는 중대한 비물질적 손해의 총액이 500유로 이하이고 피해자가 운영자에 대하여 계약상의 책임에 대한 청구를 하는 경우 본 규정에 따른 배상의무는 부담을 면하게 된다(제5조 제1항). 동일한 고위험 인공지능 시스템의 동일한 운영으로 상해 또는 위해를 입은 여러 사람들에게 지급해야 하는 배상액의 총액이 제1항에서 규정한 금액을 초과하는 경우 각 개인에게 지급해야 할 배상액은 제1항에서 규정하는 총액을 초과하지 않도록 비례 감소하여 지급된다(제5조 제2항).

배상액에는 영향을 받은 자가 사망한 경우 사망하기 전의 치료비와 사망 전 손해의 지속 기간 동안의 일실소득과 장례 비용과 더불어 사망자가 제3자를 지원하는 관계를 맺고 있었을 경우 평균수명에 해당하는 기간 동안의 범위에서 제3자에 대한 지원금액까지 배상하여야 한다. 제3자에는 태아도 포함된다(제6조 제1항). 단순 상해를 입은 자의 경우 운영자는 진료비와 일실소득을 지급하여야 한다(제6조 제2항).

고위험 인공지능 시스템에 적용되는 민사 책임 청구권은 생명, 신체 등의 손해에 대해서는 30년의 소멸시효를 적용하며, 경제적 손해에 대한 경우에는 해당 손해가 발생한 날로부터 10년 또는 해당 손해를 입힌 고위험 인공지능 시스템의 작동이 발생한 날로부터 30년의 소멸시효를 적용한다(제7조).

3. 고위험 인공지능 시스템 외 다른 인공지능의 책임

고위험 인공지능 시스템이 아닌 그 외의 인공지능 시스템에 대하여는 결함 기반 책임을 원칙으로 하며(제8조 제1항), 예외적으로 인공지능 시스템이 조작자의 통제 밖에서 조작자가 합리적이고 필요한 조치를 취하는 동안 인지하지 못하는 상황에서 활성화되거나, 운영자가 적정하고 적절한 인공지능 시스템의 가동과 정기적 업데이트를 통한 모니터링을 비롯하여 운영의 신뢰성을 유지하기 위한 모든조치를 취하는 등 신의 성실하게(due diligence) 운영과 관련된 업무를 수행하였음이 확인된 경우에는 책임을 면하도록 하고 있다(제8조 제2항). 운영자는 자신의 인공지능 시스템에 의해 주도된 자율적 활동, 장치 또는 프로세스에 의해 상해 또는 위해가 발생하였다고 주장하여 책임을 면할 수 없으나 불가항력으로 인한 상해 또는 위해가 발생한 경우에는 책임을 지지 않는다.

제3자가 인공지능 시스템의 기능이나 효과를 변경하여 인공지능 시스템을 방해하여 상해 혹은 위해가 발생한 경우, 그 제3자를 추적할 수 없거나 제3자가 배상할 수 없는 경우에는 운영자가 배상책임을 져야 하며(제8조 제3항), 인공지능 시스템의 생산자는 운영자 또는 영향을 받은 자의 요청에 따라, 책임의 식별을 허용할 수 있도록 청구권의 중요성에 의해 보증된 범위 내에서 그들과 협력하고 정보를 제공할 의무가 있다(제8조 제4항).

4. 과실 책임 등

인공지능 시스템에 의해 추진되는 물리적 또는 가상적 활동, 장치 또는 프로세스와 영향을 받은 자 또는 영향을 받은 자가 책임을 지는 자에 의해 상해 또는 위해가 발생하는 경우에는 본 규정에 따른 운영자의 책임 범위는 감소된다. 나아가 운영자는 영향을 받은 자 또는 그가 책임을 지는 자가 초래한 상해나 위해에 대해 전적으로 책임이 있는 경우에는 책임을 부담하지 않는다(제10조 제1항).

또한 인공지능 시스템 운영자가 둘 이상일 경우 공동 책임을 부담하며(제11조), 이 경우 한 운영자가 개별적으로 전액 배상을 한 경우 해당 운영자는 자신의 책임에 비례하여 다른 운영자로부터 배상금의 일부를 회수할 수 있으며, 책임 비율은 인공지능 시스템의 작동 및 작동과 관련된 위험에 대한 운영자의 제어 정도에 근거하여 책정된다(제12조 제2항). 한편, 운영자는 영향을 받은 자가 본 규정에 따라 배상을 받을 수 있는 금액의 전부를 지급받지 않는 한 구상권 행사를 할 수 없다(제12조 제1항).

주요 참고문헌

Axel Voss, "REPORT with recommendations to the Commission on a civil liability regime for artificial intelligence", European Parliament, 2020.10.5.

European Commission, "WHITE PAPER On Artificial Intelligence − A European approach to excellence and trust", 2020.2.19.

European Commission, "REPORT FROM THE COMMISSION TO THE EUROPEAN PARLIAMENT, THE COUNCIL AND THE EUROPEAN ECONOMIC AND SOCIAL COMMITTEE − Report on the safety and liability implications of Artificial Intelligence, the Internet of Things and robotics", 2020.2.19.

European Parliament, "AI rules: what the European Parliament wants", 2020,10.21. <Available at: https://www.europarl.europa.eu/news/en/headlines/society/20201015STO89417/ai−rules−what−the−european−parliament−wants.>

European Commission, "Artificial Intelligence", 2020.11.6., <Available at: https://ec.europa.eu/digital−single−market/en/artificial−intelligence>

High−Level Expert Group on Artificial Intelligence SET UP BY THE EUROPEAN COMMISSION, "ETHICS GUIDELINES FOR TRUSTWORTHY AI", 2019.4.8.

Ibán García del Blanco, "REPORT with recommendations to the Commission on a framework of ethical aspects of artificial intelligence, robotics and related technologies", European Parliament, 2020.10.8.

Stéphane Séjourné, "REPORT on intellectual property rights for the development of artificial intelligence technologies", European Parliament, 2020.10.2.

디지털 전환 시대 규제혁신을 위한 입법의 방향과 과제

-한국형 규제 샌드박스(Regulatory sandbox) 제도를 중심으로-

이시직 (정보통신정책연구원)

Ⅰ. 들어가며

코로나 19(COVID – 19)의 장기화 및 확산 우려 속에 디지털 기반의 비대면 접촉을 통한 경제·사회 활동이 증가하면서 전 산업·사회로의 디지털 전환(Digital Transformation)이 가속화되고 있다. 언택트(Untact) 환경에서의 온라인 교육, 원격근무, 비대면 의료 등이 확산되면서 비대면 협업 솔루션 및 관련 디지털 서비스의 수요가 급증하고 있으며, 기존 금융·유통업 등 일부의 산업 분야에서만 가능했던 언택트 서비스는 의료·보건, 교육, 문화·예술 공연, 스포츠 관람, 운수, 법률자문 등 전 산업 분야로 확대되고 있다.

한편, 우리 정부는 현재 직면하고 있는 경제위기를 극복하고, 향후 본격화할 것으로 예측되는 디지털 전환을 효율적으로 대응하기 위한 국가 발전전략으로 '한국판 뉴딜 종합계획('20.7.14)'[1]을 발표하였다. 특히, 한국판 뉴딜 종합계획의 핵심인 '디지털 뉴딜 계획'에서는 디지털 기반의 경제 혁신을 가속화하기 위해 ① D·N·A(Data, Network, AI) 생태계 강화, ② 교육 인프라 디지털 전환, ③ 비대면 산

---

1) 한국판 뉴딜 종합계획은 2025년까지 총사업비 160조 원(국비 114.1조 원)을 투자하여 190.1만 개의 일자리를 창출하는 것을 목표로 경제 전반의 디지털 혁신 및 역동성을 촉진하기 위한 디지털 뉴딜, 경제 기반의 친환경·저탄소 전환 가속화를 위한 그린 뉴딜, 그리고 사람중심 포용국가 기반 마련을 위한 안전망 강화 등의 3대 정책 방향과 28개의 추진과제를 제시하고 있다.

업 육성, ④ SOC 디지털화 등 크게 4가지 추진 방향을 설정하고 있다.

다만, 이러한 '디지털 뉴딜 계획'이 실질적인 성과로 이어지기 위해서는 무엇보다 전 산업·사회의 디지털 전환과 관련 신산업 활성화를 저해하는 규제개혁이 반드시 뒷받침되어야 한다. 그동안 역대 정부는 규제개혁을 위한 다양한 입법 및 정책들을 추진해왔으나, 기존 규제제도와 추진방식 등으로는 신기술·서비스 분야의 빠른 환경변화에 민첩하고 유연하게 대응하는 데 한계가 있었고, 기업 및 국민이 체감하는 규제개혁의 만족도도 다소 낮았다는 평가가 지배적이었다.

한편, 우리 정부는 4차 산업혁명에 선제적으로 대응하고 신산업 활성화를 촉진하기 위해 신기술·서비스 분야 규제혁신의 새로운 패러다임으로 '입법방식의 유연화'와 '규제 샌드박스'를 두 축으로 하는 이른바 '포괄적 네거티브 규제'로의 전환을 추진하고 있다.

자료: 국무조정실 보도자료(2019.4.17)

그림 1 포괄적 네거티브 규제 개념도

구체적으로 「행정규제기본법」 제5조의2 제1항에서는 '우선허용·사후규제 원칙'을 명문화하고 있으며, '입법방식의 유연화'와 관련하여 신기술 서비스·제품과 관련된 규제를 법령 등이나 조례·규칙에 규정할 경우 ① 네거티브 리스트(규제로 인하여 제한되는 권리나 부과되는 의무는 한정적으로 열거하고 그 밖의 사항은 원칙적으로 허용하는 규정 방식), ② 포괄적 개념 정의(서비스와 제품의 인정 요건·개념 등을 장래의 신기술 발전에 따른 새로운 서비스와 제품도 포섭될 수 있도록 하는 규정 방식), ③ 유연한 분류 체계(서비스와 제품에 관한 분류기준을 장래의 신기술 발전에 따른 서비스와 제품도 포섭될 수 있도록 유연하게 정하는 규정 방식), ④ 사후 평가관리(신기술 서비스·제

품과 관련하여 출시 전에 권리를 제한하거나 의무를 부과하지 아니하고 필요에 따라 출시
후에 권리를 제한하거나 의무를 부과하는 규정 방식) 등의 방식을 우선적으로 고려하도
록 규정하고 있다.

　　다음으로 '규제 샌드박스'는 기존 법령으로 허용되지 않는 신기술·서비스 등에
대해 일정 조건하에 현행 규제의 적용을 한시적으로 유예하여 테스트를 통해 사업
의 안정성·유효성 등을 검증할 기회를 부여해 주는 제도로써 크게 ① 규제 신속확
인, ② 임시허가, ③ 실증특례로 구성되어 있으며, 규제 샌드박스 제도의 법적 근거,
운영 및 절차 등에 관한 사항은 각 분야별 소관 법률에서 구체적으로 규정하고 있다.

　　특히, '한국형 규제 샌드박스' 제도의 도입을 주요 내용으로 하는 「행정규제기
본법」 및 분야별 소관 법률의 제·개정은 정부가 디지털 전환 시대 신산업 육성 정
책의 성과 창출을 위한 규제개혁을 과감히 추진할 수 있는 법·제도적 기반이 되었
다고 평가할 수 있다. 또한 국내 기업에게는 글로벌 혁신 경쟁을 가속화할 수 있는
유리한 규제 환경이 조성되었을 뿐 아니라 궁극적으로 혁신적인 다양한 신기술·서비
스의 신속한 시장출시를 통해 소비자의 선택과 후생 증진에도 크게 기여할 것으로
기대된다.

　　이하 본 글에서는 디지털 전환 시대 규제혁신을 위해 당·정·청 간 긴밀한 협
의를 통해 마련된 결과물이자 「행정규제기본법」 및 각 분야별 개별 법률에서 도입
하고 있는 '한국형 규제 샌드박스' 제도의 비교·분석을 통해 향후 디지털 전환 시대
규제혁신을 위한 규제 샌드박스의 입법 방향 및 과제를 도출하고자 한다.

II. 한국형 규제 샌드박스 제도의 입법 현황 및 주요 내용

1. 한국형 규제 샌드박스 도입 현황 및 법체계

　　'규제 샌드박스(Regulatory sandbox)' 제도는 아이들이 안전한 환경에서 자유롭
게 뛰어놀 수 있는 모래놀이터를 일컫는 용어인 '샌드박스(sandbox)'에서 유래한 것
으로, 시장참여자들이 완화된 규제 환경에서 일정한 조건하에 마음껏 도전하고 새
로운 시도를 해볼 수 있는 이른바 '혁신의 실험장'을 제도화한 것을 말한다.

규제 샌드박스는 본래 핀테크(Fintech) 산업 활성화 및 새로운 금융혁신을 촉진하기 위해 2015년 영국 금융행위감독청(Financial Conduct Authority, FCA)을 시작으로 싱가포르, 호주, 대만 등에서 도입되었으나, 이후 규제 샌드박스의 적용대상, 활용목적 및 내용 등이 확장됨에 따라 규제 샌드박스의 개념 및 적용범위 또한 진화하고 있으며, 현재 우리나라를 비롯한 60여 개국에서 규제 샌드박스 제도를 운영 중에 있다.

한편, 우리 정부는 규제혁신을 통한 신기술·서비스의 신속한 사업화 및 시장진출을 지원하기 위해 정보통신융합, 산업융합, 혁신금융, 스마트도시 등 혁신산업 분야를 대상으로 한시적으로 현행 규제를 유예하여 일정한 조건하에서 실증테스트할 기회를 부여하고, 그 결과 사업의 유효성 및 안전성이 입증되면 법령 개정 등을 통해 규제를 개선하는 내용의 '한국형 규제 샌드박스' 제도를 2019년 1월에 도입하였다.[2]

한국형 규제 샌드박스는 각 주관부처에서 'ICT융합', '산업융합', '금융혁신', '규제자유특구', '스마트도시', '연구개발특구' 등 분야별 전문성을 토대로 「행정규제기본법」, 「정보통신 진흥 및 융합 활성화 등에 관한 특별법」(이하 '정보통신융합법'이라 한다), 「산업융합 촉진법」, 「규제자유특구 및 지역특화발전특구에 관한 규제특례법」(이하 '규제자유특구법'이라 한다), 「금융혁신지원 특별법」(이하 '금융혁신법'이라 한다), 「스마트도시 조성 및 산업진흥 등에 관한 법률」(이하 '스마트도시법'이라 한다), 「연구개발특구의 육성에 관한 법률」(이하 '연구개발특구법'이라 한다) 등 소관 법률에 근거하여 규제 샌드박스 제도를 각각 운영하고 있다.

---

2) 규제 샌드박스 특례심의위원회를 통한 승인과제가 195건('19)→209건('20)→228건('21)으로 매년 증가하여 2021년 12월까지 총 632건의 과제가 승인되었고, 승인된 과제 중 20%에 해당하는 132건의 과제에 대해서는 규제개선이 완료되었으며, 투자 유치(총 4조 8,837억원), 일자리 창출(총 6,355명) 등 규제 샌드박스 운영에 따른 성과도 가시화되고 있다(규제샌드박스 백서, 2022.3).

한국형 규제 샌드박스 도입 및 운영에 관한 입법 현황

법률명(제/개정)	제안	의결	공포	시행
행정규제기본법(개정)	2019.03.28.	2019.03.28.	2019.04.16.	2019.07.17.
정보통신융합법(개정)	2018.09.20.	2018.09.20.	2018.10.16.	2019.01.17.
산업융합촉진법(개정)	2018.09.20.	2018.09.20.	2018.10.16.	2019.01.17.
규제자유특구법(개정)	2018.09.20.	2018.09.20.	2018.10.16.	2019.04.17.
금융혁신법(제정)	2018.03.06.	2018.12.07.	2018.12.31.	2019.04.01.
스마트도시법(개정)	2019.08.20.	2019.10.31.	2019.11.26.	2020.02.27.
연구개발특구법(개정)	2020.05.07.	2020.05.20.	2020.06.09.	2020.12.10.

자료: 저자 작성

이처럼 한국형 규제 샌드박스 제도는 단일하고 종합된 법률 체계가 아닌 「행정 규제기본법」 및 개별 소관 법률들을 통해 각 분야별로 도입·운영되고 있다는 점이 특징이다. 구체적으로 행정규제에 관한 기본적인 사항을 규율하는 「행정규제기본법」에서는 신기술을 활용한 신서비스 또는 제품과 관련된 규제에 대하여 '우선허용·사후규제 방식'을 일반원칙으로 천명하고 있고(법 제5조의2), 신기술 서비스·제품 관련 규제의 정비 및 특례에 관한 기본방향 및 원칙을 규정(법 제19조의3)하는 등 각 개별 법령상 도입된 한국형 규제 샌드박스 제도에 대한 기본법상의 일반적인 근거 규정을 마련하고 있으며, 구체적인 한국형 규제 샌드박스 제도의 운영, 절차 등에 관한 사항은 각 분야별 소관 법률에서 규율하는 체계를 갖추고 있다.

자료: 규제정보포털(www.better.go.kr)

그림 2 한국형 규제 샌드박스 제도의 법률적 근거 및 운영체계

한편, 각 분야별 소관 법률에서 개별적으로 도입하고 있는 한국형 규제 샌드박스 제도는 '우선허용·사후규제'라는 대원칙하에 ① 사업자가 새롭게 개발한 기술·서비스(제품)에 대하여 허가 등의 필요 여부와 규제의 구체적인 내용을 신속하게 확인해주는 '규제 신속확인(또는 신속처리)', ② 관련 규정이 모호하거나 불합리하여 사업화가 지체되는 경우 신속히 시장에 출시할 수 있도록 허가해주는 '임시허가', ③ 기술·서비스(제품)의 안전성 등을 시험·검증하기 위하여 제한적 범위 내에서 규제의 전부 또는 일부를 적용하지 않는 '실증을 위한 규제특례' 등을 핵심 구성요소로 하고 있으며, 이하에서는 정보통신융합법, 산업융합촉진법, 규제자유특구법을 중심으로 각 소관 법률에서 도입하고 있는 한국형 규제 샌드박스 제도의 구체적인 내용을 비교·검토한다.

자료: 규제샌드박스 백서(2022.3)

그림 3 한국형 규제 샌드박스 제도의 구성 및 주요 프로세스

2. 한국형 규제 샌드박스 제도의 주요 내용 비교·분석

(1) 우선허용·사후규제 원칙

'우선허용·사후규제 원칙'이란 신산업의 시장 출시를 우선적으로 허용하고, 필요 시 사휴규제하는 방식으로 규제체계를 전환하는 이른바 '포괄적 네거티브 규제 원칙'을 말한다. 구체적으로 국민의 생명·안전에 위해(危害)가 되거나 환경을 현저히 저해하지 않는 한 원칙적으로 신기술·서비스를 활용한 사업 및 혁신산업은 허용된다는 선언적 의미의 대원칙이다. 나아가 국가와 지방자치단체는 해당 신기술·서비스 및 혁신산업과 관련한 소관 법령 및 제도가 '우선허용·사후규제 원칙'에 부합하도록 정비하는 방안을 강구하여야 하며, 본 원칙은 「행정규제기본법」 및 각 분야별 소관 법률에서 동일한 취지로 도입되었으며, '우선허용·사후규제 원칙(등)'의 용어를 공통적으로 사용하고 있다.

'우선허용 · 사후규제 원칙' 관련 규정 현황

법률	용어	규정
행정규제 기본법	우선허용·사후 규제 원칙	제5조의2(우선허용·사후규제 원칙) ① 국가나 지방자치단체가 신기술을 활용한 새로운 서비스 또는 제품(이하 "신기술 서비스·제품"이라 한다)과 관련된 규제를 법령등이나 조례·규칙에 규정할 때에는 다음 각 호의 어느 하나의 규정 방식을 우선적으로 고려하여야 한다. 1. 규제로 인하여 제한되는 권리나 부과되는 의무는 한정적으로 열거하고 그 밖의 사항은 원칙적으로 허용하는 규정 방식 2. 서비스와 제품의 인정 요건·개념 등을 장래의 신기술 발전에 따른 새로운 서비스와 제품도 포섭될 수 있도록 하는 규정 방식 3. 서비스와 제품에 관한 분류기준을 장래의 신기술 발전에 따른 서비스와 제품도 포섭될 수 있도록 유연하게 정하는 규정 방식 4. 그 밖에 신기술 서비스·제품과 관련하여 출시 전에 권리를 제한하거나 의무를 부과하지 아니하고 필요에 따라 출시 후에 권리를 제한하거나 의무를 부과하는 규정 방식 ② 국가와 지방자치단체는 신기술 서비스·제품과 관련된 규제를 점검하여 해당 규제를 제1항에 따른 규정 방식으로 개선하는 방안을 강구하여야 한다
정보통신 융합법		제3조의2(우선허용·사후규제 원칙) ① 누구든지 신규 정보통신융합등 기술·서비스를 활용하여 사업을 할 수 있으며, 국가와 지방자치단체는 신규 정보통신융합 등 기술·서비스를 활용하는 과정에서 국민의 생명과 안전을 저해하는 경우에 이를 제한할 수 있다. ② 국가와 지방자치단체는 정보통신융합등 기술·서비스 관련 소관 법령 및 제도가 제1항의 원칙에 부합하게 정비되도록 노력하여야 한다.
산업융합 촉진법		제3조의2(우선허용·사후규제 원칙) ① 국가와 지방자치단체는 산업융합 신제품·서비스를 허용하는 것을 원칙으로 한다. 다만, 산업융합 신제품·서비스가 국민의 생명 · 안전에 위해가 되거나 환경을 현저히 저해하는 경우에는 이를 제한할 수 있다. ② 국가와 지방자치단체는 산업융합 신제품·서비스 관련 소관 법령 및 제도를 제1항의 원칙에 부합하게 정비하는 방안을 강구하여야 한다.
규제자유 특구법	우선허용·사후 규제 원칙 등	제4조(우선허용·사후규제 원칙 등) ① 국가와 지방자치단체는 국가발전 및 지역경제 활성화를 위하여 혁신사업 또는 전략산업등을 허용하는 것을 원칙으로 한다. 다만, 신기술을 활용하는 사업이 국민의 생명·안전에 위해가 되거나 환경을 현저히 저해하는 경우에는 이를 제한할 수 있다. ② 국가와 지방자치단체는 혁신사업 또는 전략산업등과 관련한 소관 법령 및 제도를 제1항의 원칙에 부합하게 정비하는 방안을 강구하여야 한다.

자료: 국가법령정보센터(www.law.go.kr)

(2) 규제 신속확인

'규제 신속확인'은 사업자가 해당 신기술·서비스와 관련된 법령에 따른 허가 등의 필요 여부를 관계 행정기관에 확인하여 줄 것을 신청할 수 있는 제도이다. '규제 신속확인' 제도는 각 분야별 소관 법률에서 동일한 취지로 도입되었으나, '신속처리(정보통신융합법)', '규제 신속확인(산업융합촉진법)', '규제확인(규제자유특구법)' 등 그 용어의 사용을 일부 달리하고 있다.

한편, '규제 신속확인' 신청을 받은 해당 행정기관의 장은 관계 행정기관의 장에게 규제 신속확인 신청 사실 및 내용을 통보하여야 하고, 통보를 받은 관계 행정기관의 장은 30일 이내 소관 업무 해당 여부, 허가 등의 필요 여부 등을 확인하여 30일 이내 신청을 받은 해당 행정기관의 장에게 회신하여야 한다. 이 경우 해당 기술·서비스가 관계 법령에 따른 허가 등이 필요하다고 판단된다면 본허가 등에 필요한 조건 및 절차 등도 함께 회신하여야 하며,[3] 회신을 받은 해당 행정기관의 장은 이를 신청자에게 즉시 통보하여야 한다.

'규제 신속확인' 제도의 절차 비교

법률명	용어	주요 내용
정보통신 융합법 (제36조)	신속처리	신청인이 과학기술정보통신부장관에게 신속처리 신청→과학기술정보통신부장관은 관계기관의 장에게 통보→통보를 받은 관계기관의 장은 과학기술정보통신부장관에게 30일 이내 회신→과학기술정보통신부장관은 관계기관장의 회신 또는 임시허가 필요 여부 등을 신청인에게 즉시 통지
산업융합 촉진법 (제10조의2)	규제 신속확인	신청인이 산업통상자원부장관에게 규제 신속확인 신청→산업통상자원부장관은 관계 행정기관의 장에게 통보→통보를 받은 관계 행정기관의 장은 산업통상자원부장관에게 30일 이내 회신→산업통상자원부장관은 소관 업무 여부 및 허가 등의 필요 여부를 신청인에게 즉시 통보
규제자유 특구법 (제85조)	규제확인	신청인이 관할 시·도지사에게 규제의 신속확인 요청→관할 시·도지사는 중앙 행정기관의 규제확인이 필요한 경우 중소벤처기업부장관에게 규제확인에 관한 사항을 제출→중소벤처기업부장관은 관계 중앙행정기관의 장에게 통보→통보를 받은 관계기관의 장은 중소벤처기업부장관에게 30일 이내 회신→중소벤처기업부장관은 그 회신 결과를 시·도지사에게 통보→통보를 받은 시·도지사는 신청인에게 즉시 통보

자료: 저자 작성

---

3) 다만, 지역특구법에서는 해당 혁신사업 또는 전략산업이 관계 법령에 따른 허가 등이 필요하다고 판단되더라도 본허가등에 필요한 조건 및 절차까지 회신하도록 규정하고 있지 않다.

(3) 임시허가

'임시허가'란 허가 등의 근거가 되는 법령에서 안정성이 검증된 해당 신기술·서비스에 대한 기준·규격·요건 등이 없거나 이를 적용하는 것이 불명확하거나 맞지 않은 경우, 일정한 기간 동안 임시로 허가 등을 통해 시장 출시를 가능하도록 지원하는 제도이다. 임시허가 제도는 각 분야별 소관 법률에서 동일한 취지로 도입되었으며, '임시허가' 용어를 공통적으로 사용하고 있다.

'임시허가' 신청을 받은 해당 행정기관의 장은 관계 행정기관의 장과 협의하고, 각 법률에서 설치된 심의위원회의 심의·의결을 거쳐 해당 신기술·서비스에 대한 임시허가를 부여할 수 있다. 또한 임시허가의 유효기간은 2년으로 설정하고, 관계 행정기관의 장은 임시허가의 유효기간이 만료되기 전에 해당 신기술·서비스의 본허가를 위한 관계 법령이 정비되도록 하는 한편, 임시허가 유효기간 내 관계 법령이 정비되지 않은 경우에 한하여 추가로 유효기간을 1회 연장할 수 있으며, 나아가 연장된 임시허가의 유효기간 내에 허가 등의 근거가 되는 법령 정비가 완료되지 않은 경우에는 법령 정비가 완료될 때까지 유효기간이 연장되는 것으로 간주하는 규정도 함께 마련하고 있다는 점이 특징이다.

다만, 임시허가를 받은 자는 임시허가 기간 내 관계 법령이 정비된 경우 지체 없이 해당 신기술·서비스에 대한 본허가를 받아야 하며, 나아가 해당 신기술·서비스로 인한 이용자의 인적·물적 피해 및 부작용을 최소화하기 위해 사업자의 책임보험 가입, 손해배상 책임 등의 안전장치도 함께 마련하고 있다.

'임시허가' 제도의 절차 비교

법률명	용어	주요 내용
정보통신 융합법 (제37조)	임시허가	신청인이 과학기술정보통신부장관에게 임시허가 신청→과학기술정보통신부장관은 관계기관의 장과 협의 및 심의위원회에 상정→과학기술정보통신부장관은 심의위원회의 심의·의결을 거쳐 임시허가 부여
산업융합 촉진법 (제10조의5)		신청인이 산업통상자원부장관에게 임시허가 신청→과학기술정보통신부장관은 관계 행정기관의 장에게 통보→관계 행정기관의 장은 산업통상자원부장관에게 30일 이내 회신→산업통상자원부장관은 임시허가 여부를 규제특례심의위원회에 상정→산업통상자원부장관은 규제특례심의위원회의 심의·조정 결과에 따라 임시허가 부여
규제자유 특구법 (제90조)		신청인이 관할 시·도지사에게 임시허가 신청→관할 시·도지사는 중소벤처기업부장관에게 임시허가 신청→중소벤처기업부장관은 관계 중앙행정기관의 장에게 통보→ 통보를 받은 관계기관의 장은 중소벤처기업부장관에게 30일 이내 회신→ 중소벤처기업부장관은 규제자유특구위원회의 심의·의결을 거쳐 임시허가 부여→중소벤처기업부장관은 임시허가 부여 결과를 시·도지사에게 즉시 통보

자료: 저자 작성

(4) 실증을 위한 규제특례

'실증을 위한 규제특례'란 해당 신기술·서비스에 대하여 다른 법령의 규정에 의하여 허가등을 신청하는 것이 불가능하거나 허가등의 근거가 되는 법령에 따른 기준·규격·요건 등을 적용하는 것이 불명확하거나 불합리하여 사업 시행이 어려운 경우, 해당 신기술·서비스의 제한적 시험·기술적 검증이 가능하도록 관련 규제의 전부 또는 일부를 적용하지 않은 제도이다. '실증을 위한 규제특례' 제도는 각 분야별 소관 법률에서 동일한 취지로 도입되었으나, '실증을 위한 규제특례(정보통신융합법 및 산업융합촉진법)', '실증을 위한 특례(규제자유특구법)', '규제 적용의 특례(금융혁신법)' 등 용어의 사용을 일부 달리하고 있다.

'실증을 위한 규제특례' 신청을 받은 해당 행정기관의 장은 신청 내용을 관계 행정기관의 장에게 통보하고, 통보를 받은 관계기관의 장은 검토 결과를 30일 이내에 문서로 회신하는 한편, 최종적으로 각 분야별 소관 법률에서 설치된 심의위원회의 심의·의결을 거쳐 해당 신기술·서비스에 대하여 실증을 위한 규제특례를 지정할 수 있다. 이 경우 실증을 위한 규제특례의 유효기간은 2년 이내의 범위에서 정하고, 유효기간의 만료 전에 규제특례 사항과 관련된 법령이 정비되지 않은 경우에 한하여 2년 이하의 범위에서 1회 연장이 가능하며, 관계 행정기관의 장은 규제특례 적용 및 사업 결과를 바탕으로 관계 법령의 정비가 필요하다고 판단된 경우 관계 법령정비에 착수하여야 한다.[4]

한편, 임시허가 제도와 유사하게 실증을 위한 규제특례를 부여받은 자는 해당 신기술·서비스의 실증으로 인한 이용자의 인적·물적 피해 및 부작용을 최소화하기 위해 손해배상책임과 책임보험에 가입하여야 하며, 또한 해당 행정기관의 장은 실증사업자가 거짓이나 그 밖의 부정한 방법으로 실증을 위한 규제특례를 지정받거나 실증을 위한 규제특례의 목적을 달성하는 것이 명백히 불가능하다고 판단되는 경우에는 시정명령 또는 각 법률에 설치된 심의위원회의 심의·의결을 거쳐 실증을 위한 규제특례의 지정을 취소할 수 있다.

'실증을 위한 규제 특례' 제도의 절차 비교

법률명	용어	주요 내용
정보통신 융합법 (제38조의2)	실증을 위한 규제특례	신청인이 과학기술정보통신부장관에게 실증을 위한 규제특례 신청→과학기술정보통신부장관이 관계기관장에게 통보→관계기관의 장은 과학기술정보통신부장관에게 30일 이내 회신→과학기술정보통신부장관은 실증을 위한 규제특례의 지정 여부를 심의위원회에 상정→과학기술정보통신부장관은 심의위원회의 심의·의결을 거쳐 실증을 위한 규제특례를 지정
산업융합 촉진법 (제10조의3)		신청인이 산업통상자원부장관에게 실증을 위한 규제특례 신청→산업통상자원부장관이 관계 행정기관의 장에게 통보→관계 행정기관의 장은 산업통상자원부장관에게 30일 이내 회신→산업통상자원부장관은 실증을 위한 규제특례의 지정 여부를 규제특례심의위원회에 상정→산업통상자원부장관은 규제특례심의위원회의 심의·조정 결과에 따라 실증을 위한 규제특례를 부여

---

4) 이밖에도 관계 행정기관의 장은 실증을 위한 규제특례 기간 종료 전이라도 법령정비의 필요성이 있다고 판단할 경우 즉시 관계 법령정비에 착수하여야 한다.

| 규제자유
특구법
(제86조) | 실증을
위한 특례 | 신청인이 관할 시·도지사에게 실증을 위한 특례의 부여를 요청→관할 시·도지사는 중소벤처기업부장관에게 실증특례의 부여를 신청→중소벤처기업부장관은 관계 중앙행정기관의 장에게 통보→ 통보를 받은 관계 기관의 장은 중소벤처기업부장관에게 30일 이내 회신→ 중소벤처기업부장관은 규제자유특구위원회의 심의·의결을 거쳐 실증특례를 부여→중소벤처기업부장관은 실증을 위한 특례 부여 결과를 시·도지사에게 즉시 통보 |

자료: 저자 작성

한국형 규제 샌드박스 제도의 주요 내용 비교·분석

구 분		정보통신융합법	산업융합촉진법	규제자유특구법
심의 위원회	명칭	신기술·서비스심의위원회	산업융합 규제특례심의위원회	규제자유특구위원회
	위원장	과학기술정보통신부장관	산업통상자원부장관	국무총리
	주요 기능	임시허가 및 실증을 위한 규제특례에 관한 사항 심의·의결	임시허가 및 실증을 위한 규제특례에 관한 사항 심의·조정	규제 신속확인(필요시), 임시허가 및 실증을 위한 규제특례에 관한 사항 심의·의결
규제의 신속확인	신청자	신규 정보통신융합등 기술·서비스를 활용하여 사업하려는 자	산업융합 신제품·서비스를 활용하여 사업을 하려는 자	규제자유특구에서 혁신사업 또는 전략산업등을 추진하고자 하는 자
	신청 요건	별도요건 없음	별도요건 없음	별도요건 없음
	신청 내용	해당 사업에 대한 신규 정보통신융합등 기술·서비스와 관련된 허가등의 필요 여부 확인	해당 신제품·서비스와 관련된 허가등의 필요 여부 확인	혁신사업 또는 전략산업등과 관련된 허가 등의 필요 여부 확인
일괄 처리	신청자	신규 정보통신융합등 기술·서비스를 활용하여 사업하려는 자	해당 제도 없음	해당 제도 없음
	신청 요건	해당 사업에 2개 이상의 허가등이 필요한 경우		

구 분		정보통신융합법	산업융합촉진법	규제자유특구법
임시허가	신청자	신규 정보통신융합등 기술·서비스를 활용하여 사업을 하려는 자	산업융합 신제품·서비스를 활용하여 사업을 하려는 자	규제자유특구에서 시장 출시 목적으로 혁신사업 또는 전략산업등을 시행하고자 하는 자
	신청 요건	① 허가등의 근거가 되는 법령에 해당 신규 정보통신융합등 기술·서비스에 맞는 기준·규격·요건 등이 없는 경우 ② 허가등의근거가 되는 법령에 따른 기준·규격·요건 등을 적용하는 것이 불명확하거나 불합리한 경우	① 허가등의 근거가 되는 법령에 해당 산업융합 신제품·서비스에 맞는 기준·규격·요건 등이 없는 경우 ② 허가등의 근거가 되는 법령에 따른 기준·규격·요건 등을 해당 산업융합 신제품·서비스에 적용하는 것이 맞지 아니한 경우	① 허가등의 근거가 되는 법령에 기준·규격·요건 등이 없는 경우 ② 허가 등의 근거가 되는 법령에 따른 기준·규격·요건 등을 적용하는 것이 맞지 아니한 경우
	유효 기간	2년 이하	2년 이하	2년 이하
	연장 횟수 (사유)	1회+@ (허가등의 근거가 되는 법령이 정비되지 아니한 경우) ※단, 연장된 유효기간 내에도 법령정비가 완료되지 않은 경우, 완료될 때까지 유효기간이 연장되는 것으로 간주	1회+@ (허가등의 근거가 되는 법령이 정비되지 아니한 경우) ※단, 연장된 유효기간 내에도 법령정비가 완료되지 않은 경우, 완료될 때까지 유효기간이 연장되는 것으로 간주	1회+@ (허가등의 근거가 되는 법령이 정비되지 아니한 경우) ※단, 연장된 유효기간 내에도 법령정비가 완료되지 않은 경우, 완료될 때까지 유효기간이 연장되는 것으로 간주
	법령 정비 의무화	법령정비 의무	법령정비 착수의무	법령정비 의무

구 분		정보통신융합법	산업융합촉진법	규제자유특구법
실증을 위한 규제특례	신청자	신규 정보통신융합등 기술·서비스를 활용하여 사업을 하려는 자	산업융합 신제품·서비스를 시험·검증하기 위한 목적으로 사업을 하려는 자	규제자유특구에서 혁신사업 또는 전략산업등과 관련한 신기술을 활용한 새로운 서비스와 제품의 시험·검증을 하고자 하는 자
	신청 요건	① 신규 정보통신융합 등 기술·서비스가 다른 법령의 규정에 의하여 허가등을 신청하는 것이 불가능한 경우 ② 허가등의 근거가 되는 법령에 따른 기준·규격·요건 등을 적용하는 것이 불명확하거나 불합리한 경우	① 허가등의 근거가 되는 법령에 해당 산업융합 신제품·서비스에 맞는 기준·규격·요건 등이 없는 경우 ② 허가등의 근거가 되는 법령에 따른 기준·규격·요건 등을 해당 산업융합 신제품·서비스에 적용하는 것이 맞지 아니한 경우 ③ 다른 법령의 규정에 의하여 허가등을 신청하는 것이 불가능한 산업융합 신제품·서비스에 대하여, 제한된 구역·기간·규모 안에서 실증이 필요한 경우	① 허가등의 근거가 되는 법령에 기준·규격·요건 등이 없는 경우 ② 허가등의 근거가 되는 법령에 따른 기준·규격·요건 등을 적용하는 것이 맞지 아니한 경우 ③ 다른 법령의 규정에 의하여 허거등을 신청하는 것이 불가능한 경우
	유효 기간	2년 이하	2년 이하	2년 이하
	연장 횟수 (사유)	1회 (규제특례사항과 관련된 법령이 정비되지 아니한 경우)	1회 (규제특례사항과 관련된 법령이 정비되지 아니한 경우)	1회 (규제특례사항과 관련된 법령이 정비되지 아니한 경우)
	법령 정비 의무화	법령정비 착수의무	법령정비 착수의무	• 법령정비 착수의무 (국가및지방자치단체) • 법령정비 의무 (관계 중앙행정기관의 장)

자료: 저자 작성

Ⅲ. 한국형 규제 샌드박스 제도의 성공적 안착을 위한 향후 입법 방향 및 개선과제

1. 한국형 규제 샌드박스 관계 법률 및 제도 간의 체계적 정합성 확보

한국형 규제 샌드박스 제도의 법체계는 단일법 형식이 아닌 「행정규제기본법」 및 ICT융합, 산업융합, 금융혁신, 지역혁신 등 각 분야별 소관 법령에 의한 규율방식을 채택하고 있다. 즉, 행정규제에 관한 일반법인 「행정규제기본법」에서 우선허용·사후규제 원칙, 규제특례 등에 관한 일반적인 법적 근거와 기본방향을 제시하고 있으며, 한국형 규제 샌드박스 제도를 구성하는 핵심수단인 규제 신속확인, 임시허가, 실증을 위한 규제특례에 관한 법적 근거와 운영 및 절차 등에 관한 구체적인 사항은 각 분야별 소관 법령에서 각각 규율하는 형식을 취하고 있다.

다만, 법체계의 정당성의 관점에서 살펴볼 때, 「행정규제기본법」이 규제혁신을 위한 규제체계 전환, 규제특례 등에 관한 일반적인 법적 근거를 마련하고 있지만 단순히 선언적 의미의 원칙을 천명하는 수준에 그치고 있어, 한국형 규제 샌드박스 제도를 구체적으로 규율하고 있는 각 분야별 소관 법령에 대하여 직접적인 규범적 효력을 갖추고 있다고 평가하기는 어렵다.

또한 동일·유사한 내용의 규제 샌드박스 제도를 각각 도입하고 있는 개별 법령 간의 규율 관계 내지 규범적 체계가 여전히 불명확하고, 개별 법령에서 각각 규정하고 있는 규제 샌드박스 제도를 구성하는 규제 신속확인, 임시허가, 실증을 위한 규제특례에 대한 용어정의, 신청요건, 절차규정, 후속조치 등 세부적인 규율 내용면에서도 다소 차이를 보이고 있다.

나아가 한국형 규제 샌드박스의 핵심 수단인 임시허가와 실증을 위한 규제특례 제도가 우월적 관계인지 또는 수평적 지위를 갖는지 즉, 어떠한 관계 내지 연관성을 갖는지에 대한 법적 지위가 명확히 정립되어 있지 않는 등 한국형 규제 샌드박스를 규율하는 법령 간, 법령 내 각 제도 간의 체계적 정합성이 확보되지 못한 것으로 평가할 수 있다.

따라서 한국형 규제 샌드박스 제도의 성공적 안착과 행정실무 및 수범자의 혼란을 최소화하기 위해서는 현재 분야별 소관 법령에서 도입·운영 중인 각각의 한국형 규제 샌드박스 제도들에 대한 일관적 · 통일적 규율을 통해 체계적 정합성을 확보할 필요가 있다. 이를 구체화하는 방안으로는 ① 단일하고 종합된 법체계하에서 한국형 규제 샌드박스 제도를 규율하는 별도의 일반법을 제정하는 방안, ② 행정규제에 관한 기본적인 사항을 규율하는 현행 「행정규제기본법」의 개정을 통해 규제 샌드박스 제도에 관한 일반적 · 구체적 사항(개념 및 용어 정의, 신청요건, 절차, 후속조치, 관리, 벌칙 등)을 통일적으로 규율하고, 개별 분야의 특수성을 고려하여 별도로 규율이 필요한 사항은 분야별 개별 법령에서 규정하는 방안,[5] 마지막으로 ③ 한국형 규제 샌드박스 제도가 도입된 현행 각 개별 법령의 개정만을 통해 각 법령 간의 정합성을 확보하도록 설계하는 방안 등이 고려될 수 있다.

이와 관련하여 각 개별 법령에서 규제 샌드박스 제도의 대상을 '기술', '서비스', '제품' 등으로 달리 규정할 실익은 크지 않으며, 각 분야별 특수성을 고려하더라도 신속확인, 임시허가, 실증을 위한 규제특례 등의 신청에 관한 일반적인 절차 규정들을 각 분야별 개별 법령마다 반복적으로 동일하게 규율할 필요성이 크지 않다는 점에서 단일 · 종합적 법체계의 필요성이 강조될 수 있지만, 단기적인 관점에서는 현재 규제 샌드박스 제도를 도입 · 운영하고 있는 각 개별 법령의 수정 · 보완을 통해 관계 법령 및 제도 간 체계적 정합성을 확보하는 것이 현실적으로 가장 타당한 방안이 될 수 있다.

2. 한국형 규제 샌드박스를 구성하는 각 제도의 용어 통일

한국형 규제 샌드박스 제도를 구성하는 '규제 신속확인', '임시허가', '실증을 위한 규제특례' 등은 동일한 취지로 각 분야별 소관 법률에 각각 도입되었으나, 그 용어의 사용을 일부 달리하고 있어 수범자들로 하여금 혼란을 야기하고 있다. 예를 들어 사업자가 해당 신기술 · 서비스와 관련된 법령에 따른 허가등의 필요 여부를 관계 행정기관에 확인하여 줄 것을 신청할 수 있는 제도의 경우 '신속처리(정보통신융합법)', '규제 신속확인(산업융합촉진법)', '규제확인(지역특구법)' 등의 용어를 사용하

---

5) 박종준, "한국형 규제 샌드박스 법체계에 관한 소고", 「법조」 제69권 제3호(통권 제741호), 법조협회, 2020.6, 224−227면.

고 있다. 또한 신기술·서비스의 제한적 시험·기술적 검증이 가능하도록 관련 규제의 전부 또는 일부를 적용하지 않은 제도의 경우에도 '실증을 위한 규제특례(정보통신융합법 및 산업융합촉진법)', '실증을 위한 특례(지역특구법)', '규제 적용의 특례(금융혁신법)' 등 용어를 달리 규정하고 있다.

이처럼 각 분야별 소관 법률에서 동일한 취지로 도입된 규제 샌드박스 제도임에도 불구하고 일부 다른 용어로 규정하여 수범자들의 혼란을 가중시키고 있으므로, 규제 샌드박스 제도가 도입된 개별 법률의 개정을 통해 규제 샌드박스를 구성하는 각 제도의 용어를 통일적으로 규율할 필요가 있다.

3. 한국형 규제샌드박스 제도 간의 구별기준 및 신청 요건의 불명확성 해소

한국형 규제 샌드박스 제도의 핵심 수단인 '임시허가', '실증을 위한 규제특례' 제도는 동일한 취지로 「행정규제기본법」 및 각 분야별 소관 법률에 도입·개정되었으나, 각 개별 법률에서 임시허가 및 실증을 위한 규제특례의 신청 요건을 상이하게 규정하고 있거나 일부 요건을 누락하고 있는 경우가 있어 규율상의 명확성 내지 법적 불확실성을 저해하고 있다. 또한 각 개별 법률에서 양 제도의 신청 요건이 다소 추상적이고 불명확하게 규정되어 있어 규제 샌드박스를 신청하려는 사업자는 해당 신기술·서비스가 임시허가와 실증을 위한 규제특례 중 어느 제도의 신청 대상이 되는지, 어떠한 요건에 근거하여 신청해야 하는지 등을 문언적으로 명확히 해석하여 판단하기 어려울 수 있다.

예를 들어 산업융합촉진법에서는 임시허가와 실증을 위한 규제특례가 서로 다른 제도임에도 불구하고 '허가등의 근거가 되는 법령에 해당 산업융합 신제품·서비스에 맞는 기준·규격·요건 등이 없는 경우', '허가등의 근거가 되는 법령에 따른 기준·규격·요건 등을 해당 산업융합 신제품·서비스에 적용하는 것이 맞지 아니한 경우'로 양 제도의 신청 요건을 동일하게 규정하고 있으며, 다만 실증을 위한 규제특례를 신청할 수 있는 요건으로 '다른 법령의 규정에 의하여 허가등을 신청하는 것이 불가능한 산업융합 신제품·서비스에 대하여 제한된 구역·기간·규모 안에서 실증이 필요한 경우'를 추가적으로 규정하고 있을 뿐이다. 한편, 정보통신융합법의 경우

에도 양 제도를 신청할 수 있는 요건으로 '신규 정보통신융합등 기술·서비스에 허가
등의 근거가 되는 법령에 따른 기준·규격·요건 등을 적용하는 것이 불명확하거나 불
합리한 경우'로 동일하며, 다만 신규 정보통신융합등 기술·서비스 다른 법령의 규
정에 의하여 허가등을 신청하는 것이 불가능한 경우(실증을 위한 규제특례)와 허가등
의 근거가 되는 법령에 해당 신규 정보통신융합등 기술·서비스에 맞는 기준·규격·
요건 등이 없는 경우(임시허가)로 양 제도의 신청 요건을 일부 달리 규정하고는 있으
나 양 제도를 어떠한 기준으로 구분하고, 신청 대상이 되는 신기술·제품·서비스에
맞는 제도 및 요건의 근거가 무엇인지를 문언적으로 명확히 규정하고 있지 않다.

특히, 실증을 위한 규제특례 요건 중 '기존의 허가등의 근거법령에 따를 경우
허가등의 신청이 불가능한 경우'에 대해서는 보다 면밀한 법리적 검토가 필요하다.
이는 다른 법령에서 허가등을 불가능하게 하고 있는 취지를 고려하지 않고 일률적
으로 예외를 인정할 수 있는 가능성을 열어두고 있는 것은 입법권과 행정권 간의 관
계에 있어 권력분립 등의 일반원칙이나 소관 행정청과 다른 행정청 간의 행정권 존
중과 분배 원칙 등에 불필요한 긴장관계를 가져올 수 있기 때문이다.[6]

따라서 현재 행정실무 차원에서 양 제도를 구분하는 기준에 따라 해당 신기술·
서비스에 대하여 안전성이 입증된 경우에는 임시허가 제도를, 안전성이 입증되지
않은 경우에는 실증을 위한 규제특례를 신청할 수 있도록 '안전성 입증 여부'를 양
제도의 구별기준으로 법률에 명시하는 한편, 개별 법령 간 또는 법령 내에서 양 제도
의 신청 요건을 구체화, 통일적 규율을 통해 임시허가와 실증을 위한 규제특례 제도
간의 정합성을 확보하고 신청 요건에 내재된 법적 불확실성 및 불명확성을 해소하
기 위한 법률 개정의 노력이 시급히 요구된다.

6) 박종준, 앞의 논문, 214면; 김정욱·유성희, "규제자유특구의 법적 쟁점과 개선방향에 관한 연구",
「법학연구」 제19권 제4호, 한국법학회, 2019, 219면.

주요 참고문헌

김정욱·유성희, "규제자유특구의 법적 쟁점과 개선방향에 관한 연구", 「법학연구」 제19권 제4호(통권 제76호), 한국법학회, 2019.12.

박종준, "한국형 규제 샌드박스 법체계에 관한 소고", 「법조」 제69권 제3호(통권 제741호), 법조협회, 2020.6.

이시직, "소위 '규제혁신법' 개정의 주요내용 및 시사점", 「경제규제와 법」 제11권 제2호(통권 제22호), 서울대학교 공익산업법센터, 2018.11.

국무조정실, 「규제샌드박스 백서 – 신기술이 빛을 보게하다」, 2022.3.

국무조정실 보도자료, "네거티브 규제 전환, 본격적으로 확산합니다", 2019.4.17.

국가법령정보센터(www.law.go.kr)

규제정보포털(www.better.go.kr)

디지털 뉴딜의 입법정책과 과제*

전지은 (과학기술정책연구원)

Ⅰ.디지털 뉴딜 정책에 대한 고찰

뉴딜이라는 정책은 1930년대 미국이 경제 대공황의 시기에 경제적 위기를 극복하고자 국가가 시장에 적극 개입함으로써 등장하게 되었다. 자본주의가 처음으로 포용적 경제정책을 펼쳤고 이는 30년간 미국 경제를 지속적인 성장으로 이끈 밑거름이었다. 미국이 시행한 뉴딜정책은 케인즈 유효수요 이론을 기초로 한 것으로 '테네시안 계곡 개발 정책'으로 시작하였다. 테네시안에 거대한 댐을 만들면서 공공수요를 창출하고, 공공으로부터 일자리를 만들고, 이를 통해 실업을 해소, 이는 다시 유동성 재순환을 유도하여, 구매력 증진과 기업의 활력을 통해 경제 회복을 도모하였다. 이는 정부의 개입이 사회주의에서 활성화된 정책임에도 불구하고 자본주의에서 사용함으로써 새로운 자본주의의 운영 틀을 만들었다는 데 의의가 크다. 다만, 미국은 이후 뉴딜이라는 정부의 적극적 시장 개입 정책을 펼치지는 않았다. 이는 세계 2차 대전 이후 1960년대가 되면서 정책의 막다른 골목에 다다른다. 이후 미국은 적정선의 정부 개입을 차단하고, 정부의 보이지 않는 손이라는 역할에만 중점을 둔다.

이와 같이 뉴딜이라는 용어는 미국이 경제 위기 극복을 위해 정부가 시장에 적극적으로 개입한 것과 같이 정책의 신속한 추진을 의미하고 있다. 뉴딜이라는 용어

---

* 본 글은 STEPI 2020 기본연구과제 「혁신 경쟁력 확충을 위한 디지털 뉴딜 전략 연구」의 내용에 기반하여 정리함.

를 구체적으로 사용한 사람은 경제학자 스튜어트 체이스(Stuart Chase)이다. 그는 대공황이 한창 진행 중이던 1932년 6월 『New Deal』이라는 책을 발간하고, 자유방임주의의 문제점을 비판적으로 제시하면서 정부의 적극적 시장 개입을 주장하였다. 그는 뉴딜에 대한 정의는 내리지 않았지만, 전반적으로 그가 사용한 의미는 "새로운 판"이라고 해석할 수 있다. 미국이 시행하였던 뉴딜정책은 3R로 요약되는데, 경제 질서의 개혁과 변경(reform), 경제적 약자에 대한 배려와 지원(relief), 경제부흥(recovery)을 위한 정책 등이 그것이다. 무엇보다 경제부흥을 위해서 일자리 창출이 중요하다 여겼고, 이와 동시 빈민 구제 등을 동시에 추구하면서 경제 안정을 목표로 하였다. 정책적 접근으로서 개입형 국가 모드를 시행하면서 정부 조직 개편을 함께 추진하였다. 이의 일환으로 새로운 사업을 국가가 직접 시행하여 공공 사업 등을 추진하고 관련 기구를 확충하였다. 또한 은행 등 금융부문과 농업부문에 대한 구조조정정책을 시행하였다. 이러한 일련의 정책으로 뉴딜 정책의 의미를 되새기기는 쉽지는 않지만 종합적으로 대대적 변화라는 의미를 내포하고 있다. 즉, 위기극복을 위해 정부가 적극적 역할을 하여야 한다는 점이다. 또한 미국이 추진한 뉴딜은 국민이 정부의 정책을 미리 알 수 있도록 하였다는 점에서 의미가 있다. 국민은 정책 시행에 대한 이해를 갖고, 정책이 추진되느니 과정에서 국민과 정부의 상호 신뢰를 형성할 수 있도록 하였다. 기존의 경제 체제에서는 미리 약속된 체제 속에서 경제 주체들 간의 교류가 있는 것이 아니었다. 사실상 자율적인 경제 활동으로 자립하는 것이 최선이었다. 그러나 뉴딜정책은 국가와 국민이 약속된 체제 속에서 경제적 난국을 극복하는 혁신적인 정책의 기조로 볼 수 있다.

정부의 산업정책 동원이 정당화되는 경우는 일반적으로 시장이 스스로 해결하지 못하는 시장실패(market failure)가 발생할 경우이다. 다만, 정부 개입이 시장실패를 교정하지 못할 때에는 정부실패(government failure)가 함께 발생한다. 이는 정부가 시장실패 교정을 위해 관련 정보 분석이 철저하게 이루어져야 하는데 그렇지 못했거나, 미래에 대한 불확실성을 고려하지 못했기 때문에 발생하는 것으로 분석된다. 다만 슘페터적 혁신론(Schumpeterian evolutionism)은 시장기구에 의한 자동조절 기능 자체를 부인한다. 이런 관점에서 슘페터적 혁신론은 산업정책 자체를 수용하고는 있지만 시장기구가 자체가 갖는 근본적인 한계가 존재하고, 정부개입이 그러한 한계를 극복하기 위한 목적으로 이루어져야 한다고 주장한다. 이는 실제 시장에서 시장기구가 작동하지 않는 영역이 존재한다는 것을 의미한다.

정부개입 영역과 산업정책 도구

정부개입 영역	산업정책 도구
생산기반 및 기술혁신 시스템 구축	운송시스템, 정보통신기술, 특수기관 설립 등 산업발전을 위한 물적 · 제도적 하부구고 구축 지원
인적자원 확충	장학금 지원, 교환프로그램, 산학협동 등 인적자본 확충 지원
과학기술역량 제고	과학기술정책, 과학기술인력 교육, 첨단기술에 관한 연구개발 프로젝트 지원 등
시장조직 · 구조 개편	기업지배구조 개선, 경쟁정책, 국가 대표기업 육성 정책
경제주체간 상호작용 활성화	산업발전 과정에서의 경쟁 · 협력 관리를 위한 메커니즘 구축, 연구개발 콘소시움, 공공–민간 파트너십, 테크노파크 등
생산역량 제고 유인책	관세, 공공조달 등을 통한 유치산업 육성정책, 외국인투자 유치정책, 투자보조금, 특정분야(전자, 바이오, 나노 등) 및 특정 당사자(중소기업 등)에 대한 세제지원 등
생산주체의 기술력 강화	연구개발 지원정책, 표준화정책, 보조금 지급, 펀드 구축, 인큐베이팅, 기술이전 지원 등
제도적 기반	산업발전에 필요한 자금지원을 위한 금융기관 설립, 산업·기술정책 연구기관 설립, 산업·기술정보 공유협약 체결 등

자료: 이한영 외(2012) 재인용[1]

슘페터적 혁신은 디지털 전환의 심화 현상에 주목하며 살펴볼 수 있다. 기술발전이 기본적으로 제한된 범위에 머물고자 할 때, 기술혁신 및 역량 축적을 위해 새로운 지식의 창조 및 새로운 기술의 적용이 동태적으로 경제전반에 확산될 수 있어야 하고, 이를 위해 경제주체들 간의 상호작용이 심화될 수 있도록 정부개입을 합리화하고 이를 허용하는 영역에 대한 탐색과 함께 정부의 역할이 요구된다.

디지털 뉴딜에 대한 정의는 아직은 모호하다. 기존의 연구에서는 "디지털 전환에 적극 대응하고 이를 산업 경쟁력 강화와 사회문제 해결의 동력으로 삼기 위해

---

1) 이한영 · 이소라 · 박승환 · 신승진, "통상규범 친화적 디지털 뉴딜정책 추진 방안 연구", 방송통신위원회, 2012.

R&D, 인재양성, 인프라 구축 등 정부 투자가 필요한 영역에 확장적 재정정책을 사용하는 것이라고 정의하고 있다.[2] 또한 디지털 인프라를 구축하는 마중물 역할을 정부가 담당하고, 민간이 주도적으로 시장을 창출할 수 있도록 하는 하이브리드 전략이라고 정의하기도 하다.[3] 즉, 디지털 기술의 혁신을 위한 혁신성장과 포용성장의 결합이라는 의미이다. 단, 디지털 혁신을 위한 정부의 적극적 역할이라는 점이 공통되고, 이에 대한 수단과 전략에서 다소 차이를 보이고 있다. 본 연구에서는 디지털 뉴딜을 미국이 시도했던 정책 기조의 대대적 변화, 즉 경제질서의 개혁과 변경, 경제 부흥을 위한 정책이라는 점에 초점을 두고, 지금의 디지털 전환을 중심으로 한 뉴딜로서 의미를 담아보고자 한다. 따라서 디지털 뉴딜의 정의를 "디지털 전환의 심화를 가속화하기 위한 정부의 혁신적이고 과감한 정책"이라고 한다.

디지털 기술이 이끄는 변화의 영향은 크게 다가올 것이다. 이러한 산업구조 변화, 경쟁지형의 변화 이외에도 산업 내 질서를 정의하던 게임의 룰 변화, 기존 산업의 소멸과 새로운 산업의 등장 등으로 인해 일자리도 그에 따라 변화할 것이다. 디지털 전환의 심화는 자연스럽게 이루어질 것이고, 산업의 구조 및 이를 구성하는 경제 주체는 자연스럽게 퇴출과 진입을 반복할 것이다. 다만 이러한 변화를 자연적 현상처럼 두고만 보기에는 국내적으로 기업의 생존위기와 일자리 감소 등의 경제위기가 지금보다 가혹할 것이다. 국가 경쟁력 차원에서는 이미 국가적으로 디지털 기술 역량을 키우기 시작한 국가와의 간극을 좁히기 어려워질 것이다. 디지털 뉴딜은 디지털 전환을 의도적으로 심화시키고 가속화시키기 위한 전환적 정책 기조로서 초기 생태계 형성을 위한 역할을 할 것이다.

II. 국내 디지털 뉴딜 현황

최근 한국 정부는 포스트 코로나 시대에 대응하고 경기회복과 경제적 도약을 위한 국가 전략 방안으로 '한국판 뉴딜' 정책을 발표하였다. 정부는 2020년 7월 14일,

---

2) 김석관, "디지털 뉴딜의 개념과 추진전략", 전환적 뉴딜 세미나 발표자료, 2019.

3) 노규성, 『디지털경제 시대, 대한민국 미래성장전략 디지털 뉴딜』(비앤컴즈, 2020).

대통령 주재 한국판 뉴딜 국민보고대회에서 「한국판 뉴딜 종합계획」을 발표하였다.[4] 한국판 뉴딜은 디지털 혁신을 촉진하는 디지털 뉴딜과 저탄소 경제로의 전환 가속화를 꾀하는 그린 뉴딜, 이를 뒷받침하는 안전망 강화로 구성되었으며, 뉴딜펀드로 대표되는 재정 투자와 제도 개선을 통해 이를 구현한다.

한국판 뉴딜은 2025년까지 총 160조 원(국비 114.1조 원)을 투자하여 일자리 190만 개를 창출하는 것이 목표이며, 그중 디지털 뉴딜은 총 58.2조 원(국비 44.8조 원)을 투자하여 90.3만 개의 일자리를 창출하는 것을 목표로 한다. 2021년 예산에는 한국판 뉴딜 사업 예산이 21조 3천억 원 반영되었다.

디지털 뉴딜은 4대 분야, 12개 세부과제로 구성되어 있다. 전 산업의 디지털 혁신을 위한 데이터·네트워크·AI(D.N.A) 생태계 구축에 관한 세부과제로는 ① 데이터 전주기 생태계 강화 및 데이터 컨트롤타워 마련, ② 산업 현장에 5G·AI 기술 융합 추진, ③ 공공 업무환경을 5G·클라우드 기반의 지능형 정부로 혁신, ④ 사이버 보안 체계 강화 및 관련 유망 기술·기업 육성이 있다. 특히 이 분야는 디지털 뉴딜 전체 투자액의 약 71%를 차지하는 약 32억 원이 투자될 분야이다.

교육 인프라의 디지털 전환을 위해서는 모든 초·중·고에 무선망, 스마트 기기, 온라인 플랫폼 등의 디지털 기반 교육 인프라를 조성하고 전국 대학 및 공공·민간 직업훈련기관의 온라인 교육을 강화할 계획이다. 포스트 코로나 시대의 유망산업인 비대면 산업 육성을 위해서는 국민생활과 밀접한 분야에 비대면 인프라를 구축하고 관련 비대면 산업이 성장할 수 있는 토대를 마련할 계획이다. 이를 위한 세부과제로는 ① 스마트병원 등의 스마트 의료 및 건강취약 계층을 위한 디지털 돌봄 인프라 구축, ② 중소기업의 원격근무 인프라 구축 및 시스템 고도화, ③ 소상공인 대상 온라인 비즈니스 지원이 있다. 마지막으로 안전하고 편리한 국민생활을 위한 SOC 디지털화에 대한 세부과제로는 ① 4대 분야(교통, 디지털 트윈, 수자원, 재난대응)의 핵심 인프라 디지털 관리체계 구축, ② 도시·산단 공간의 스마트화를 위한 디지털 혁신, ③ 육상·해운 물류 및 유통에 대한 스마트 물류체계 구축이 있다.

이 가운데 신산업 활성화, 지역 균형발전, 일자리 창출 등의 측면에서 큰 파급

---

4) 관계부처 합동, 『한국판 뉴딜 종합계획 발표』, 2020.7.14.

력을 가지는 과제를 10대 대표과제로 선정하였는데, 디지털 뉴딜과 관련해서는 데이터 댐 구축, 지능형 정부 구축, 스마트 의료 인프라 구축이 해당된다.

자료: 관계부처 합동(2020.7.14.)[5]

그림 1 한국판 뉴딜의 구조

5) 관계부처 합동, 『한국판 뉴딜 종합계획 발표』, 2020.7.14.

디지털 뉴딜의 분야별 세부과제 투자계획 및 일자리 효과

(단위: 투자액(조원), 일자리(만개))

분야	세부과제	투자액 (국비, ~'25)	일자리
D.N.A 생태계 강화	국민생활과 밀접한 분야 데이터 구축·개방·활용	6.4	29.5
	1·2·3차 전 산업으로 5G·AI 융합 확산	14.8	17.2
	5G·AI 기반 지능형 정부	9.7	9.1
	K-사이버 방역체계 구축	1.0	0.9
	소계	31.9	56.7
교육 인프라 디지털 전환	모든 초중고에 디지털 기반 교육 인프라 조성	0.3	0.4
	전국 대학·직업훈련기관 온라인 교육 강화	0.5	0.5
	소계	0.8	0.9
비대면 산업 육성	스마트 의료 및 돌봄 인프라 구축	0.4	0.5
	중소기업 원격근무 확산	0.7	0.9
	소상공인 온라인 비즈니스 지원	1.0	12.0
	소계	2.1	13.4
SOC 디지털화	4대 분야 핵심 인프라 디지털 관리체계 구축	8.5	12.4
	도시·산단의 공간 디지털 혁신	1.2	1.4
	스마트 물류체계 구축	0.3	5.5
	소계	10.0	19.3
합계		44.8	90.3

자료: 관계부처 합동(2020.7.14.)[6]

     한국판 뉴딜 추진을 위한 법·제도 개혁을 위해서는 '한국판 뉴딜 법·제도 개혁 TF'를 신설하여 현재(2020.11.14.)까지 10대 입법과제를 선정하여 발표하였다.[7] 뉴딜 추진의 핵심 축을 선도, 성장, 공정, 상생으로 정하고, 디지털경제전환법, 디지털·비대면 육성법, 공정한 전환 지원법, 뉴딜금융활성화법 외에 견실한 안전망과 인재양성법 추진을 위한 제정 및 개정 과제를 제시하고 있다.

---

6) 관계부처 합동, 『한국판 뉴딜 종합계획 발표』, 2020.7.14.
7) 중앙일보(2020.10.29.), "139개를 31개로 추렸다... 당정청 '뉴딜입법 목록' 보니", https://news.joins.com/article/23906543#none(2020.11.13.)

與 '한국판 뉴딜' 10대 입법과제(31개 법안)

※ 진한색이 제정안

	디지털 뉴딜	그린 뉴딜
선도	• 디지털경제전환법 　– 데이터기본법 　– 산업 디지털전환 촉진법 　– 중소기업 스마트 혁신법 　– 국가공간정보기본법	• 녹색전환 및 기후위기대응법 　– 그린뉴딜기본법 　– 기후변화대응법 　– 기후기술개발촉진법 • 에너지 전환·분권법 　– 신재생에너지법 　– 전기사업법 　– 환경영향평가법
성장	• 디지털·비대면 육성법 　– 디지털집현전법 　– 전자금융거래법 　– 원격교육기본법	• 미래모빌리티법 　– 여객자동차법/화물자동차법 　– 도로교통법 • 녹색산업 육성법 　– 산업집적법 　– 녹색융합클러스터법
공정	• 공정한 전환 지원법	
	– 소상공인지원법 　– 디지털 포용법	– 에너지전환지원법
상생	• 뉴딜금융활성화법	
	– 소상공인지원법 　– 디지털 포용법	– 녹색금융지원법 　– 환경기술산업법

	안정망 강화	지역균형 뉴딜
기타	• 견실한 안전망과 인재양성법 　– 고용보험법/보험료징수법 　– 남녀고용평등법 　– 고등교육법 　– 평생교육법	• 지역균형뉴딜지원법 　– 국가균형발전특별법

자료: 중앙일보(2020.10.29.)[8]

그림 2   한국판 뉴딜의 10대 입법과제

8) 중앙일보(2020.10.29.), 「139개를 31개로 추렸다... 당정청 '뉴딜입법 목록' 보니」, https://news.joins.com/article/23906543#none(2020.11.13.)

III. 디지털 뉴딜의 제도개선 전략 및 추진 방안

1. 디지털 뉴딜 제도개선의 목표

　본 절에서는 디지털 뉴딜 추진을 위한 전략적 제도개선 방안을 제시한다. 무엇보다 디지털 뉴딜 추진에 있어 목표를 산업구조의 대전환 및 체질 개선, 일자리 및 소득 증대와 같은 파급력, 취약·소외 계층 포용력, 지속성을 추진할 필요가 있다. 이는 미국이 시행했던 뉴딜의 구성요소인 3R인 구조적 대전환(Reform), 일자리 창출 및 소득증대를 위한 파급력(Recovery), 취약 및 소외계층의 포용력(Relief)에 지속성(Sustain)을 더하여 한국형 디지털 뉴딜 추진이 이루어져야 할 것이다. 이에 따른 제도개선 과제로서 데이터 경제 개념 제시 및 경제준칙 마련, 데이터 수집기준 수립, 권리기준 및 품질관리 등이 도출되었고 이를 수행할 거버넌스의 필요성이 제기 되었다. 파급력 차원에서는 신산업의 안착이 이루어질 때 신규 일자리 창출을 이룰 수 있고, 또한 신산업의 등장으로 소외받는 계층을 포용할 수 있도록 할 때 안정적 도입이 이루어질 수 있다고 보았다. 이를 위해 사회적 합의를 위한 이해관계자 조정 등의 정부 역할 재정립이 필요하고, 신규업종 등장에 따른 새로운 노동방식, 노동관계 하에 고용안정성 확보 및 법적 지위 확립 등 사회적 안전망 제공의 필요성이 도출되었다. 아울러 신산업의 제도적 지속적 추진을 위해서는 민간의 적극적 참여가 중요한데, 이를 위해 민간 참여를 유인할 수 있는 동인으로서 수익 창출이 가능하도록 하고, 무엇보다 민간 기업이 사회기반시설에 투자할 수 있도록 법상의 정의와 범위를 디지털 인프라를 포함할 수 있도록 개정하는 등이 필요할 것이다. 이상의 내용을 기반으로 본 연구에서는 다음과 같은 정책 및 입법 과제를 제시한다.

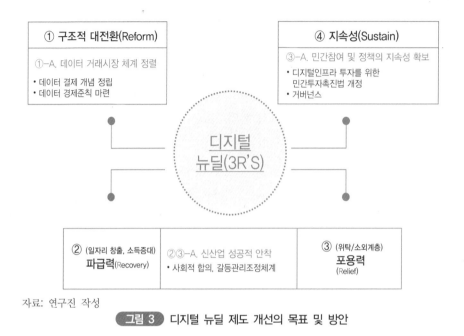

자료: 연구진 작성

그림 3 디지털 뉴딜 제도 개선의 목표 및 방안

2. 전략 및 추진방안

(1) 데이터 경제 개념 정립 및 경제준칙 마련

디지털 뉴딜의 핵심의 데이터 댐 구축을 통한 데이터 경제 활성화에 있다. 데이터 경제는 우리 경제가 노동과 자본에 의해 움직이는 경제체제에서 데이터 경제체제로 전환하는 것으로 데이터 자체가 자원이 되고, 재산이 된다. 이를 위해서는 데이터 경제의 개념이 명확히 제시되어야 할 것이다. 우리가 추구하는 데이터 경제와 그 경제를 구성하고 있는 하위개념 정립을 통해 이루고자 하는 생태계를 명확히 제시할 수 있어야 할 것이다. 현재의 법제도하에서는 데이터 경제 차원에서 데이터를 재화로 취급할 수 있도록 하는 규정이 부재하므로 정의 확립을 선제적으로 추진하고, 구축하고자 하는 데이터 경제 내에서 데이터의 수집 기준, 정보 공유, 데이터 개방 여부 검토 및 관리, 데이터 생성자와 점유자의 권리 기준, 대가 관계, 데이터 가치 평가와 같은 품질관리 등의 기준을 수립할 수 있을 것이다.

데이터의 가치사슬은 데이터가 단순히 자료로서만 존재하지 않고, 활용 가능한 수준으로 정보화될 때 그 가치가 올라간다. 따라서 데이터를 필요로 하는 수요자의 관점에서 필요한 정보를 제공할 수 있도록 데이터 수집이 이루어져야 할 것이며, 수요자는 데이터를 공급하는 주체가 보유한 데이터에 대한 정보를 명확히 알고 있어야 데이터의 요구 및 거래 제안 등을 할 수 있으므로 공공의 데이터에 한해서는 데이터 정보 공유를 효과적으로 하는 방안 마련이 필요할 것이다. 현재 행정안전부에서 추진하는 공공데이터 개방은 요구하는 데이터에 한해서만 공개하도록 하고 있고, 어떤 데이터를 보유하고 있는지에 대해서는 알기 어려우므로 수요자 관점에서 알기 쉽게 데이터에 대한 유형과 항목, 양식 등의 정보를 공개할 필요가 있다. 또한 데이터 개방 여부에 관해서는 이를 검토 및 관리할 수 있도록 하는 역할과 기능이 명시되어야 할 것이다.

데이터는 비경합성, 비배제성, 그리고 비마모성이라는 특성을 가지며, 다른 데이터를 결합함으로써 새로운 가치를 영원히 창출할 수 있다(선지원, 2019). 데이터의 공유는 공유를 할수록 데이터의 가치가 높아지므로, 데이터의 가치를 극대화하는 관점에서 데이터 접근권 확대를 고려할 수 있으며, 데이터 점유자가 데이터 경제 행위자에게 데이터에 대해 공개하도록 하는 의무 및 그에 대한 대가 관계, 그리고 데이터의 생산자와 점유자 간의 권리기준 등 시장 경제체제에서 거래를 위해 요구되는 사항에 대한 제도적 기준이 필요할 것이다.

(2) 새로운 노동경제의 법적 기반 마련

신산업 및 신사업 추진은 혁신을 동반하고, 지금과 같은 디지털 혁신은 새로운 업종과 소멸되는 업종이 동시에 발생하고 있어 새로운 노동경제 도입이 불가피한 상황이다. 신규 업종과 같은 경우에는 디지털 경제의 본격화에 따라 온라인 경제, 플랫폼 경제 등의 확산으로 새로운 고용형태가 발생하게 된다. 이는 특수형태근로종사자들이 늘어나면서 이들의 고용안정성, 타 일자리와의 형평성 등의 문제를 야기하는데 향후 이러한 문제는 더욱 심화될 가능성이 있다. 따라서 새로운 노동방식, 노사관계를 어떻게 정립할 것인지에 대한 사회적 논의와 제도적 틀을 만들어 갈 필요가 있다. 우선은 특수형태근로자 및 예술인 등의 고용보험과 법적 지위 확립을 위한 기존 제도의 개정을 요구된다.

또한 디지털 경제의 확산으로 인해 발생할 수 있는 노동 시스템의 제도적 기반 구축에 있어 소외될 수 있는 노동 분야와 노동권 침해 등의 문제가 발생하지 않도록 하기 위한 사회적 합의 체계를 마련할 필요가 있다. 현재 「공공기관의 갈등 예방과 해결에 관한 규정」이 존재하나 신산업의 특수성을 충분히 반영하고 있지 않고, 소극적 대응으로 실질적이고 적극적인 갈등관리 체계 및 절차 반영이 미흡할 수 있다. 또한 「경제사회노동위원회법」에 따라 경제사회노동위원회를 운영하고 있으나, 이는 고용노동 정책 및 산업/경제/복지/사회 정책에 관한 사항을 논의하고 있어 갈등관리에 미흡할 수 있다. 새로운 노동방식과 노사관계 정리를 위한 사회적 논의와 제도적 설계를 위해 독일은 Arbeiten 4.0 사례를 참고할 수 있으며, 독일은 산업 구조 전환 과정에서 독일 정부가 추구하는 최우선의 가치를 개별 근로자의 노동권 보호에 두고, 이에 따른 사회적 합의를 선행하였다는 점을 우리도 고민해봐야 할 것이다. 디지털 전환은 산업의 구조적 변화와 더불어 새로운 노동사회와 함께 등장할 것이다. 따라서 노동과 같은 사회 안전망 구축을 위해서는 이러한 변화를 제도적으로 지원할 수 있는 법적 기반의 마련이 이루어져야 할 것이다.

(3) 민간 투자 확대를 위한 제도의 개정

디지털 뉴딜 추진에 있어 민간의 참여와 지속적 구조를 갖추는 것은 중요한 문제다. 정부가 일방적으로 추진하지 않고, 민간의 자발적 참여를 위해서는 현재 제도의 개정이 요구된다.

무엇보다 민간의 적극적 참여를 위해서는 구시대적 기준으로 설정된 「사회기반시설에 대한 민간투자법」상에 시설에 대한 의미에 디지털 인프라 및 플랫폼에 대한 개념을 포함시켜 민간 기업이 디지털 시설에 투자할 수 있도록 해야 할 것이다. 현재 「사회기반시설에 대한 민간투자법」의 제2조 정의에서 사회기반시설은 각종 생산활동의 기반이 되는 시설, 해당 시설의 효용을 증진시키거나 이용자의 편의를 도모하는 시설 및 국민생활의 편익을 증진시키는 시설로서, 도로, 철도, 항만, 하수도 등 경제활동의 기반이 되는 시설, 유치원, 학교 등 사회 서비스의 제공을 위하여 필요한 시설, 공공청사 등 공공용 시설을 의미한다. 디지털 전환에 대한 정부의 의지가 강한만큼 디지털 플랫폼과 같은 디지털 시설에 대한 정의도 포함할 수 있도록 하여 민간의 투자 촉진을 기대할 수 있을 것이다.

디지털 뉴딜을 통해 데이터 경제 패러다임 전환으로 인해 데이터 거래가 활성화 될 것으로 기대되는 가운데 여기에는 민간 기업의 성장과 수익이 담보되어야 할 것이다. 디지털 뉴딜이 공공의 데이터를 활용할 수 있도록 하는 것도 중요하지만, 민간에서 생산 및 가공한 데이터도 활용 가능하도록 시장을 형성하여 민간이 수익을 창출할 수 있도록 하는 생태계 형성이 필요하다. 이를 위해서 디지털 뉴딜 사업에 참여함으로써 지속적인 성과를 창출할 수 있는 가능성을 보여주는 것이 중요하다. 그러나 대부분의 공공 사업은 수익성, 시장성 보다는 공공 가치실현에 중점을 두고 있으므로 기업의 지속가능성을 보장하는 경제적 성과를 창출하지 못할 가능성이 존재한다. 따라서 민간 단위의 매칭사업을 확대하여, 정부는 이를 가로막는 규제를 개선하고 민간 주도의 사업으로 확산될 수 있도록 할 필요가 있다.

(4) 시장경제 관리 거버넌스 구축

데이터 경제와 관련한 경제 규제를 담당할 수 있는 조직이 필요하다. 데이터 경제 관리는 기존의 경쟁법적인 규율에 한정되어서는 안 되고, 데이터에 대한 전문성을 갖춘 거버넌스가 필요하다. 데이터는 앞서 언급했듯이 기존 재화와 특성이 다르므로 이전의 시장경제 체제로는 운영되기 어렵다. 따라서 데이터 자체의 특성을 고려하고, 이러한 데이터의 거래를 통해 형성되는 유통생태계 및 시장 규칙 등을 관리할 수 있는 거버넌스의 역할이 필요하다. 앞서 제시한 데이터 경제준칙 마련과 데이터 접근권에 대한 규율 관리 등 데이터 집약적인 경제 체제를 관리하고, 산업 활성화 조치까지도 통합적으로 균형있게 추진할 수 있는 역할이 요구된다. 「지능정보화 기본법」 제42조제1항에서는 정부는 지능정보화의 효율적 추진과 지능정보서비스의 제공·이용 활성화에 필요한 데이터의 생산·수집 및 유통·활용 등을 촉진하기 위하여 필요한 정책을 추진하여야 한다고 규정하고 있지만, 구체적인 추진 체계와 거버넌스가 확립되지 않는다면 이는 공허한 구호일 수밖에 없다.

포용적 사회 안전망 도입을 위한 조정체계 운영이 필요하다. 데이터 경제의 변화는 새로운 노동경제의 도입을 함께 추진할 것으로 보인다. 신산업 안착에 가장 큰 걸림돌은 이해관계자 간의 갈등 문제로, 이러한 사회적 갈등관리 구조를 거버넌스 차원에서 상설화해야 할 것이다. EU의 'Innovation Deal'과 같은 이해관계자 공동 참여형 규제개혁 방안 검토도 고려해 볼 수 있다.

주요 참고문헌

김석관, "디지털 뉴딜의 개념과 추진전략", 전환적 뉴딜 세미나 발표자료, 2019

관계부처 합동, 『한국판 뉴딜 종합계획 발표』, 2020.7.14.

노규성, 『디지털경제 시대, 대한민국 미래성장전략 디지털 뉴딜』(비앤컴즈, 2020)

이한영·이소라·박승환·신승진, "통상규범 친화적 디지털 뉴딜정책 추진 방안 연구", 방송통신위원회, 2012

중앙일보(2020.10.29.), 「139개를 31개로 추렸다... 당정청 '뉴딜입법 목록' 보니」, https://news.joins.com/article/23906543#none(2020.11.13.)

사 항 색 인

저 자 약 력

김종철(연세대학교 법학전문대학원)

김종철은 연세대학교 법학전문대학원 교수로 헌법을 연구하고 가르치고 있으며, 최근에는 같은 학교 대학원 인공지능학과 교수를 겸직하고 있다. 학술연구 및 교육활동 외에도 한국공법학회, 한국헌법학회, 법과사회이론학회, 한국언론법학회 등 전공관련 학술공동체의 회장 등 임원으로 봉사하면서 국회, 정부, 헌법재판소 등 국가기관과 공공영역의 현안논의에 대하여 적극적으로 참여함으로써 헌법을 통한 시민교육이나 의회개혁 등 사회발전에도 기여하기 위해 노력하고 있다. 헌법개정의 정치학(2017), 권력구조 및 사법개혁과 관련된 헌법개정안 검토(2018), 국회의원 선거법제 개혁 다시 보기: '한국형 민주공화체제' 진화의 관점에서(2020), 87년 체제의 개혁과제와 헌법재판의 역할: 문재인 개헌안을 소재로(2022) 외 다수의 논저를 발표하였다.

심우민(경인교육대학교 사회과교육과)

심우민은 경인교육대학교 사회과교육과 교수로서 법(학)교육 관련 과목들을 중심으로 강의하며, 동 대학의 입법학센터장으로 재직 중이다. 입법학에 관한 논문으로 법학박사 학위를 취득한 이후 국회입법조사처 입법조사관으로 정보통신법제 업무를 담당해온 바 있다. 이와 같은 경험을 바탕으로 현재는 IT법학, 입법학 및 기초법학적 논제들을 주요 연구대상으로 삼고 있다. 관련 저술로는 The Rationality and Justification of Legislation(공저, 2013), 입법학의 기본관점(2014), ICT 법체계 개선에 관한 입법학적 검토(2015), 인공지능의 발전과 알고리즘의 규제적 속성(2016), 인공지능과 법패러다임 변화 가능성(2017), 인공지능 시대의 입법학(2018), 데이터사이언스와 입법실무(2019), 20대 국회 정보통신 입법 동향 분석(2020), 디지털 전환과 사회갈등(2021) 등이 있다.

강일신(경북대학교 법학전문대학원)

강일신은 연세대학교에서 법학박사 학위를 취득하고 헌법재판연구원 책임연구관을 역임한 후 경북대학교 법학전문대학원에서 헌법을 가르치고 있다. 법학에서 주류적인 방법론이라고 할 수 있는 전통적인 해석법학을 극복하고자 법철학적, 법사회학적 방법론을 원용함으로써 법학 연구에서 방법론적 다양성을 모색해오고 있다. 최근에는 법과 사회의 교호작용에 관한 연구의 일환으로 법과 도시 연구에 관심을 가지고 경북대학교 법학연구원 산하에 도시법센터를 설치하여 연구하고 있다. 주요 연구주제로는 민주주의, 사법심사, 법학방법론, 입법학 등이 있으며, 관련 연구업적으로는 "헌정원칙으로서 민주주의: 공화주의적 이해"(2015), 법학방법론(2017, 공저), "위헌법률심판에서 입법과정의 합리성 심사"(2019), "입법의 일관성과 사법심사"(2021) 등이 있다.

모준성(연세대학교 대학원 법학과)

모준성은 연세대학교 법학과를 졸업하고 현재 박사과정을 수료하여 박사학위논문을 준비 중이다. 연세대학교 법학연구원과 경인교육대학교 입법학센터에서 연구원으로 활동하고 있으며, 경인교육대학교에서 법학 관련 과목을 중심으로 강의를 하기도 한다. 기본적으로 민주주의를 비롯한 헌법적 논제를 중심으로 주요한 연구를 수행하고 있지만, 궁극적으로는 과학기술학을 비롯한 다양한 학문을 법학과 융합함으로써 법학의 저변을 확장하고 이에 기여하는 연구를 개진하는 것이 목표이다.

서덕교(국회사무처)

서덕교는 국회사무처 부이사관으로 헌법재판소에 파견근무 중이다. 의회조직에 관한 논문으로 정치학박사 학위를 취득하였고, 입법고시 합격 이후 국회사무처 채용담당, 인사담당, 행정안전위원회, 국방위원회 입법조사관으로 근무하였다. 관련 저술로는 『South Korean National Assembly: the Role of Committee Staffers as Information Providers and Network Managers in the Scrutiny of Government Law Bills』 (엑시터 대학교 박사학위 논문, 2017), 『국회의 이해』 (공저, 2019), 「국회 쟁점안건 심의의 동학: 위원회 권력과 정당 권력 사이의 관계를 중심으로」 (공저, 2020), 「법률안의 발의와 심사 과정에서 국회의원들의 동기와 관심에 관한 연구: 의원 역할 이론을 중심으로」 (2020)이 있다.

박용숙(강원대학교 자유전공학부)

박용숙은 강원대학교 자유전공학부 교수로서 법학 관련 과목들을 담당하고 있다. '공인의 명예보호와 표현의 자유'라는 주제로 법학박사 학위를 취득하였으며, 일본 큐슈대학 법학연구소, 일본 교토대학 법학연구소 및 강원대학교 비교법학연구소에서 헌법학, 언론법학, IT법학과 관련된 비교연구를 실시한 바 있다. 관련 저술로는 세계 각국의 헌법전(2018, 공저), 한국에서의 잊혀질 권리에 관한 소고(2016), 혐오표현에 대한 규제방법의 모색을 위한 시론적 연구(2018), 개인정보보호 및 데이터경제 관련 입법안에 대한 사전적 입법평가(2019), 독일의 디지털 뉴스저작물 보호를 위한 법제동향(2020), '익명표현의 자유'의 보호(2021), 중국의 개인정보보호에 대한 일고찰(2021), 일본의 디지털 전환에 따른 사회갈등 현황과 대응방안에 대한 소고(2021), 미국에서의 대통령의 금융정보에 대한 연방의회의 국정조사권(2022) 등이 있다.

최환용(한국법제연구원)

최환용은 한국법제연구원 선임연구위원으로 국가의 입법정책 지원을 위한 연구를 수행하고 있으며, 현재 연구성과의 질적 향상을 위한 감리위원회 위원으로 활동하고 있다. 일본 나고야대학에서 박사과정을 수료하고 서울시립대에서 지방자치법에 관한 논문으로 법학박사 학위를 취득한 이후 2005년부터 국가의 입법정책 지원과 법률문화 향상에 기여할 목적으로 설립된 국책연구기관인 한국법제연구원에서 지방자치법제, 해양환경법제를 중심으로 한 입법정책 연구에 참여하여 왔다. 그밖에 해양경찰청 자체평가위원회 위원, 통계청 통계정책위원회 위원 등 정부부처의 위원회 활동을 해 왔으며, 각종 자격시험에 출제위원으로 활동하고 있으며 정부 입법정책에 기여한 공로로 과학기술정보통신부장관 표창, 법제처장 표창, 대통령표창을 수여받았다.

김연식 (성신여자대학교 법학부)

김연식은 성신여자대학교 법학부 교수로서 헌법 및 행정법 과목들을 중심으로 강의하고 있다. 헌법과 국제법의 관계 대한 법철학적 접근을 주제로 한 논문으로 법학박사 학위를 취득한 이후 헌법재판소 헌법재판연구원 책임연구관으로 재직한 바 있다. 현재에는 헌법과 행정법, 국제법, 법철학 등 다양한 학문 분과의 학제 간 연구를 통해 체계이론, 노동법, 국제투자법, 의료 및 과학기 관련 법제 등을 연구하고 있다. 관련 저술로는 Investment treaties and the rule of law in Korea (2022), 청년 과도기 노동의 헌법적 의미 (2022), 영국의 코로나-19 대유행 대응 과정에 나타난 과학 자문 체계의 역할과 한계(2021), 과학 기술의 발달에 따른 탈인간중심주의 헌법학 모색 (2020), 사회 헌법론: 국가-정치 헌법에서 초국가적 사회 헌법으로 (2018) 등이 있다.

이보연(건국대학교 이주·사회통합연구소)

이보연은 건국대학교 이주·사회통합연구소의 연구교수로서 이주법과 헌법, 입법학을 주요 연구대상으로 삼고 있다. 변호사 자격증을 취득한 후 국회의원실에서 입법·정책 담당 비서관으로 일한 바 있다. 이 경험을 바탕으로 좋은 입법의 필요성과 그 실현방법에 대해 고민하게 되었다. 이후 입법학에 관한 논문으로 법학박사 학위를 취득한 이후 관련 연구를 이어오고 있다. 관련 저술로는 박사학위 논문을 출간한 Regulatory Impact Assessment in Germany and Korea: Focusing on Immigration Law (2019), 독일 동성혼 인정 과정을 통해서 본의회와 연방헌법재판소의 상호작용(2019), 독일의 난민 관련법 개정 현황(2019), 유럽연합의 인공지능 관련 입법 동향을 통해 본 시사점(2019), 독일 노동이주법제 현황(2020), 인플루언서 마케팅의 법적 규제: 독일 사례와의 비교연구(2021), 난민법 제정 10년, 난민 보호를 위한 개정 방향 (2022) 등이 있다.

선지원(광운대학교 법학부)

선지원은 광운대학교 법학부 조교수로 재직하며 ICT법을 중심으로 강의와 연구를 하고 있다. 민관협력사업에 대한 유럽 보조금법과 공공조달법의 적용 문제를 다루는 논문으로 법학박사 학위를 취득하였다. 정보통신정책연구원(KISDI) 연구책임자로 재직하며, ICT 분야의 규제 및 정책에 관한 제도 연구를 담당한 바 있다. 전공 분야인 행정법학 외에도 정보통신기술 및 데이터의 활용과 인공지능의 수용 등 기술의 변화에 따른 사회 문제와 그에 수반한 법적 쟁점들을 탐구하는 일에 관심을 두고 있다. 최근 연구책임을 맡아 수행한 주요 연구과제로는 "신재생에너지 생태계 개선을 위한 법제 연구", "ICT분야 민간투자사업 표준지침 연구", "데이터 기반의 적극행정을 위한 법제 개선방안 연구" 등이 있다.

김나정(고려대학교 대학원 법학과)

김나정은 고려대학교 일반대학원 법학과에서 헌법 박사과정을 수료하였으며, 국회입법조사처 과학방송통신팀에서 입법조사관보로 재직 중이다. 석사학위는 통신비밀의 보호와 제한에 대한 헌법적 고찰(2016)을 통해 디지털 통신환경 변화에 따른 헌법상 통신비밀 보호와 제한에 관해 고찰하였다. 입법조사관보로서는 디지털 포용에 관한 업무를 담당하고 있으며, 이를 바탕으로 디지털 권리를 주요 연구대상으로 삼고 있다. 관련 저술로는 정보격차 해소를 위한 정보화교육사업 실태 및 개선방안(공저, 2018), 초·중등 소프트웨어교육 운영실태와 개선과제(공저, 2019), 비대면 사회의 정보격차 해소방안(2020) 등이 있다.

김성은(연세대학교 법학연구원)

김성은은 연세대학교 법학연구원 전문연구원이며 또한 경인교육대학교 입법학센터 연구위원이다. 민법 전공으로 법학박사 학위를 취득하였고, 연세대학교 법학연구원 연구교수를 역임하였으며, 여러 대학에서 민법을 비롯한 다양한 법과목을 강의하였다. 현재는 주로 부동산 관련 법제에 관심을 가지고 연구하고 있으며, 관련 저술로는 독일의 토지공개념 운동: 아돌프 다마슈케와 독일토지개혁가연합을 중심으로(2020), 커먼즈 개념의 민사법적 소고(2021), 위험제한법 입법 이후의 독일 보전토지채무의 변화(2021), 재건축부담금의 성질과 정당성에 대한 검토(2021), 젠트리피케이션과 상가임차인 보호(2022) 등이 있다.

김슬기(대전대학교 법학과)

김슬기는 대전대학교 법학과 교수로서 형사법 및 형사정책 관련 전공과목들을 강의하며, 최근 법과 언어, 생명윤리와 법 등 융·복합 법학과목을 개발·운영 중이다. 법정형에 관한 논문으로 박사학위를 취득한 이후 형사입법에 관한 지속적 관심을 가지고 있다. 관련 저서로는 형사특별법(2인 공저, 2021), 형사특별법 판례50선(8인 공저,2020), 문서와 범죄(14인 공저, 2017) 등이 있으며 관련 논문으로는 아동학대범죄의 구성요건 정비방안(2021), 인권보장의 측면에서 본 수

사종결체계 검토(2020), 디엔에이감식시료 채취와 영장주의(2019), 임시마약류 지정제도의 개선에 관한 연구(2018), 가정폭력피해자의 정당방위에 관한 미국과의 비교법적 검토(2018), 아동·청소년이 제작한 음란물에 관한 형사법적 검토(2015), 법정형과 양형기준의 관계에 관한 고찰(2012) 등이 있다.

이윤주(한국청소년정책연구원)

이윤주는 한국청소년정책연구원 연구위원이다. 시민성에 관심을 가지고 청소년과 청년을 대상으로 정치교육과 관련한 연구를 주로 하고 있다. 청소년의 정치참여와 의사소통 네트워크를 주제로 한 논문으로 교육학박사 학위를 취득한 이후, 중앙부처와 지자체 대상 청소년·청년 참여기구 자문위원 및 정책 컨설팅을 담당해온 바 있다. 이와 같은 경험을 바탕으로 현재는 청년세대의 정치참여와 아동−청소년−청년으로 연결되는 생애주기 발달에 따른 시민참여를 주요 연구대상으로 삼고 있다. 관련 저술로는 청소년, 참여의 새 시대를 열다(공저, 2022), 코로나 시대의 청소년 성장지원: 코로나 19 확산 및 이후 사회변화에 따른 청소년정책의 대응방안(2020, 공저), 거미줄 치기와 벌집 짓기: 네트워크 이론으로 보는 세계정치의 변화(2012, 공저) 등이 있다.

이보람(연세대학교 법학전문대학원)

이보람은 연세대학교 전문박사과정생으로서 로스쿨을 졸업하고 한국 특허정보원, 특허청, 한국 공정거래조정원, 법률사무소를 거쳐 현재 플랫폼 기업 사내변호사에 재직 중이다. 입법과 관련하여 부정경쟁방지법 및 상표법 등과 관련하여 관계부처에서 개정업무를 일부 담당해온 바 있다.

박우철(네이버 Agenda Research)

박우철은 네이버 Agenda Research 변호사로서 재직 중이다. 서울대학교 생활과학대학 및 경영대학에서 소비자학, 경영학을 각 전공하였으며, 성균관대학교 법학전문대학원을 졸업하고 제4회 변호사시험에 합격한 이후 네이버에서 입법 분석과 인공지능 정책 업무를 수행하고 있다. 한국방송통신대학교 산업공학과에 편입하여 졸업하였고, 한국방송통신대학교 대학원 바이오정보통계학과에서 이학석사(통계학 전공) 학위를 취득하였다. 이와 같은 경험을 바탕으로 네이버 인공지능 윤리 준칙 발표에 참여하였으며, 현재는 입법학과 인공지능 정책에 관심을 가지고 있다.

김법연(고려대학교 정보보호대학원)

김법연은 고려대학교 정보보호대학원 연구교수로 정보보호법정책, 개인정보 및 프라이버시, 데이터 및 인공지능법제도 등 IT법정책 관련 주제를 중심으로 연구와 강의를 실시하고 있다. 국가 사이버안보와 개인정보보호에 관한 관계와 제도적 개선점을 다룬 논문으로 2020년 2월 공학박사학위를 취득하였고, 현재는 행정법을 전공으로 하여 고려대 일반대학원에서 법학박사 학위과정에 재학중이다. 관련 저술로는 '프라이버시 보호를 위한 합리적 사이버보안법제 마련의 쟁점과제와 입법방향(2018)', '감염병 예방목적을 위한 개인정보 수집 및 활용의 한계와 헌법적 타당성 확보방안(2020)', '인공지능 시대 디지털시민역량 강화를 위한 교육제도의 개선방안(2021)', 등이 있다.

이시직(정보통신정책연구원)

이시직은 정보통신정책연구원 디지털경제사회연구본부 부연구위원으로 재직 중이다. 정보통신공학법 및 민법을 전공으로 법학 박사(수료)이며, 현재 연구원에서는 인공지능·메타버스·블록체인 등 신기술 기반의 신산업 활성화를 위한 규제혁신, 온라인 플랫폼, 지능정보사회 이용자 보호, 개인정보 활용 및 보호 등과 관련된 입법 및 법적 이슈들을 주요 연구대상으로 삼고 있다. 관련 논문 및 저서로는 4차 산업혁명과 규제개혁(2017), 소위 '규제혁신법' 개정의 주요내용 및 시사점(2018), 온라인 법률플랫폼 '로톡(LawTalk)' 사건의 경과 및 주요 쟁점 분석(2021), 4차 산업혁명 시대 지능정보기술의 사회적 영향과 법적 과제(2017), 윤리적 인공지능을 위한 국가정책 수립(2020), 4차 산업혁명 대응 법제 정비 연구(2018), ICT 신산업 활성화와 효율적 규제개혁 추진을 위한 정책방안 연구(2017), 지능정보사회의 규범체계 정립을 위한 법·제도 연구(2016) 등이 있다.

전지은(과학기술정책연구원)

전지은은 과학기술정책연구원 혁신법제도연구단 부연구위원으로서 과학기술 관련 법/제도와 기업의 기술혁신 관련 법/제도에 대한 연구를 주로 하고 있다. 기업의 기술이전 및 사업화에 관한 논문으로 공학박사 학위를 취득한 이후 국회입법조사처에서 과학기술정책 담당 입법조사관으로 업무를 수행하였다. 현재는 과학기술의 혁신과 관련한 제도적 연구를 수행해오고 있으며, 관련 연구로는 공공기술 기반 창업 기업 지원제도 효과성 분석을 통한 입법화 방안 연구(2020), 혁신 경쟁력 확충을 위한 디지털 뉴딜 전략 연구(2020) 등이 있으며, 과학기술 관련 법률의 네트워크 분석, 정책가치 기반 법률의 정합성에 관한 논문 연구를 수행하였다.

입법의 시간

초판발행	2022년 8월 30일
엮은이	김종철 · 심우민
펴낸이	안종만 · 안상준
편 집	양수정
기획/마케팅	손준호
표지디자인	이소연
제 작	고철민 · 조영환
펴낸곳	(주) **박영사**
	서울특별시 금천구 가산디지털2로 53, 210호(가산동, 한라시그마밸리)
	등록 1959. 3. 11. 제300-1959-1호(倫)
전 화	02)733-6771
f a x	02)736-4818
e-mail	pys@pybook.co.kr
homepage	www.pybook.co.kr
ISBN	979-11-303-4213-9 93360

copyright©김종철 · 심우민, 2022, Printed in Korea

정 가   22,000원